8 TO GREAT
The Powerful Process for Positive Change

让内心强大的8个方法

[美] MK · 穆勒 著
MK Muller

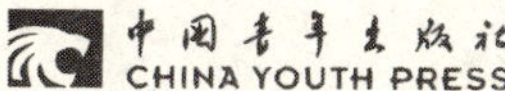

图书在版编目(CIP)数据

让内心强大的8个方法 /(美)穆勒著；黄蔚译.
—北京：中国青年出版社，2014.1
书名原文：8 to great: the powerful process for positive change
ISBN 978-7-5153-2180-6
Ⅰ.①让… Ⅱ.①穆… ②黄… Ⅲ.①成功心理－通俗读物 Ⅳ.①B848.4-49
中国版本图书馆 CIP 数据核字（2013）第 308888 号

让内心强大的 8 个方法

作　　者：[美] MK · 穆勒
译　　者：黄　蔚
策划编辑：赵　玉
责任编辑：肖　佳　孙　明
美术编辑：刘方堃
出　　版：中国青年出版社
发　　行：北京中青文文化传媒有限公司
电　　话：010-65511270/65516873
公司网址：www.cyb.com.cn
购书网址：zqwts.tmall.com　www.diyijie.com
制　　作：中青文制作中心
印　　刷：北京盛源印刷有限公司
版　　次：2014 年 2 月第 1 版
印　　次：2014 年 8 月第 2 次印刷
开　　本：787 × 1092　1/16
字　　数：330 千字
印　　张：21
京权图字：01-2013-4267
书　　号：ISBN 978-7-5153-2180-6
定　　价：39.00 元

8 to Great

The Powerful Process for Positive Change

目 录

8 TO GREAT

Introduction

前言

2007年，我在加勒比海地区主持一次巡讲的过程中邂逅了MK·穆勒。当时，我的网站出资筹备了那场“冒险之旅”，我每隔一天授课一次，而参与巡游的志同道合之士，则可在此期间尽情探索哲学意义上的“时空之林”。与其他参与者相比，穆勒与众不同，令人难忘。从她的双眼中，你可以同时看到善良、仁爱与似火的热情。不过，无可否认的一点是，当时的我，对于她思想所蕴含的深度以及渴求改变世界的热情，尚不甚了解，至今思之赧然。

读完《让内心强大的8个方法》之后，一切尽随之改变。本书字字句句之间皆透露出强大的力量，揭示了人类如何在亘古不变的时空中茁壮成长的终极秘密。尤其让人赞叹的是作者有能力将这些课程以深入浅出的形式呈现出来。她的文字平易近人，她恰恰是我们所亟须的那种精神导师：一个真实之人；一个不畏错误、不断尝试之人；一个擅长通过妙趣横生的故事讲述事理之人。她将古人的智慧成功转化成为当今的工具。不只如此，在这过程中，她仍然能够保持住自身的笃定，运用我从未见识过的、最具独创性的笔触，将伟大的8种方法经过深思熟虑之后完整地表达出来。

很多人问我，接下来，震撼世界的将会是什么——心理意义上的“震撼”。

所谓“接下来”，指的是在《秘密》（*The Secret*）一书之后。我对此问题的答案如下：人类终将揭开真理的面纱，发现他们自身所具有的绝对能量，以及他们所肩负的绝对责任——谨慎而自觉的生活。人类将认识到，《秘密》远不止是“积极思考”或者“一种看待生活的方式”，它所呈现的是真真切切的现实。牺牲、失败、侥幸、责备，这些概念将成为哲学世界中的恐龙，终必灭绝。

现今我们正处于一个新时代的黎明：思想上的巨人正从沉睡之中醒来，我们不再是简单地塑造这个世界，而是与这个世界积极发生互动。回顾有记录的历史，这将使世人首次意识道：所有人类皆有能力营造他们可想象的丰足而幸福的生活，任何事物都不能剥夺人类构念、信仰、实现内心渴求的权力（使用穆勒的C-B-A公式)！这场启蒙运动的导火索，会是一部著作抑或一套书籍？我不知道。但我确信，《让内心强大的8个方法》无疑将是其中一员。

迈克·多利（Mike Dooley）

《秘密》一书中曾论及其事迹；另著有《无限的可能性：实现梦想的艺术》（*Infinite Possibilities: The Art of Living Your Dreams*）一书

8
TO
GREAT

Acknowledgments

致谢

在完成这本书的过程中，自始至终很多人都对我给予了热爱和支持。文字远远表达不出我对他们的感激之情。不过，在我唱出心中的致谢之歌以前，还是用白纸黑字代劳吧！

首先，我将永远感谢“全部真理”之源。我只花费了很少时间就构念出了伟大的八个方法，这让我感觉写作灵感简直就像是高速下载到头脑中一样。作为这一强大过程的使者，我将时刻铭记：果实累累的树枝，往往触手可及。

其次，本书的诞生离不开“汗牛充栋”的同类书籍（还必须考虑到，拙作也会催生出其他教育书籍），为此，我必须要感谢哺育了我的“孩子”的村庄。

扎克，每天跟我说的那句“妈妈，今天您过得怎么样？”以及你语句背后所蕴含的关爱，是阴霾天气中的一缕阳光。你小的时候，我曾给你唱过儿歌，那声音至今仍然在耳边回响。

乔安娜小熊熊，和我在一起的时候，你总是细心周到又耐心十足地“忍受”着，你永远不知道这对我来说有多重要。作为你的母亲我充满自豪和感恩。

凯琳，多少次，你用你细心的聆听和洞察力打开了我的双眼和心扉。我们经常绑在一起嘻嘻哈哈的！因为这本书属于我们两个人，亲爱的朋友。

泰莎，当我写下我的祝福时，你会出现在纸面上二十多次。谢谢你，你是一个奇迹。如果我对你梦想的支持，能达到你给予我支持的一半，那我就知足了。

朱尔斯，浓浓的绿色最能代表你对我无条件地呵护。谢谢你作为我人生的“快门”，让我的心灵更加美妙。

乔安，写作这本书时，再度相逢的你是我的指导者和监督者，谢谢你。我非常爱你！

可可，即使我们每天早上的相约未能成行，你美妙的梦境仍然让我的日子充满了爱和欢笑。

亚伯拉罕、艾斯特还有杰瑞，你们为我指明了方向，清理了道路，我心中充满了感谢之情！

约翰，你慷慨解囊为孩子们购买了礼物，让我不用再聘请一位“家庭首席执行官”啦。阿弥陀佛！

露丝妈妈，非常感谢您，即使在我只会提出问题而不会提供答案的时候，你仍赐予我无条件的爱。我们找到了两人之间完美的和谐关系！

另外，真诚感谢菲尔·道森（橄榄球明星。——译者注）的压地触球；辛迪·奥斯特罗的学习实验室；盖尔·M. 吉恩斯对文章内容最温柔的“狠”批；迈克·多利那些让人精神为之一震的“发自宇宙的每日笔记”；泰瑞沙·坎宁汉和艾米·柯兰思帮我一直保持充分的想象力；而加里·安德森则对本书的文字进行了精心润色。

最后，谢谢那位留下自己的翅膀，让我用它飞翔的男人——我的父亲。虽然我从没有像您那样学习桥牌，但却尽我毕生所能，努力成为一座沟通人心的桥梁。谢谢您赠予我的爱，我每天都能感受到。谢谢您追逐自己的梦想，那是我毕生追随的榜样。

充满感激的MK

8 TO GREAT

内心强大的基础
The Foundation

我根本无法告诉你内心深处也一无所知的真理，
我所做的一切，无非只是提醒一下你所遗忘之事。

埃克哈特·托利

（Eckhart Tolle，德国精神导师。——译者注）

内心强大的基础

如果你不能有条理地描述自己所做的事情，

那说明，你根本就不知道自己在做什么。

W. 爱德华兹·戴明（W. Edwards Deming，美国管理学大师。——译者注）

世界上有四种人：第一种人不幸福而且不知道自己为何痛苦；第二种人不幸福，但知道原因何在；第三种人幸福，却不知道原因何在；第四种人不仅幸福，而且明了个中缘由。当您翻开这本书时，您已经在朝着成为第四种人的道路上迈出了坚实的一步。这种快乐绝不只属于你个人，你的喜悦和领悟极有可能也为他人带来福祉。改变，已然开始。

犹记得数年前的一天，当时我正在某非正式高中工作。走过一间教室时，一个小伙子低垂着头，然后，抬眼看着我。从他的眼神里，我看出了悲伤。我能感觉到，小伙子内心深处极度渴望更轻松、更幸福的生活，却缺少一位导师为他指点迷津。

六周之后，还是这位小伙子，他已经学习过“让内心强大的8个方法”的全部课程。学习室外的走廊中，我们两人擦身而过，那时我看到他眼中闪耀着光芒。他和另外数千人一样，终于认识到一个道理：只要学习到成功的流程，生活就会有进展。

几年以来，我一直在按照“让内心强大的8个方法”指导自己的生活。同时，还将此内容教授给成千上万的商务人士、医护专业人士和教育从业者。另外，截至本书付梓时，已有超过一千二百名认证培训师将“让内心强大的8个方法”传授给不计其数的初中、高中和大学学生，且成绩斐然。在亲眼见证其强大效力之后，我可以向读者郑重做出以下三个承诺：

承诺之一：

不超过三小时，你即可学会本书内容。

承诺之二：

每天你只需花费至多三分钟时间练习即可。

承诺之三：

任何人，只要学习、使用，皆会有效果。

为什么我敢于做出这些承诺？因为，但凡成功之士都知道，成功并非一种艺术，而是一门科学。所谓“成功”，就是要遵循数千年来人类最优秀分子的谆谆教导，再加以亲身实践即可实现。这也解释了为什么在畅销书榜上成功学的书籍总是名列前茅。

很多人没有获得成功，因为他们在学习过一种方法之后不能持之以恒，总是浅尝辄止。这种朝三暮四地变来变去，就像是一个减肥的人一会儿使用“低卡路里减肥法”，一会儿又去追求“低脂肪减肥法”。如此一来的结果就是：这个人的体重非但不会降低，反而会增加！成功从来就不是一条单行路，很多途径可以助你成功，但是你必须选择一条，并坚定地走下去！

有些人的梦想是成为好莱坞明星；有些人的奢望仅仅是从生活的深渊中走出来。“让内心强大的8个方法”曾经帮助一位学员成功减肥一百四十磅；帮助另一位学员通过“美国偶像”节目顺利拿到进军好莱坞的金钥匙；帮助一位五十岁的男士首次找到了自己的真爱；帮助一位四十岁的女子鼓足勇气自己当老板去创业；帮助一个生活在农场中的青少年获得麻省理工学院的学位；帮助一个年轻人戒掉了酒瘾，重返幸福生活。如此这般的例子举不胜举。不论你的梦想是什么，“让内心强大的8个方法”都会让你得偿所愿。

当你做好心理准备后，找一张纸，贴在你随时能看见的地方。上面写下一句话：“今天就是我最美好生活的开始。”签上名字和日期。给自己一个祝福，系好安全带，驶向充满幸福的高速公路吧！

你的想象决定未来，你的态度决定当下

你所过的生活，正是你所设想的生活。一直以来皆是如此。你的思想预示了你的生活将去向何方，从这个角度来看，你经历的一切人和事，都是你所期待的事情所导致的。那么，你准备好去期待更广阔、更美好的生活了吗？一旦你做出这个简单的转变——充分运用自己的想象力，设计出自己喜爱的生活，你的人生就会发生翻天覆地的变化。

8
TO
GREAT

朝着你梦想的方向，自信满满地走下去。

跟随自己的想象去生活。

亨利·大卫·梭罗（Henry David Thoreau，

美国作家、自然主义者。——译者注）

还有一个好消息，那就是：你的想象能够决定你的未来，同时，你的态度也能够决定你的当下。每个人都在谈论“态度的重要性”，但却从没有人能给“态度”确定一个被广泛接受且简洁有力的定义。我们不妨看一下不同文本给出的“态度”概念。可见，唯一明朗的一点的就是这个问题非常不明朗：

“态度与你对某事的倾向性有关……”

[《边界》(*Boundaries*)，亨利·克劳德(Henry Cloud)
博士与约翰·汤森(John Townsend)著]

“我对态度的定义很简单，那就是：生命！”

[《态度就是一切》(*Attitude Is Everything*)，凯斯·哈瑞尔(Keith Harrell)著]

“态度：人类表达感觉或想法之方式；一种心理状态；
一个人的倾向性，观点，等等；一种行为方式……”

(《韦氏大字典》)

是时候为“态度”下一个能被广为接受的定义了。如果你只能从以下三个选项中进行选择，你会同意哪个：态度究竟是一系列感觉和情绪；抑或一系列思想和信念；抑或一系列行为和行动?

我曾经向很多高管、家长、护士、教育者或者咨询师问过这个问题，大概每个选项的支持者人数都基本相同。如果再加上一个选项：“以上三者都对”，那么大约会有百分之九十的人会选择这个错误的选项。事实上，只有一个正确选项，那就是：一个人的态度是以其思想和信念作为基础的。态度属于心智范畴，它不属于情绪或行为层面。情绪和行为只是我们的思想和信念所产生的结果。一旦了解了这一点，我们就能更精准地认识到我们应该如何掌控自己的态度。

几年之前，我设计出了一幅示意图，用以描述态度的工作流程。鉴于“积极的态度”是个人能量的关键，因此我将其称之为“能量金字塔”。

能量金字塔

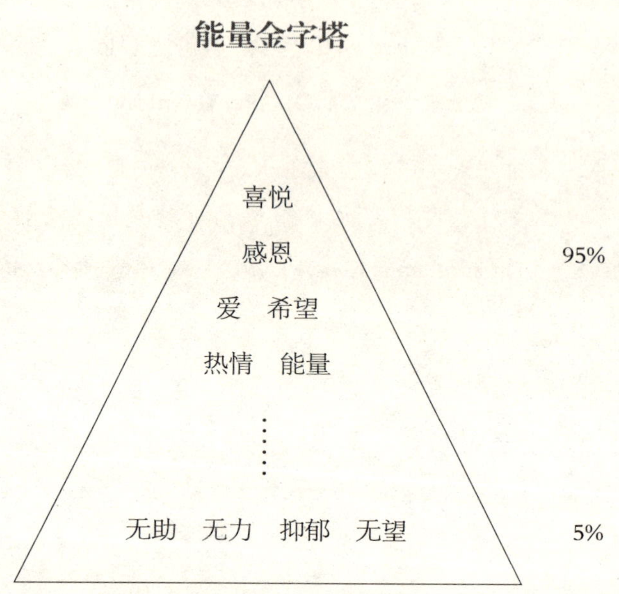

在能量金字塔上，当我们处于“95”的状态时，意味着我们思想中的百分之九十五感觉很好。换言之，当我们思想中的百分之九十五感觉良好时，我们充分调用了自身能量中的百分之九十五。

在能量金字塔上，当我们处于“5”的状态时，意味着我们思想中仅有百分之五感觉很好。这是因为，当我们思想中只有百分之五感觉良好时，我们仅仅调用了自身百分之五的能量。

在大部分情况下，我们都在“5”与“95”这两者之间的状态摇摆。在“让内心强大的8个方法”的指导下，随着你对自己的思想拥有愈加清晰的认识，你不仅会升至能量金字塔的顶端，而且只需很短时间即可完成这一过程。唯一的前提，是你必须要正确选择思想的关注点。

虽说“祸不单行”，不过……

请补充完成以下成语：

善有善报……

物以类聚……

一波未平……

福无双至……

以上成语大家都耳熟能详。善有善报，恶有恶报。物以类聚，人以群分。一波未平，一波又起。福无双至，祸不单行。可是，“福”有的时候确实也会“双至”！其实，你对这世界所持有的观点和信念就像是飞去来器：它们会再次返回到你的身边，而且通常是迅速发生的。此一普遍适用的定律一般被称为“吸引力法则”（Law of Attraction）。

在能量金字塔上，任选某天中的某一时刻，你一般会处于底层（百分之五）和顶层（百分之九十五）之间。当你处于底层的“5”状态时，思想中只有百分之五感觉比较好，你就像生活的罪犯——感到既无望又无力。正因如此，你就会吸引到同样状态的人，或者让自己的状况变得更加糟糕。

相反，当你处在顶端的“95”状态时，思想中的百分之九十五感觉都很棒，你会吸引到其他坚强有力、懂得感恩、喜悦幸福、充满希望的人，同时也能将自己身边人的最佳状态激发出来。处于金字塔顶端的你，感到浑身充溢着无穷能量、似火热情和感恩之心。你对于掌控自己的命运感到信心十足，因为你知道，你所关注的东西终将决定自己在现实生活中会经历些什么。

你的态度分数

运用能量金字塔，读者可以随时随地计算自身态度的积极程度。现在你是否觉得自己能量充沛？注意力是否都集中在了愉悦、感恩、激动和期待之上（正处于“95”的状态）？又或者，你是否将自己的精力都浪费在了抱怨和责怪之上？注意力是否都集中在了生活的麻烦之上（正处于“5”的状态）？此时此刻，每个人都会有一些值得抱怨和忧虑的事情；每个人也都会有值得感激和庆幸的事情。究竟是将思想关注在积极的感觉（坚强有力）上，还是浪费在消极的感觉（无能为力）上？你的决策，决定了你生活的走向。

8
TO
GREAT

成功，并不预示着幸福。

幸福，却是成功之钥匙。

艾伯特・史怀哲（Albert Schweitzer，德国哲学家、神学家、音乐家，人道主义者。——译者注）

若你已经掌握了能量金字塔概念的精髓，那么之前生活中不可理解的人和事都会变得豁然开朗。譬如，你会发现，处于“5”或者“95”状态之人并非有意识地物以类聚、人以群分。一个处于状态“5”的人，生活一片混乱，即使看到那些生活顺利的处于“95”之人，也会对其视而不见，认为他们不过是伪装快乐，又或是“运气较好”而已。

不止如此，让我们重新审视“善有善报，恶有恶报”这句偈语，很明显，由于金字塔顶端的面积较小，所以“善”之后的“善报”也就降临地更加迅速。如此之快的速度，也难怪我们通常会将这些情况称作“运气”或者“奇迹”了。而且，还必须要认识到的一点是：造物主所赐予我们的这种能量并非个别现象，它无时无刻不在运行，且会随时随地助你达成下个梦想。

选择你的思想关注点

那么，如何有意识地选择自己思想的关注点呢？现在，请回忆一下你上次愉快的休假吧！想象你当时玩得有多么开心。就是这样！你刚刚就成功地改变了自己的关注点。就是这么轻而易举！也许现在你还没有主动转变自己关注点的动机，不过，之后当你遇到“麻烦”事的时候，切记：要将自己的关注点转移到那些令你心存感恩的事情之上，这是让你即刻心情好转的无痛方式。其实，此方法本身就足以成为你的动机了。

8 TO GREAT

你有两种方式度过人生之路——

或者视一切为平淡无奇；

或者视一切为不可思议。

阿尔伯特·爱因斯坦（Albert Einstein，著名物理学家。——译者注）

这种方法是否有效？对于“你的思想会创造你的现实”这一真理，自古以来，即有无数圣贤先哲以不同方式做过评述。

古代经文：

“凡你们祷告祈求的，无论是什么，只要信是得着的，就必得着。”

（《马可福音》，第十一章第24节）

政府领域：

“未来之帝国，即思想之帝国。”

［温斯顿·丘吉尔（Winston Churchill）］

励志书籍：

“你必须知道，眼睛看到，才能相信。但你还必须知道的一点是：只要相信，眼睛就能看到。”

［丹尼斯·魏特利（Denis Waitley）］

体育领域：

“我能获胜（四次获得“宇宙先生”称号），是因为我事先就非常清晰地看到自己站在领奖台上，获得胜利。”

［阿诺德·施瓦辛格（Arnold Schwarzenegger）］

可见，这些道理是亘古不变的：你的生活之所以如现在这般，是因为你选择将注意力集中在当下这样的生活之上，并且对其深信不疑。

积极的思想

此时此刻，你的思想在不停运转。这思想或者让你感觉不错（助你在能量金字塔上走得更高），或者让你感觉糟糕（将你拖向能量金字塔的底端）。你的任务就是：选择那条让自己感觉愉悦的思想之路，并起步前行。当你不小心偏向那条糟糕的思想之路时，提醒自己，恰到好处地转一个弯，重得幸福。

举个例子，今天你在工作单位给合作伙伴做了一次项目情况陈述。回家的路上，你本来心情很愉快。突然，你意识到自己在刚才演讲时漏掉了一个重点，可是现在你对此已经无能为力了。这个时候，不妨转移一下注意力吧：你可以为自己拥有的爱车感恩；为自己绝佳的配偶感恩；或者为自己健康的身体而感恩。再比如，当你心情渐入佳境时，却听到自己的两个孩子因为抢着谁先用浴室而吵起来。这个时候，做一个深呼吸，接受自己子女吵架的事实，并为他们这样的行为实际上再“通常”不过而感恩吧！（在“方法之三”里我们对此会有详述）

经常有人问我：使用“让内心强大的8个方法”之后多久生活才会发生改变？我的回答一贯是：“在你下一个想法产生之时，改变就已发生。”马上就亲身感受一下吧！首先，请你选择一个“95”状态的思想吧，比如：

◎ 欣赏窗外郁郁葱葱的树木。

◎ 享受好友给自己的爱和支持。

◎ 体会儿孙绕膝之福，或者逗逗自己的宠物。

◎ 做个白日梦：“如果……那该有多么美好！”

然后，用接下来的一小段时间，为自己有能力阅读这页纸上所写的内容而感恩吧！最后，扭动一下自己的脚趾。你要意识到，当你出生的时候，有很多人为你有正常的十个脚趾头而欣喜呢！要用心体会，这些思想对你的情感有何影响。这就是接下来我们在学习“让内心强大的8个方法”时所需做的工作。当然，通常来说，这些工作让人感觉更像是在玩乐。

宽恕、感恩、希冀公式

那么，登顶能量金字塔并驻扎在那里的最佳方法是什么呢？很简单，就是正确选择思想中的关注点，关注那些与积极态度相关的思想。又由于思想无外乎事关过去、现在和未来三个时段，所以我用一个简单的三字母公式来定义积极态度，具体而言，就是FGH：

宽恕（Forgiveness）过去，

感恩（Gratitude）现在，

希冀（Hope）未来。[1]

发现了FGH的伟大效力之后，我就开始将其与任何有意愿了解的人进行分享。我开始真切地发现这个公式所带来的积极变化——无论是在我的孩子身上，还是在我数以千计的培训客户和研讨会参与者身上。不仅如此，效果通常不同凡响。

基本而言，所有的先贤经文、灵性导师、圣徒哲人和神秘主义者都曾探讨过这三种美德，以及它们在人类通向和平、自由、启迪和天堂的道路上所扮演的重要角色。在我成长的过程中，我实践这三种美德的原因，是因为他人教导我应该这样做。如今，我自觉主动地使用FGH公式，是因为它成效卓著。

本书将传授给你“让内心强大的8个方法”，助你构建积极而强大的生活。在对这八个方法详述之前，我会对其进行概要简介。

概述“让内心强大的 8 个方法”

方法之一：知我所想

欲实现任何梦想或者目标，第一步，就是要将成功的结果可视化，直到

1 F、G、H分别为英文宽恕（Forgiveness）、感恩（Gratitude）、希冀（Hope）的首字母。——译者注

你能真切体会到美妙的感觉。一旦你清楚地知道自己的目标是什么，就要不断进行思考，直到你为了此目标的具体细节而感到激动不已。然后，从这种美妙的感觉开始，成功的道路就必然会渐次展现在你的眼前，恰如《绿野仙踪》中，多萝茜（Dorothy）沿着黄色地砖走向梦寐以求的翡翠城一样。想象你自己取得学位、驾驶新车或者与爱人欢笑的场景吧！这将带着你直行到能量金字塔的峰顶。

方法之二：勇于冒险

一旦你的目标成形，下一步，就是要勇敢冒险，追逐梦想。英雄和懦夫同样会感到恐惧，不同之处在于：懦夫以恐惧为借口止步不前；英雄却会带着恐惧毅然前行。不论是勇敢地说出真心话，还是坚定地追逐理想，往往都是面临的风险越大，收获的回报也就越多。一如世人所想，所谓的“冒险”，就是要放弃保护，去追寻更大的一张“安全网”——“对自己坦诚相待”。我们永远都不应逃避风险（我们的恐惧）——而应一如既往地直面风险（我们的梦想）。因此，问问你自己：“若我无所畏惧，吾将何去何从？”

8
TO
GREAT

唯有伟人方知：思想引领世界。

拉尔夫·瓦尔多·艾默生

（Ralph Waldo Emerson，美国著名作家。——译者注）

方法之三：完全负责

当我们顺着“勇于冒险”这条高速公路行驶时，阻碍与迂回不可避免地会鱼贯而出。这时候，我们尽可以咒骂自己的“运气太差”，但却必须要及时驶出错误的方向。“完全负责”正是这种华丽的转身，它让我们知道：之前错误的道路和思想，完全是我们自己做出的选择。唯有认识到这一点，才能真正地掌控自己的生活。否则，我们就会被无尽的愤懑、苦恼和迷惑所囚禁。只有当我们承认自己的关注点所具有的能量时，才会意识到，我们从来都不曾是生活的囚犯。

方法之四：感我所感

随着挑战接踵而来，“感我所感”——体会你全部的感受，会让你重温童年的自由。孩提时代，人类的情绪可以自由地爆发和消退，而且无须为之感到羞愧，也不必极力去否定情绪。成年之后，我们却丧失了这种能力。其实，当我们认识到，世上根本就不存在所谓的“坏”感受时，我们也就不会为了躲避一种感受而陷入另一种感受的泥沼之中。我们意识到，人类尽可以在感到愤怒或者悲伤的同时，仍能保持积极的态度。一旦我们获得了情绪上的自由，我们的身体“感受”也会变得更好。而且，当我们能够成功克服对自身情绪的恐惧和臆断之时，也能更加自如地接受他人的情绪。

方法之五：真诚沟通

通过“方法之四”，我们能与自己的情绪深入沟通。这也为我们做好了准备，去用一种自我负责的方式与他人真诚地进行沟通。敞开心扉地去聆听，自信大胆地说出自己的要求，会让我们更有能量，也会更深化我们与身边人的联系。当我们敢于为自己的感受承担风险而非一味地求全责备之时，我们就已经将前四个方法有机地整合在一起，内心也会充满爱的喜悦。

方法之六、七及八：FGH公式

第六、第七和第八方法共同组成了世界上最有效的积极态度公式。有鉴于态度属于心智层面而非情绪层面，又因为所有的思想无外乎过去、现在、未来三个时间段，所以，我们只需实践三种思想：FGH。

方法之六：宽恕过去

也就是要明白：我们过去的所作所为，是在当时所掌握信息的前提下，所能做出的最佳抉择。

方法之七：感恩现在

也就是要将注意力集中在：感恩和庆幸于每一个人，每一情境的美好之处。

方法之八：希冀未来

这是我们体内的光芒，不论多么微弱，都能帮助我们在黑暗中坚持不屈。也就是要明确知晓我们未来的命运。

“让内心强大的8个方法”之缘起：前五方法

最初，当我给自己的客户和听众教授FGH公式的时候，尽管这个概念异常简单明了，却总是有人无法彻底改变消极的思维方式。他们本身非常渴求更多的幸福，但是内心却对诸如“宽恕““感恩”“希冀”这样的词汇怀有一定的敌意。由此我下定决心要发现个中缘由。

每一周，我都会和他们进行深入的谈话。我逐渐了解到，他们之中的有一些人陷入暴怒和抑郁的魔爪中无法自拔——他们为自己的暴怒而生气，为自己的抑郁而心伤。由于他们从小接受的教育将这些情绪贴上了“消极”的标签，导致他们根本无法意识到：即使存在愤怒和伤心的情绪，仍然可以保持积极的态度。作者发现，正是因为他们无法接受并承认他们所有的感受，才往往会在人生的道路上停滞不前。有鉴于此，我在课程中加入了“方法之四：感我所感”。

后来，我发现，当一个人与自己的全部感受有所交流之后，就会十分迫切地需要通过良好的沟通技巧将这些情绪表达出来。不过很多人从小到大都没有学习过相关技巧。有鉴于此，我加入了“方法之五：真诚沟通”。

再之后，我遇到了诸多对自己的梦想一无所知的人，这也让我发现了另外一种行为模式：他们遗忘了自己的生活目的，终日盲目地忙前忙后。有鉴于此，“知我所想”成为了方法之一。某些人能够表达出自己的梦想，却窝在自己的“舒适区”里不敢踏出一步，有鉴于此，我增加了“方法之二：勇于冒险”。最后，有鉴于那些受困于责备与抱怨不可自拔，并且不了解能量只有在“完全负责”的情况下才会降临的人，我增加了“方法之三”。

有了以上的积累，在培训我的客户，追求更大的自由和满足的过程中，我会先讲授前五个方法，从而为第六、第七、第八方法——宽恕、感恩和希冀——的传授开辟道路。一个激动人心的事实是：不论你是谁，只要你愿意，“让内心强大的8个方法”都会有效！

“幸运”的科学

我们大多数人都声称自己并不相信“运气”，但是在谈论巧合事件时却总是不经意地使用这个词汇。当我们认识的某个人诸事顺利或者一蹶不振时，我们会说那个人“时来运转”或者“运气不佳”。事实上，好运或者霉运从来都不是随机出现或者不可捉摸的，恰恰相反，生活的现状是你本身思想和信念的直接反映。明白此理，即明白了一切。

8 TO GREAT

我发现，运气是可以被高度预测的。

博恩·崔西（Brian Tracy，美国著名成功学家。——译者注）

运气，还是定律

数年前，我曾亲身见证过“运气定律”的效力。当时，我刚在巴塞罗那举办的国际青年商会（International Jaycees）上发过言。临别之际，我心中有些伤感。飞机缓缓起飞之际，我决定改变一下自己的情绪，开始想象这将是一趟真正趣味盎然的旅行。

登机之后，我果然有“幸”遇到了世界青年领袖大会的冠军——蒂姆·劳伦斯（Tim Laurence），并与他攀谈了半个小时。我发现，蒂姆完全是在亲身实践着“让内心强大的8个方法”，他积极向上，有着“我能行”和“我会做到”的自信，而且这种气质能充分地感染周围的人。他的优秀品质让自己无往不利，他曾成功竞选公职，也曾游泳横渡英吉利海峡。

这次美妙的相遇难道是一个巧合吗？当然不是。那是因为我本身在积极地期待喜悦，所以才会最终如愿。我希望，通过这“让内心强大的8个方法”的学习，你也终会发现：“幸运科学”是确实存在的。

累加递增

你也许曾有过一千个小遗憾——一千零一个或大或小的失望。那么，你忍无可忍了吗？你准备好抛弃旧的行为模式，迎接梦想中的生活了吗？如果答案是肯定的，那就算道数学题吧！先计算一下自己生活中不尽如人意的部分占多大比例——10%、50%还是90%？即使是高达99%，也要如实地计算出来。接下来问问自己，这其中又有多大比例，你是否希望抛在脑后从而获得新生呢？好，想出结果了吗？你的答案就是要给自己的生活中的不如人意重新编码。这个百分比也能提示，你多大程度上忘记自己所拥有的能量，去改变你的关注点。要知道，如果你选择了让你感觉良好的思想，那么这些思想都将累加递增。

当你感觉不错时

在我们更进一步之前，先做一个小活动，会让你立刻感觉良好。补全下面一个句子，重复做五次：“当我感觉不错的时候……”（例如，“我感觉充满能量。”）

人们经常给出的答案包括：“我更多地微笑，”“我大笑不止，”“我更有耐心”等。你也许会写：“我感觉更好”，“我对人更和善”，“我更有创造力”，“我工作效率更高”，等等。所有这些，皆可归结为一句话：

当你感觉不错时，好事就会发生。

你会发现，人们总是在说："要是……我就会感到很幸福。"不过大家都心知肚明的是，那些"要是"从来都没有发生过吧！幸福，是你当下的选择，它根植于你的内心。

8 TO GREAT

没有什么方法可以获得幸福，

幸福本身就是一种生活方式。

韦恩·戴耶博士（Wayne Dyer，美国著名精神导师。——译者注）

开始上路

如果读者已经做好准备，现在就想心情更加愉悦的话，完成接下来的感恩测验吧！你会为自己的情绪与态度提升之快感到吃惊。

你的感恩作业

取得进步之秘诀，在于开始上路。开始上路之秘诀，

在于将繁杂的任务切分成易于完成的子任务，然后逐个击破。

马克·吐温（Mark Twain，美国著名作家。——译者注）

尽管"感恩"本身就是"让内心强大的8个方法"之一（方法之七），不过鉴于它是到达"95"状态的最便捷途径，因此，我想请读者提前感受一下这个过程。这也能帮助你更加轻松地去实践其他几个方法，我可以保证。

感恩作业的要求如下：每一天，请抽出一分钟时间，写下过去的二十四小时，你所感恩的三件事，不得重复，可以写在日志或者笔记本上。为了达到最佳效果，在接下来的三十天中，每天早上或者晚上都要坚持完成这

个作业。

这个作业最关键的一点要求是：你必须将答案用纸笔写下来，而且切忌重复。譬如，如果你昨天上午写下的清单中有“阳光”，那么，之后你就不可以再写“阳光”了！为什么呢？因为不停重复同一事件（例如，健康、工作、家庭等），会让它们变得不再新鲜，进而也就失去了诱发积极情绪的效力。每一天都要去寻找让你感恩的新事物，这会让一个人永葆新鲜感。随着时间的积累，你会因为自身的转变发生得如此容易而吃惊不已。

我的每日感恩清单——示例之一：

1. 我养的天竺鼠吱吱地叫。

2. 我种的白鹤芋长出了新芽。

3. 我吃的法式吐司上的香蕉很美味。

示例之二：

1. 昨夜美丽的满月。

2. 爱人中午给我打的电话。

3. 终于有人想出把舒洁牌（Kleenex）的纸巾抽出来的方法了！

就像这样！不论答案是你又大又漂亮的露天平台，还是你的iPod、信件架、改了衣服的口袋，又或是你的隐形眼镜，通过这个作业，你都将能够透过感恩的双眼去审视生活。有时候可能完成作业很难，不过，还是要坚持这个过程，写出自己感恩的三件事，即便答案是像“我很感恩，今天我还记得写我的感恩清单！”这样朴实无华的句子也可以。假如你有几天、几周甚至几个月都没有完成这个作业，那也没有关系，使用FGH吧：宽恕（F）自己的遗忘，感恩（G）你尚能发现自己的错误，希冀（H）将来自己不会再忘记做这份作业。

如果你情绪低落，感到生活杂乱无章，无比心碎。

写一部感恩日记吧，那将改变你的生活。我敢向你保证！

奥普拉・温弗瑞（Oprah Winfrey，美国著名脱口节目主持人。——译者注）

8

TO

GREAT

【方法之一】

知我所想

用心感受，直至可以切实感觉

HIGH-WAY 1

Get the Picture-Think It' til You Feel It

知我所想

上天在赐予我们梦想的同时，也会赋予我们实现梦想之能量。

理查德·巴赫（Richard Bach，作家。——译者注）

艾玛的梦想工作

在我举办的一次工作坊中，我遇到了艾玛。她在午餐时间约我出来，向我倾诉自己在会计公司的工作是多么不尽如人意。她感觉自己和老板的价值观背道而驰，因而极度渴求改变。

于是我问她，她梦寐以求的工作是什么？她轻声作笑，似乎“寻找梦想工作”这件事听起来非常滑稽。然而，最终她不仅成功地说出了自己梦寐以求的工作，还将其完整地写了出来。这就是她迈向成功之路的第一步。

倘若你明早醒来之后，发现手中多了一把魔法手杖，你的生活将会如何？

假设你只需要轻轻挥舞魔杖，画一个“8”字形，并大声说出自己的愿望，之后的下一天、下一周又或者下一个月，这个许愿就会成真。那么，这样的魔幻能量将如何影响你的生活呢？我猜读者之中肯定有人在想，“我希望彩票中大奖”。非常不错的答案。那么，然后呢？你又要去向哪里？你会做些什么？你又会成为一个怎样的人呢？

“方法之一”犹如一本备忘录，它时刻提醒着我们：你拥有足够的能量，也拥有能力获得自己梦寐以求的财富、健康、爱情和事业，在此之前，你只不过是忘记了自己拥有这份能量，以至于不能完全发挥其效用而已。你的能量与你银行户头有几个“0”无关，与你的职务高低无关，与你的腰围大小无关，与你的年龄长幼无关。它存乎于你的内心。

和儿童接触一会儿，你就能回想起：其实，我们曾经都拥有索取自身一切所需的勇气。然而，随着年龄的增长，诸如“世事维艰”“不要想那些不切实际的东西”之类的陈词滥调充斥着每一个人的双耳，导致绝大多数人都抛弃了自己最初的梦想。我们将自己看成是生活的猎物，无法享受生命最伟大的恩赐。

激动人心的是，我们可以挣脱这种自我添加的牢笼，只需使用“让内心强大的8个方法”的第一条：知我所想。

魔法心愿

虽然没有魔法手杖，我们却拥有魔法心愿。使用“知我所想”时，你会思考自己的渴求，你的想法就会释放出能量——如磁铁一般——将你所思所想吸引过来。你思考得越多，它也就会变得更加真实，直到真实得如同你坐着的椅子。想要从构思（构思新想法）发展到相信（感到激动不已），最简单的方法就是充分调动我们的想象力。

C–B–A公式（The C–B–A Formula）

如果你构思（Conceive）一个想法，并相信（Believe）它，你就会实现（Achieve）它。

当我们处于孩提时代时，“白日梦”和“假装”与生俱来地占据了我们的空余时光。之后，随着年龄的增长，很多人却忘了“假装它是真的，我就……”所具有的乐趣和魔力。不过，最成功的那些成年人从来都没有停止做白日梦。他们知道，自己的思想会转变为自己的信念，信念又终将会转变为自己的未来。

8
TO
GREAT

我最感恩的就是自身所具备的想象力。当其他人说：
“这事不可能做到，根本不可能”的时候，我的想象力就开始登场了。

艾伯特·史怀哲（Albert Schweitzer，德国哲学家、
神学家、音乐家，人道主义者。——译者注）

目标 vs 梦想

通过比较“梦想”与“目标”的差异，能够对梦想所具备的能量有一个更深入的理解。大部分关于实现目标的书籍，都认为“目标”是一种单纯的目的，是可以通过特定步骤达到某种结果。譬如，在“构建基础”一章末尾的感恩测试中，我会教授读者写几条感恩的事，以及什么时候写。而读者的目标就是每周抽出五天时间来完成这个作业。实现目标对于健康生活而言是必不可少的。

8
TO
GREAT

跳下去，救生网自然就会打开。

茱莉亚·卡梅伦（Julia Cameron，美国知名艺术创作者。——译者注）

“梦想”——此处特指你清醒时的梦想——与“目标”截然不同。在书店里，关于这两个主题的书籍甚至会被分别摆放在不同的位置。那是因为梦想更为宏大——宏大到一般人其实很不愿意与他人分享自己的梦想。即使分享，也只是从其中挑选一部分说出口而已。其原因在于，梦想在人心目中的位置实在太过神圣，轻轻地触碰它，也许就会让人热泪长流了。同时，当你初次

清楚地明白自己的宏大梦想是什么之后，实现它的一个必需步骤就是暂时将其隐藏。因为，暴露自己的梦想也许会让人惊恐。追逐梦想，无异于信念的飞跃，弱者会因此束手束脚，畏缩不前。

以下是区分“目标”和“梦想”的简便方法：

目标是S.M.A.R.T（聪明的）=

具体可见（Specific），可以测量（Measurable），能够达到（Attainable），切合实际（Realistic），且基于时间（Time-based）。

在实现目标的过程中，我们确切地知道何人、何事、何时、何处、为何、如何、多久。例如，我每周会抽出五天在家附近走三十分钟，重塑体形。

梦想是B.I.G.（宏大的）=

无所畏惧（Bold），除旧革新（Innovative），华丽绚烂（Grand）。

当我们任凭自己的梦想驰骋之时，我们不会纠结于何人、何时、何处、如何、多久。相反，我们只关心（我们想要）“什么”和“为什么”（我们想要它）。前五个问题是头脑提出的问题，会将我们从美好的想象拖入烦恼的陷阱中；而“什么”和“为什么”则是心灵提出的问题，那是我们每个人内心深处都能感受到的“开启”能量。

“开始做会儿白日梦吧！”

还记得我们小时候那些语重心长的老师吧？看到上课做白日梦的学生时，他们会让那位学生“专心听讲”“别再打瞌睡了”。历史上确实有过这样一批“问题”学生，他们包括：阿尔伯特·爱因斯坦、托马斯·爱迪生、乔治·卢卡斯、刘易斯·卡罗尔（Lewis Carroll，《爱丽斯漫游奇遇记》和《爱丽斯镜中奇遇记》的作者。——译者注）和埃莉诺·罗斯福。和他们同属一类人的感觉不错吧！

那么，如何使自己开始相信“不可能之事也有可能做到”呢？我曾经问过一位飞行员他驾驶的飞机多重。他点燃一支烟，告诉我说：“这是我最喜欢的一个问题！飞机装满之后，共重二十六万六千磅！”当时我就意识到，如果我能够相信一架一百吨重的金属机械可以翱翔蓝宇，还有什么不可以相信呢？读者也是如此。恰如《爱丽斯漫游奇遇记》中白女王对爱丽斯所说的那样，只需“勤加练习”即可。

8 TO GREAT

爱丽斯哈哈大笑道：“怎么试都没用。谁也不会相信那些不可能的事情的。”女王答道：“我敢说你还没练习过。当我和你一样年纪的时候，我每天都会练习半个小时，让自己去相信那些不可能的事。有时候，我在吃早饭之前，就已经开始相信六件不可能之事了。”

《爱丽丝镜中奇遇记》 刘易斯·卡罗尔 著

为什么这是一个好消息？因为“想象”和“实际经历”同样有趣。只要你让自己进入想象中的梦境，并精心雕饰相关场景，你的身心状态马上就会好转。其根源在于，人类的大脑很多时候根本区分不出何为虚幻、何为现实。在大多数情况下，我们的梦境都存在于日常经历的范围之中，不过，随着我们更多地阅读那些伟大梦想家的梦境，我们就会愈加清晰地意识到：心之所至，天空也不会是障碍。

期待奇迹的过程中，你会收获到什么呢？最近，一个高中生告诉我说，通过使用“知我所想”技术，他不断地想象自己和父亲通力合作修好旧车的场景。这让他成功地躲避了一次校园斗殴事件，进而让他有资格顺利毕业。想象一下这样的事吧！

强烈的欲望与宏大的梦想

当我们还是孩子的时候，很多大人会语重心长地训诫说欲望“有害”。然而，英文中“欲望”（desire）一词起源于法语“de-sire”，它的意思却是“属于父亲”（其实，对“无欲”的追求本身也是一种欲望）。看来，欲望从我们出生开始就已根植于人性之中，它是实现梦想的推动剂。

将这世界上最成功而且最“幸运”的人联系起来，一共有两条线：一根是强烈的欲望；另一根是宏大的梦想。这一点我们可以从诸多根据真人真事改编的经典电影中看出来，例如:《铁血教练》(*Coach Carter*)、《弦动我心》(*Music of Heart*)、《追梦赤子心》(*Rudy*)、《奔腾年代》(*Sea Biscuit*)、《冰上奇迹》(*Miracle*)、《万夫莫敌》(*Invincible*)、《当幸福来敲门》(*Pursuit of Happyness*)等。这些影片中的主角，往往因为追逐梦想，而被周围人斥为“脑袋出问题了”。事实上，这些人恰恰是“跳出了理智的束缚”，“进入自己的内心深处”。与所有的梦想者一样，他们的梦想最终都从虚幻转变成为了现实。

8 TO GREAT

欲望意味着生命的一半；而漠然则意味着死亡的一半。

卡尔·纪伯伦（Kahlil Gibran，黎巴嫩著名作家。——译者注）

玛丽·卢·雷顿（Mary Lou Retton）

1984年，16岁的体操选手玛丽·卢·雷顿，获得了美国征战奥林匹克运动会以来首个满分。她以完美的表现技惊四座。下场之后，记者们蜂拥在她周围，有人询问道：“代表美国队获得史上首个满分，感觉如何？”

她回答道：“我的感觉一如既往。”

记者追问道：“可是之前从没有体操运动员做到过这一点啊！”

她答道：“在我的头脑中，这已经预演不下上千遍了。”

所谓的“信念”，就是你不断思考，直到能够确切地感觉到它。

玛丽·卢知道：只要你相信，就没有什么不可能。多年以来的艰苦训练中，她一直在想象着自己荣获桂冠时激动人心的场景，直到最终一切都成为了现实。在那一刻，唯一不可能的事，就是她不能达成目标。

巴塞罗那宝贝

数年之前，我在明尼阿波利斯市做群体授课。当时的我，可以说正处于“95”的状态。和电影《妙手情真》（*Patch Adams*）的情节一样，我也是在为一家大型的医护组织服务。做自己喜欢做的事，而且还能得到薪酬！有一天，我的演讲和课程吸引到了五百多名听众，还见到了一些死党好友——其中一位就是布莱恩・麦克德莫特，我的经纪人，他也专程过来听我的讲座。初春的舒适天气沁人心脾，读者可以想象到我的心情有多么得愉悦。当布莱恩和我在金字塔的顶端“乐不思蜀”时，我们俩简直就像是杰克和他的魔豆，无论种什么，都会收获超多果实。

8 TO GREAT

> 你的希望、梦想和渴望皆是合情合理的。它们会让你展翅飞翔，越过云端，穿过风暴，只要你让它们自由发挥。
>
> 威廉・詹姆斯（William James，美国心理学开创者。——译者注）

演讲结束之后，我和布莱恩出去散步，我问道：“对了，你最近生活怎么样啊？”

他满面容光焕发地答道：“我跟老婆孩子下周要去西班牙。”

然后，他就事无巨细地叙述他们期待看到的西班牙市场、音乐会和博物馆是何等模样，他们也许没有时间去看斗牛是何等风采了。那是一场酣畅淋漓的“白日梦式”的交谈。随着聊天地深入进行，我们两个人都越来越为他的这次巴塞罗那之旅感到激动。（我要补上一句，在那次聊天之前，我压根就没有想过要去西班牙。不过那次交谈却种上了渴望的种子。）

第二天，当我在家里整理行李时，电话响了，是布莱恩。

“十一月想去巴塞罗那吗？”

“和你一起吗？”我问，完全摸不着头脑。

“不，和国际青年商会一起。他们希望邀请你做大会主题演讲。收拾好行囊吧，宝贝，你要去巴塞罗那啦！”

那是我第一次有机会站在国际讲坛上，我的讲座第一次被同声传译为七国语言，更有机会与我久仰的一位先生同台——爱德华·达博诺（Edward de Bono，英国心理学家。——译者注）。如今，这记忆仍然能够将我带到“95”的状态。

知我所想之流程：相信即接受

“让内心强大的8个方法”将“成功”定义为：设定一个目标或梦想，并达成它。让我愕然的一点是，很多人恰恰是在前半部分——表达出自己的目标或梦想——折戟沉沙了。大多数人之所以不抽出时间探明自己的欲望，是因为他们根本就不知道这个行为具有多大的能量。其实，要“知你所想”，非常简单，只要聆听你内心的呼唤即可。

你希望接受/经历的东西

现在就抽出一点时间，拿出一个笔记本，或者在电脑上建立一个文档，记上你希望接受/经历的东西。可以最少三条，也可最多三十条。你想要什么东西都可以，只要你愿意相信它们是可能发生的。为了让这个任务更加有趣，不妨区分出不同程度的愿望——有些可“轻如鸿毛”，有些可“重如泰山”。

小愿望

意外小财。

获得一位陌生人的赞扬。

“啊哈！原来如此！”顿悟一次。

听一首自己最喜欢的乐曲。

吃一顿自己最喜欢的大餐。

大笑一场。

收到老友的来信。

找到自己错放的东西。

收到鲜花。

大理想

升职或跳槽。

为长期存在的问题找出解决之道。

遇到真爱。

发现自己怀孕了。

成功卖掉自己的房子，或者车子，或者书籍的版权。

赢得比赛，或取得学位。

邂逅一位名人。

身体疾病痊愈。

意外收到价值二万五千美元的礼品。

成为座上宾，收到去休闲度假胜地的邀请。

以上每件事情，我或者我的学员都在学习的过程中有所经历。还记得，我曾经有一个学生，当时她刚看过罗伯特·沃勒的小说《曼舞雪松湾》(*Slow Waltz in Cedar Bend*)。尽管这位学员居住的地方是中西部的一个小县城，她还是在自己的愿望清单上，勇敢地写下一条——遇到小说主人公那样“狂野而自由”的绅士。

梦想必须是你力所不及之事。

玛丽·曼宁·默里西（Mary Manin Morrissey，美国人，精神导师。——译者注）

一周之后，她告诉我，自己确实遇到了一位和书中主人公有十个共同特征的男人（都是头发齐肩，摩托车骑手，优秀的运动员等），他们已经出去约会三次了。

你是否准备好让神迹降临到自己的实际生活之中呢？只需要挑选一个愿望，按照以下步骤进行想象即可。

知我所想——三分钟形象化

端坐在椅子上，双脚着地。做一个深呼吸。当你感到非常舒适时，闭上双眼。

在你的思想世界中，想象自己来到了梦想实现的那一天。要栩栩如生地看到一切。注意一下：自己穿着什么样的衣服，哪些人陪伴在你身旁，人们在谈论着什么。重点注意的是你自己的感受如何。此过程应持续一分钟。

接下来，在你的梦境中，想象有人激动地径直走向你。当他们走到你面前时，你听到他们倾诉自己拥有和你同样的梦想，很想知道你是如何夙愿成真的。花一分钟时间，告诉他们，你并没有过多地在意要“如何”去做，只不过是想象了一下成功之后的感觉，知道自己所想成真时候的情形而已。在这一分钟之内，尽情享受这段对话吧！

再之后，保持双眼紧闭，想象自己在梦想实现的那天回到家里。在想象中，走进家门，看到桌上放着信件。信纸上的收件人正是你。信中的语句让你知道，原来又有更好的事情发生。那也许是一封情书，也许是一张支票，也许是你已经获得奖项、学位的通知书，也可能是被你触动生命之人寄来的致谢信。保持这种状态，持续一分钟。

当你完成以上步骤之后，睁开双眼。

你感觉如何？有一名学习“让内心强大的8个方法”课程的高中生，在做过这3分钟的形象化程序之后，他形容自己的感觉“简直是酷毙了！”当我们专注于自己的梦想时，它会让我们充满敬畏之心，上升到“95”的状态！

> 我们所思决定了我们所感，
> 我们所感决定了我们所为，我们所为决定了我们是谁。
> 匿名

放松你的梦想肌肉

有时候，人们跟我说，他们“已经忘了怎么做梦”。其实，这仅仅说明他们缺少练习而已。设若你在看某部电影之前，就先阅读了其原著小说，那么，电影里的一些角色就会让你觉得略显怪异，因为他们和你所想象的有所不同。所谓“想象”，就是孩子憧憬着即将开始的夏令营，演员酝酿着如何扮演一个角色，厨师思考着如何设计一款新菜肴。想象如同我们的肌肉，一旦我们准备好，就既可放松，又能紧绷。

“知我所想”，正是要教导我们如何驾驭这种美妙力量——睁眼看到那早已寄过来的支票，感受身上穿的那件宽松衣服，闻到爱人喷洒的清新香水，或者是听到同事与新顾客攀谈的朗朗笑声。那一瞬间，你就已经有力地将头脑之中的梦想转变成了确确实实的存在。

思考一个想法，直到你能够真切地感受到它

当我们在思考一个新想法时，改变就已经发生了。可以试想，如果自己记忆力超群，就能够记住很多人的名字。你可以练习去思考，如果自己更加健康和活力四射会怎么样。你认为自己是什么样的人，你就将成为什么样的人。随便哪一天，你都可以进行这种练习，以使自己确信：

◎ 金钱难挣。

◎ 没有时间做自己真正想做的事情。

◎ 自己和朋友之间的关系出现问题。

或者，你可以练习确信：

◎ 钱财会滚滚而来。

◎ 你可以花时间将一切事情完成，同时又有时间娱乐。

◎ 你可以轻易且自然地结交朋友，维持情谊。

如何判断你现在相信什么？那就是看看自己现在的生活状态。你得到自己渴求的东西了吗？我有一位关系特别好的朋友，名字叫菲尔（Phil）。每次我们俩见面，不论车场有多么拥挤，他都能找到餐厅正前方的停车位。他开玩笑地把自己停车的地方称作“菲尔的地盘”。这一切的原因在于，他总是在期待着能够找到完美的停车位，而生活也确实变成了他思想的一面镜子。

8 TO GREAT

你的身体里内置有一个GPS系统，它从来不能主动地说明你曾经去过哪里、为什么去那里。它只是听从你的号令，跟随你积极的感觉，带你去往自己向往的地方。

亚伯拉罕—希克斯夫妇

（Abraham-Hicks，吸引力法则权威导师。——译者注）

等待vs期待

也许对于实现梦想来说，最具挑战性的部分是：无须纠结于如何去做、何时去做，而是让梦想在自己的时间、以自己的方式出现。形容“95”状态最恰当的词也许就是“期待”了。恰如一个母亲期待着孩子的降临，你的注意力不再关注于“会不会有宝宝”，而是“为宝宝的到来做准备”。

倘若我们将注意力关注于我们想要什么，我们为什么想要，它就会在恰当的时机到来。这一点异常关键，因为只有将自己的心从“梦想何时会发生”的泥沼中解脱出来时，我们才会尽情享受当下的每刻时光。

无限的耐心，会催生出立竿见影的结果。

韦恩・戴耶博士（Dr. Wayne Dyer）

挫折会让你拖延，在实现梦想的道路上止步不前。考虑到这一点，当你为了某个梦想的实现而心生疑窦、坐立不安之时，将自己的注意力转移到自己所感恩的三件事情上，这会让你重返“95”状态。然后，当梦想来临之时，用你的想象做画笔，画出内心深处的愿望有多么完美吧！

切记，对自己不要过分苛刻。“惶惶不可终日”可并不属于“95”状态。想想那些大家刻板印象中典型的“汽车销售员”吧，你要努力避免成为这种人。想牢记这一点，不妨记住这个词组“紧张—梦想”，实现目标的过程中，紧张从来起不到什么作用。想要梦想照进现实，我们需要全神贯注，而非勉力为之。

为什么“极力避免”起不了什么作用

我们的大脑恰如电脑——他们可听不懂笑话。只要一幅图片栩栩如生地出现在我们的头脑屏幕之上，现实亦会随之出现。我在达科他州北部做演讲时，曾与一位女士交谈。当时她的两位朋友在不远处抱怨时，她们觉得地上的冰太滑，而自己的衣服又很贵，不想跌倒。

“她们会跌倒，”我对女士轻声地说。她听后迷惑不解。我继续解释道：“虽然他们的注意力集中在不要滑倒上，不过在她们的头脑中，跌倒的画面才是异常清晰的。”

“你应该警告她们！”她跟我说。

“刚才两个小时的讲座中，我实际上已经做出了警告。但她们看起来并没有领悟。”

就在我们说这几句话的工夫，那两位女士走出了门，马上就摔倒了。所幸我们赶紧走过去，扶她们上了车。

概言之，极力避免一件事情反而会让这事情发生。这个概念，也许需要很多时间才能完全理解。我们必须开始意识到：

◎ 我们每次批评某人犯某一错误之时，实际上是鼓励他再去犯更多的错误。

◎ 我们每次懊恼自己有多么肥胖时，实际上体重反而会增加更多。

◎ 我们每次抱怨账单太多时，实际上反而会收到更多的账单。

那么，如何才能避免陷入这样的思维泥沼之中呢？这是不可能的。尽力去避免这种思维方式只会带来更多同样的思维方式。不要执着于存在的问题，要去想象获得解决方案时候的感觉。所幸，积极的思维方式比消极的思维方式要强大一千倍，也正因为如此，即使只用数分钟的时间做一下“白日梦”，都会产生绝佳的效果。

给自己充电

如果你的注意力全部集中在自己不喜欢的东西之上，你就永远不能接近于自己的能量。此时的你，就像没有插电的电灯找不到插座。只有将自己的注意力集中在积极的思维上，你才能真正地给自己“接上电源”，也就不存在无法照亮的目标或者梦想了。

有一位高中生，在“让内心强大的8个方法”课堂上充分领悟了这些概念。当天下午，他要在游泳比赛中与一支强队竞争。上午上课期间，他做了感恩练习，又花了三分钟时间想象自己在比赛中夺冠的情景。

8 TO GREAT

远离那些贬低你梦想之人。小人擅长对他人冷嘲热讽。
世间真正的君子会令你确信，你和他一样，终将实现心中所愿。

马克・吐温 (Mark Twain)

五个小时之后，他不仅勇夺冠军，还将个人最佳成绩又大幅减少了两秒。看到自己的成绩之后，他从泳池中跳出来，飞奔向他的教练，大声喊道：“她是对的！那个女老师说的是对的！只要我相信一件事，就能做到那件事！”

那个赛季，他的表现激励了整支队伍。上次我见到他时，他正在艺术学院拿着全额奖学金攻读学位。

为什么我们不提出要求并相信成功

我们不提出要求，就为自己感受天堂的快乐横添了限制。

凯罗琳·麦斯（Caroline Myss，美国人，精神导师。——译者注）

请阅读以下选项，回答以下问题：

为了自己所需而提出要求的这种行为：

A. 最自私的那些人总是这样做

B. 只有当他人情绪较好时，我们才应该提出要求

C. 这是一种有风险的行为，通常结果都不太好

D. 最幸福、最健康的那些人总是这样做

让人吃惊的是，只有百分之十的人第一次就能选择正确答案。正确答案是D。有天早上，我忽然明白了为什么……

圣诞老人抑或教母仙女[1]?

我曾在一个无家可归者的庇护所讲授“让内心强大的8个方法”课程。上完课后，庇护所里一个二十岁左右、相貌英俊的小伙子对我说：“我能和您聊一会儿吗？”（事后我发现，虽然他是一名无家可归者，但同时也在从事职业模特的相关工作）。他一边陪我走向我的车，一边称赞我的课讲得很好。然后，他跟我分享了自己的一些思考。

1　此处指充当临死儿童教母之仙女。——译者注

“如果我像您说的那样，去争取自己想要的东西，这是不是就像相信圣诞老人当真存在一样？如果世界这么简单，那我们难道不是全都可以愿望成真了吗？”

我对他提出这个尖锐的问题表示了感谢。然后，我邀请他和我一起坐下，花几分钟时间做个想象。他同意了，弯腰坐下，闭上双眼，我开始说道：

“想象着，今晚当你进入梦乡之时，教母仙女出现在你面前。她将魔法奇幻之粉洒遍你的全身，说道：‘从明天早上开始，你会拥有享之不尽的金钱。无论你去向何方，财富都将不断累积。不过，在花钱之时却有一项规则：你尽可以精打细算，也可挥霍无度，不论如何，只有在别人主动要求的时候你才能把钱给他们。’”

“现在，想象时间已经过去了一个月。你为了自己拥有大把金钱以及金钱所能带来的一切而感激不已。同时，也为马上能去拜访住在另一个州的家人而异常兴奋。一进家门，你就迫不及待地想要分享自己的财富。这时，家人们热情地拥抱你，他们对你所开的豪车啧啧称赞。你告诉了他们仙女的神迹，并且让他们知道，只要提出要求，他们就可以分享到财富，分享任何数量都可以。

“‘坚决不能拿’，你的哥哥说：‘这钱不是我的，我一分也不能拿。’

8 TO GREAT

每个人都值得拥有幸福。知道这一点，才是自尊的真谛。

纳撒尼尔·布兰登（Nathaniel Branden，美国心理学家。——译者注）

“你的弟妹坚持说：‘我们也没给你帮什么忙，拿钱可不应该。’

“‘你刚才讲的故事是瞎扯的吧？’你的侄子质疑道。

“‘儿子，我觉得日子像现在这样就挺好的了。不过还是谢谢你。’你妈妈也说。

“几天之后，你开车离开，心中充满了迷惑。你不能供你侄子上大学，不能帮你的哥哥去北方打猎，不能给自己的母亲买一把舒适的躺椅，也不能给你的弟妹买辆小型货车。现在，你知道为什么大多数人都一无所获了。因为大多数人都一无所求。”

我讲完这一切的时候，泪水顺着小伙子的脸颊流淌下来。他拥抱了我，向我表示感谢，然后走回了自己的宿舍。从第二天起，他就开始梦想自己能够减肥至原来的身材。那一周，有人给庇护所捐献了一双网球鞋，他穿着大小正合适。六周之后，他找到了一份好工作，成功减肥二十五磅。六个月之后，他给我打电话，为了我帮助他重返生活正轨而表示感谢。

我们不做要求的原因

幸福一直在前门按着门铃，可惜我们大部分人却从后门仓皇而出。在我写的第一本书《照顾自己：幸福的习惯》中，对此问题曾有详述。大家这样做主要有四个原因：

1. 我们害怕拥有自己的梦想。

2. 我们害怕因为失去自己的梦想而黯然神伤。

3. 我们认为自己不值得拥有梦想。

4. 当我们自己享受幸福，而他人不幸福时，我们为此感到内疚。

不妨思考一下以下场景：

如果你明早起床之后发现：整个世界都幸福而满足，只有你是唯一一个满怀伤感和挫败感的人。这时候，你还有什么理由沉湎于痛苦中不可自拔呢？

之前接到的一通电话，令我一边摇着头一边面露微笑。打电话的这位好友是一个聪明、幸福而健康的人。近几年来，他一直在关注我的演讲，我也每个月都会跟他发邮件联系。当时，他正在帮我校对本书的初稿。校对到本章的内容时，他决定亲身试验一下书中的知识。当时他在电话中告诉我说：

“我明白了。今天才明白！今天我为了一笔生意和对方在电话里谈了一个小时，最后我厌烦了，也就不再谈了。然后我读了你写的‘知我所想’那章内容，就决定亲自试一试。

“我对自己说：‘打第三个电话时，应该会换个人接电话。我会和那个人展开一场顺利和谐的谈话。’当时我半信半疑时，这还真的发生了——第三次通电话，一切解决！今天是我第一次实实在在、真真切切地明白了这不仅仅是一个公式，这就是真理！”

8 TO GREAT

你的某些想法并没有实现，
是因为你还抱有不相信它们会实现的想法。
迈克·多利（Mike Dooley）

很明显，我们不提要求、不去相信的原因，在哲学和理性层面上都站不住脚。这是我们从父母辈学到的思维方式，父母又是从他们的父母辈那里习得，代代相承。在那种情况下，这已是先辈们竭尽全力所能做到的最好程度了。如今，在新信息的支持下，我们可以做得更好。

假若我们提出要求的话

就我们想要的事物提出要求，对我们的幸福和健康来说有多么重要呢？

曾经有一个被判处二十年监禁的十五岁男孩给我写了一封信，以下是信件内容的节选：

“一直以来，我都觉得开口向朋友和家人求助是一件非常困难的事情，”他开始写道，“我一向性格都是如此——从我能记事起就这样。当我去求别人的时候，我感觉求助这个行为让对方变成了一个比我更好的人，而只能做出请求的我则是那样不堪。我会有一种自己‘出问题了’的感觉，如果我需要别人的帮助，那说明我已经不再是一个完整的人了。我还认为，如果需要别人帮助，那就说明我非常懒惰。这是我以前内心深处根深蒂固的想法，不过，现在的我更加清楚地了解自己，我知道之前的这些想法必须改变。我很明白在此过程中你给予了我很多帮助”。

8
TO
GREAT

想象力比知识更加重要。

阿尔伯特・爱因斯坦（Elbert Einstein）

几周之后，我问他，如果他有机会和其他年轻人分享自己的人生体悟，但只能分享一条，他会说什么。他答道："去寻求帮助吧！总会有人帮助你。人人为我，我为人人。天地有好生之德。只要请求帮助即可。"

不论是求助于人，还是求助于神，都是绝大多数人所疏于练习的行为。从小到大，我经常听到幼儿园里的家长对自己的孩子说："这是你自'找'的。"事实上，一切世事皆是我们人类自"找"的。每一个想法都是一种要求。了解了这一点，我们才能更专注、更顺利地达到自己的目的。

知我所想的成功案例

心中有了财富意识之后，才有物质上的丰厚，而非之前。

约翰・蓝道夫・普莱斯

（John Randolph Price，国际知名的讲师和畅销书作家。——译者注）

曾有一位年轻人问我，他是应该追随自己的梦想，抑或追随金钱。我回答道：在我看过了这么多人的成败起伏之后，我逐渐了解到，追随自己的梦想，最终将引领一个人获得金钱；相反，如果追随金钱，则会偏离自己的梦想之路。

"索要"金钱

多年以来，我最喜欢的一个想法，就是去索取一些意外之财。我很快就意识到：索要金钱对我来说并没有什么损失，相反，如果成功得到了钱，那就简直像虽没买彩票却中了头等大奖一样。

一开始，我总能在自己去的地方找到一些零钱。之后，有一个夏天，我胃口大开，想为自己的一个工作项目要几百美元资金。从邮箱取完信后，儿子注意到我的愁眉紧锁。

“发生什么事了，妈妈？”他问道。

“哦，小事一桩，小宝贝。妈妈只是想要一些意外之财，可是信箱里却一张支票都没有。我之前充满期待，所以现在有点失望。”

“钱又不是只能通过支票寄过来。”我聪明的十二岁儿子告诉我。

“那倒是，”我说，“谢谢儿子提醒我。我会继续期待的，一旦钱来了我就告诉你具体的经过”。

我在我们当地的四家录音棚里做配音工作，大部分是为“《财富》500强”企业的电话留言配音。工作有趣，薪酬也丰厚。其中只有一家是日结薪资的。我跟儿子说完上述几句话一个小时后，就接到了那家录音室打来的电话，说当天下午他们有大量的工作，必须当天做完。就这样，我收获到了意外的几百美元报酬。

几个月之后，我跟朋友分享了上述故事和本章其他内容，她却感觉云里雾里。

“这也太傻了吧，”她说，“发生的好事根本不是你提出要求的结果，只是巧合罢了”。

为了说服她，我让她随便定一个数字，我就按照这个数字的钱数去做要求。

“好吧，一万美元。”她毫不犹豫地说。

听到这个数字之后我也变得非常激动，向她承诺说下周之前就会得到一万美元。两天之后，我就意外地从印刷工那里接到了一通电话。

“有几箱子书你打算怎么处理？”他问道。

“你指的是什么箱子？”我答道。

“去年你搬家的时候，卖给我们不少的东西。东西基本都付过钱了，不过这里有四十箱子书还需要我们处理。”

这“不经意找到的”四十箱子书的价格，远超我与好友打赌的一万美元。我这位原来充满疑心的好友，从第二天起也开始要求并收到意外之财了。

哈佛大学的一项研究表明：用纸笔明确写下自己目标的工商管理硕士，在毕业十年之后的收入，平均而言是没有写下目标的工商管理硕士收入的十倍。

帮助我们的孩子“知其所想”

我儿子所在的儿童合唱团全国闻名。在他十二岁那年，合唱团受邀到中国长城脚下演出。知道这个消息后，我立即跟合唱团导演联系。

“别告诉我不能去，”我威胁他说。（合唱团导演有时候觉得让家长跟团会分散孩子们的注意力。）“软磨硬泡”之后，导演终于允许我带领家长随团前往，但前提条件是我必须要找到十九名家长和我同去。我当即发了八封电子邮件，一个月之后，就有三十一名家长同意前往。

当时，我的公司因为正在制作一部影视作品而资金紧张。再加上写作任务较重，我其实完全不确定自己去中国的旅费要从哪里出，但是我丝毫不以为意。我仍然用心组织前去旅行的家长们，向他们承诺说这将是一次愉快的旅程，完全不需要考虑金钱的事宜。两个月之后，导演工作室给我打电话说，鉴于我在协调组织此次旅行中的不懈努力，合唱团将负责我的旅途费用。

过了几天，扎克向我要250美元，他想在中国给亲友买些礼物。我本想直接就给他钱，转念一想，这是教导他使用“让内心强大的8个方法”的绝佳机会。

于是，我告诉他：“好儿子，我不能给你钱。但是，只要你确信到六月的时候，你就会有足够花的钱，就可以了。”

他问道：“我怎么才能有钱呢？清理家门口的街道？还是帮你做家务？”

“机会自然就会出现的，”我说：“一定要确信自己可以轻松、快速地得到你想要的钱，然后为了梦想实现而感恩吧！”他听后决定试一试。

两周之后的一个大雪天，他坐朋友的车去合唱团排练时出了小车祸，保险杠撞弯了，所幸两个人都没受伤。一个月之后，我们接到了保险公司的电话。

电话那头问："穆勒女士，支票应该寄给谁？"我再三告诉他扎克一点伤都没受，可是保险公司的人坚持说："女士，您不了解规定。钱已经审批下来，我必须要将它支付出去。你希望支票寄给谁，扎克还是您？"

两天之后，寄给扎克的支票邮到了——250美元。

期待美好的惊喜

我最喜欢的事物就是"美好的惊喜"。我总是祈求自己可以遇到那些令人意外的惊喜——而且总能梦想成真！

有一天，我在家中主持了一个感恩小组（Gratitude Group），有九个人参加。我们用一个小时的时间，分享了自己所感恩的事物，并高声说出自己的想法。然后，我们练习着想象如果自己的想法都能成真，会有怎样美好的感觉。当晚活动结束的时候，我们拥抱着辞别。一位女士问我是否可以留下来，她有一些事情需要我帮助。

至关重要的一点是：
为了成为将来的自我，能够随时牺牲现在的自我。
查尔斯·杜布瓦（Charles Dubois，法国记者和作家。——译者注）

"我想要买一些CD，在不参加感恩小组的时候听一听，"她开始说道："你能推荐一些吗？"我走到自己的电脑前，给她看了一个列表。

"这个作者的CD我都有，就缺第二卷，"我说："确实都很不错，我马上就会去订第二卷，听说效果也很好。"

她向我致谢，拥抱了我，就告辞了。我走到客厅，看到了儿子刚才取来的邮件放在那里。我逐封查看，到最后一件时，发现是个小包裹，却认不出发件人的名字。

“我认识叫维蒙特（Vermont）的人吗？”打开包裹，发现是一个一年都没见到的人寄来的，里面还附有一张信笺，写着：“MK（作者名字。——译者注），我知道你很喜欢这个作者，我自己已经听了很多遍，所以我想与你一起分享。”

那正是第二卷。

奥斯卡之梦

我喜欢看奥斯卡颁奖典礼——当然我的关注点不是明星们穿的那些礼服。我喜欢听那些得奖者激励人心的感言，例如，希拉里·斯万克（Hilary Swank）在首次获得最佳女演员时说道：

“这实现了我多年之前的梦想……那时我还在颠沛流离……”

我极其乐于想象小希拉里的样子，她读着书，看着窗外，憧憬着自己身着华丽的礼服，微笑着在数百万观众面前荣获奥斯卡奖的场景。如果你不了解她的奋斗经历，可以上网查一下。那是一个典型的励志故事：在周围所有人都说“这不可能！”的时候，一对母女仍然能够“知己所想”。她们是我们这个伟大时代也是所有伟大时代的代表。

8
TO
GREAT

必须承认，我事先就已经准备好了这份致谢词。大约八岁的时候，我就对着浴室的镜子排练自己获奖的场景。手里的它（举起她的奖杯）当时还是一瓶洗发露。还好，现在我手里的已经不再是洗发露啦！

凯特·温丝莱特（Kate Winslet，2009年奥斯卡最佳女主角）

爱一直在寻找她

人们终将意识到，当我们在追逐自己的梦想时，梦想实际上也在追寻着我们。我曾经见证过无数这样的例子。

凯瑟琳已经结婚六年，曾经参加过我的培训。有天晚上，她在饭桌上与我们分享了一个美妙的故事。在她大学毕业前的几个月，她的男朋友与她分手了，这让她无比伤心。拿到学位之后，她决定重拾自己的人生态度和爱情生活。她首先做的，就是列出一个感恩清单，上面都是两个人曾经有过的美好回忆。

“有太多的事情让我感恩了，我把自己的注意力集中在这些事情上，开始幻想着找到我的真爱。”她告诉我说。

让她吃惊的是，列出感恩清单之后不几天，情歌听在耳中已不再是痛苦。相反，她将情歌看成是“他”（她想象中的新爱人）赠送的礼物。没过多久，“他”就已经变成一个真实的人了。

那天，她去看电影《留住一片情》（*A Walk to Remember*），完全被男主角肖恩·韦斯特（Shane West）的表演所震撼。从那时起，她开始做关于韦斯特的白日梦，这让她非常有趣。不久，她就开始与朋友们谈论韦斯特，就像是谈论自己的男朋友一样。

“我会告诉朋友们肖恩周六要跟我约会，”她告诉我说：“可是他想给我一个惊喜，所以他还没告诉我具体时间和地点。这是我们俩玩儿的一个傻游戏。”

几周之后，她的一个同学打电话说，因为自己要搬去亚利桑那州，所以想征人与自己横穿美国。凯瑟琳觉得这个冒险之旅极其有趣，答应共同前往。

8 TO GREAT

你口中之言一直都是真理。你事先就说出了真相。

金格·金克拉（Zig Ziglar，美国作家、销售专家及励志演讲家。——译者注）

我永远忘不了我俩穿越爱荷华州的那天。两个人都处于“95”的状态。那天风和日丽，是典型的夏日风景——天空很蓝，恰到好处地飘浮着朵朵蓬松白云，目之所及，尽是碧绿的山峰——然后我看到：两峰之间，一座优雅的白色教堂尖塔映入眼帘。

我高声长啸，“快看那风景。太完美了！我可以住在这里。我可以遇到合适的人，相爱，然后尽享无尽幸福”！

梦想高涨，一如高耸的山峰直入云霄。凯瑟琳和她的朋友找到了一家旅馆过夜。办理入住手续时，她就和店员目光一对。等到两个人开始聊天之后，店员已经深深地恋上了她。

你猜得不错。旅馆的店员名字正是肖恩。接下来的几个月，两个人坠入了爱河。一年之后，凯瑟琳和肖恩结婚了，和这位在她向西（英文中“西”与“韦斯特”两词相同。——译者注）旅行中结识的肖恩结婚了。

艾玛找到了新工作

还记得艾玛吧，那个我让她写下自己梦想工作的女人？在我介绍艾玛故事的结局之前，先让我说一下她的儿子吧！艾玛的儿子曲棍球打得极好，曾在15岁时被送到科罗拉多州进行为期数年的曲棍球指导项目。至今已经离家两年有余。书归正传，读者能猜想到艾玛故事的结局吗？艾玛理想的工作包括以下特点：

◎ 重视团结的工作氛围。

◎ 一个蒸蒸日上的企业，能够鼓励员工探索新领域。

◎ 工作环境让我有出去与他人接触的机会。

◎ 工作不需要我整日坐在电脑前。

◎ 能够将自己的会计专业与执行、管理能力结合起来。

当月，艾玛参加了三次工作面试，均以失败告终。有天晚上，艾玛继续在当地报纸上看招聘启事，丈夫对她说：“亲爱的，你看，有一支职业曲棍球队要迁到本地。他们要招聘一些人，你为什么不试一试呢？”

她照做了，而且通过了重重面试。在最后一轮面试中，球队经理探身过去严肃地说：“艾玛，你给我们留下了很深刻的印象。我特别想聘用你，不过，我还需要再问一个问题。你究竟了不了解曲棍球呢？”

本书写作过程中，艾玛正在为那支专业曲棍球队确定数以百万美元计的预算，他的工作环境正是非常重视“团队工作”，而且经常需要探索新领域。她终于过上了梦想中的生活。

8 TO GREAT

所有伟大之人皆是梦想家。春日的阵阵微风，冬日长夜的红色烛光，都能引发他们的无穷想象。有些人任由这些伟大的梦想消失殆尽，另一些人却对它们用心滋养、极力保护，在风雨中顽强坚持，直到风和景明。只要诚心相信，终将雨过天晴。

伍德罗·威尔逊（Woodrow Wilson，曾任美国总统。——译者注）

实践知我所想

如果你做好实践“让内心强大的8个方法”的准备，那么每天你的思想都会离不开它。

你的每日感恩仪式

首先，每天早上或晚上，花三分钟，写下让自己感恩的三到五件事。可以写在纸上或者通过电子邮件发送，感恩之事必须是在过去二十四小时之内的，且不可有重复。如果你是在晚上完成这个作业，那第二天早上就要将昨日所写的感恩之事朗读出来。

其次，每周至少一次花时间练习。一旦你发现了其中的乐趣，你就可以在感恩清单之外再加一个感恩三明治。

感恩三明治

操作方法：

每天你所写的三条感恩之事中，要设置一条过去的，一条现在的，一条未来的。第三条感恩之事实际上是一种想法和愿景，你要像这个想法已经如愿一样地对它进行感恩。具体而言：

过去的感恩之事："我很感激……已经……"

现在的感恩之事："现在……我很感激……"

未来的感恩之事："要是……我会很感激……"（选择一个即将实现的愿望，想象着如果它实现了，你会有多感激。）

对于未来的感恩之事，记住，要保持积极的心态，不要总担心"它可能不会发生"。不要将注意力集中在自己厌恶的事情上，那只会让噩梦成真。

在使用感恩三明治的成功案例中，多年前的一个故事是我最喜欢的，至今仍然记忆犹新。当时我要出席国家教育会议并做一个主题演讲，坐飞机去的路上，我的情绪很低落，处于"5"的状态，因此，我决定为自己列一张美味的感恩菜单：

三明治上的第一层面包，是我对过去的感恩之事。我写道：

为了每日承载我的地球，我感恩。

然后是三明治中间的肉饼——我对现在的感恩之事：

下午，机组工作人员给我送来了饮料和枕头，我感恩。

最后，我用自己对未来之事的感恩，完成了这个三明治的制作：

我在下榻的酒店中会遇到态度良好的工作人员，我感恩。

这三条感恩之事彻底改善了我的情绪，整个飞行途中我都很开心。之后，我又发现，自己的想象的确逐一兑现了。飞机着陆之后，有司机专程接我到旅馆。连包裹都不用我自己提一下，入住手续不到两分钟就办好了。而且，作为大会主题演讲者，我拥有一个私人房间。

进宾馆房间之后，我发现该楼层视野极好，可以看到窗外雪花飘入河水中的夜景。枕头旁，有备好的巧克力。梳妆台上，放着送给住客的见面礼。房间中还有旋涡按摩浴缸和壁炉。隔壁房间中有贴身男侍，问我是否需要热水，是否需要熨烫明天的衣物。（两样我都做了！）

8 TO GREAT

只要你敢于梦想，你就能心想事成。

沃尔特·迪士尼（Walt Disney，迪士尼公司创始者。——译者注）

在制作感恩三明治时，过去与现在的感恩之事都要遵守“不得重复”的规则，但是，在未来的感恩之事这一部分却可以适度重复。我们再回顾一下为何感恩三明治如此有效：

1. 我可以达到“95”的状态（带着感恩之心），善有善报，而且反馈极快。

2. 我清楚地要求我所想要的。

3. 我通过想象自己的梦想已然成真，而达到充满感恩的期待状态。

结果就是：我可以实现自己所许下的心愿——而且就是几个小时的事儿。

如果你怀有宏伟的梦想，而且希望每周一次利用早上时间将其形象化，那么它必然有效。感恩三明治帮助你，勇于要求并顺利实现自己的愿望，时刻滋养自己的“希望”肌肉，将信仰根植于自己最宏大的梦想之中。

不论是使用基本的感恩技术，抑或使用感恩三明治，每天你需要花费的时间都不会超过三分钟。你的梦想绝对值得自己花费这些许时间吧？

为何写作异常重要？

每一个想法都是一种意愿，而且，你写出来的那些想法会实现得更快。因为，在纸面上思考，写作，然后想象是确定梦想实现的三记灵药。另外，在你回顾纸上的愿望，审视它们逐渐实现的过程中，自己的信心亦会同时建立起来。大多数今日的愿望会变成明日你的感恩之事。我还从没见过哪个人在写下自己的愿望之后一周或两周之内，还没实现自己心愿的情况。

8
TO
GREAT

实现明日抱负之独一障碍，是今日之疑虑。

富兰克林·D. 罗斯福（Franklin D. Roosevelt，曾任美国总统。——译者注）

我有一位挚友非常赞赏我的课程，但自己却是一个非常不愿意“写日记”之人。即使如此，她仍然出于兴趣想尝试一下感恩三明治。为了将来有感恩之事，她写下了自己的愿望：“我将会去很多地方旅行，对此我很感恩。”接下来的两周之内，她就接到了四份去风景胜地的邀请。她终于“知己所想”。

将你的梦想尺码加大

你的梦想是大是小其实无关紧要。刚开始立下一些小愿望，可以逐渐锻炼出自己的梦想肌肉，相信自己可以实现更大的理想。要将注意力关注于“你希望要有的感觉”，比如：“能拥有如此之多的密友，真让我感恩。”或者“能收到如此之多的祝福，真让我感恩。”感到失望无非意味着你已经失去耐心。记住，不要踟蹰于“何时做”与“何人做”，尽情享受“有何事发生”和“为何会发生”就好。不出多久，你的朋友就会向你请教实现梦想的秘诀——而你就是向他们分享秘密的绝佳人选。

作者还记得，自己曾经幻想本书付梓印刷的那天。在我的脑海中，我看到自己的书籍在春季于纽约开始发售。我的朋友围在我身旁，说着笑着。他们知道，当晚我们会坐着加长豪华轿车去高档餐厅庆祝，第二天，他们还可以参加我首次全国电视采访节目的录制。我们的情绪都十分高涨——确实无比美妙。

“这全都是胡说八道！”怀疑论者会对此高喊。“真是大傻瓜！”批评论者则会尖利地哭叫。或许，这的确是一个只有傻瓜和儿童才能认识到的真理吧！所以才有言道“心诚则灵”，只有心诚相信，我们才能运用上天赋予的能量，使其成真。

老师的故事

我曾为高中开设“让内心强大的8个方法”系列课程，这其中，我设置了一个特殊的毕业典礼。学生可以在典礼上分享自己的成功故事，并且可以收到达成心愿的证明书。我们第一次在一个贫民窟学校举办此典礼的时候，一位年轻的英语老师令我终生难忘。

那是五月的一个下午，“让内心强大的8个方法”毕业典礼上，我们呈圆形而坐。学员按顺序说出自己的美好经历。有位少年学员说，他在保龄球比赛中的成绩提高了三十四分；他的同学则说，时隔一年之后他终于开始跟父亲说话，父子和好了。每一个人都有精彩的故事与大家分享。

8 TO GREAT

我因为信仰本身而相信信仰。即使面对绝对的无望、万千人所阻，皆要坚持信仰，这一点至关重要。与突如其来的疾病和无可避免的世界末日相比，精神不振和失望落魄才是生活面临的真正危险。我对每一个人的建议都是：永远不要放弃信仰。

兰斯・阿姆斯特朗（Lance Armstrong，美国自行车名将。——译者注）

一圈人都说完之后，我转过头对他们的老师说：“您全程参与了课程，在这期间，你的生活有没有发生什么改变呢，有什么愿意与大家分享的吗？”

她的眼眶湿润了，说道：“本来我没有打算今天和大家分享，不过，今天和以往一样，都是好日子，我就说说自己吧！大学时候，我读的是医学预科，大一的科学考试出题相当难，我没有及格。惊慌之余，我跑去找导师求情，跟他说我必须有一个好成绩，才能申请上医学院。”

“他嘲笑我道，‘如果一个人连我的考试都通过不了，哪还有什么能力能进医学院呢’？”

“听了他的话，我的心都碎了。第二天，我就放弃了这门课，并转了专业。”

她暂停了一会儿，平复心情之后，继续说道：

“我是喜欢讲课这份工作的。可是，听过你们的课程之后，我意识到自己应该追逐曾拥有的梦想。我已经递交了辞呈。虽然年底之前还需要在这儿工作，不过我已经递交了上医学院的申请。”

这位女士一直是我心目中的英雄。她以自身经历有力的证明了“让内心强大的8个方法”的前两方法，如何“知我所想”，又如何“勇于冒险”。我们不仅比自己想象的更加坚强有力，而且当我们尽情想象的时候，会变得更加坚强有力。

Q&A

知我所想问与答

问：上周我和朋友一起吃午餐。我们谈论了彼此的梦想和回忆，非常愉快，回家的时候心情都非常好。第二天，就有人告诉我说公司接了一个大订单。难道说“幸运护身符”这种事真的存在吗？

答：任何让你感觉良好的东西——气味、口味、触动、美景抑或与朋友的愉快午餐——都会让你在能量金字塔上不断上升。如果你和朋友一个小时都处于“95”的状态，这种积极的振动就会自我加强，从而进一步提升效果。另外，一次性地处于高频振动一小时，要比六十天每天高频振动一分钟的效果还要好。恰如将激光集中于一点，威力会更显著。

问：我今年三十多岁，是一家大型广告公司的金牌雇员，经常接的都是价值数百万美元的大单。每当一次重大项目开始之前，我都会用两天的时间在脑海中“彩排”一遍我要穿什么、我要说什么、每一次会议、每一场拍摄、每一次剪辑。有时候，我会将一个场景重播三四遍，直到感觉良好。我觉得自己这么做是担心出纰漏。按照你的

• Q&A •

说法，我一直是在做“知我所想”了？

答：不错，欢迎你成为第四种人——不仅幸福，而且明了个中缘由。

问：几年前我知道了“知我所想”的概念。刚开始的时候效果还很明显。不过之后这种“神奇的魔力”就消失了。我怎样才能重拾轻易实现自己梦想的状态呢？

答：你的经历会自然出现，你将“知我所想”的效果视作理所当然。有时候，我们根本没有用心去想象自己的意愿，却误认为我们已经思考过它了。如果是这样，其实我们甚至都还没有达到心情激动的状态。

“不错，”我们会想：“那辆黄色的轿车。我应该想象自己拥有它的感觉。”然后，我们就此止步。“知我所想”可不是如此运作的。你必须要将自己置于想象的场景之中，并让其改变自己的心境。不要浅尝辄止。要在自己的想象中尽情遨游。去试驾一下那辆车。去大学转一转。每周花些时间听听CD、看看期刊，像梦想已经实现一样地去感恩，借此培养自己的想象力。

问：“95”的状态和“索取自己想要的”有什么关系？即使我情绪不好，难道就不能去索取自己所想的了吗？

答：你可以在状态不好时做出要求，但却无法在那种状态下实现愿望。例如，你和现在的恋人关系有问题，想要开始一段新恋情。因此，你和男友甲分手，希望自己找到男友乙。在你想象男友乙的时候，你处于“95”的状态。

现在，想象已到第二天。你没有做自己的感恩作业。相反，你盯着镜子，抱怨自己肿胀的眼睛。走路的时候差点被猫绊倒，所以你对猫大喊大叫。上班路上，听着广播里的新闻，你觉得这世界已经没救了。开始上班后，你又面对着一堆任务的最后期限嘟嘟囔囔，抱怨不止。

Q&A

看看你现在的处境吧！以你自己在能量金字塔上“5”的位置，对你那处于“95”状态的梦中王子——新来的销售员，从你的办公室经过——也必定会互视而不见。因为，你们两个并不匹配，他正处于“95”状态，而你则处于“5”状态。恰在此时，前男友打电话给你，请求原谅，希望复合，你思前想后，觉得已经没有遇到“真正的好男友”的希望了。现在，我们再重新播放一下今天的场景吧：

第二种做法：另一种可能的场景……

早上起床后，你收到感恩伙伴的电话，两人都花费了几分钟时间练习了一下感恩三明治。你许下的未来感恩之事是：“居然有这样一个让我料想不及的愉快惊喜，真的很让我感恩！”你真切地相信这一定会发生，并踏上寻找奇迹的旅程！

照着镜子，你为自己的笑容满意，为了自己完美的发型而激动。在心情如此放松的状态下，即使看到挡路的小猫，你也会温柔地把它抱起来放在路边，你知道它只是想得到主人的一点关注而已。和猫玩了几分钟之后，你做了自己最爱的早餐。牛奶虽然已过保质期，却还没有腐坏，真让人感恩。

去上班的路上，车里放着自己最喜欢的音乐CD，你想象着自己和女友随着音乐在起居室翩翩起舞的情景。你能看到自己和真命伴侣的约会，就如同身临其境听音乐会一样。

到了办公室，打开电子邮箱，你看到有很多电子邮件需要处理。此时此刻，你感恩自己终于有了一份忙忙碌碌的工作，摆脱了上一份整日悠闲的差事。

现在，当那位新来的销售员经过你的办公室时会发生什么呢？他只会注意到那些“95”状态的人，所以，他的目光会注视于你身上！

Q&A

问：我是一名九年级老师。今天上课的时候，学生问了我一个问题，我告诉他我会给他发邮件。学生的问题是："会不会出现一种情况，就是虽然我对自己说'我能做得到'，但却事与愿违，原因在于其实我根本没有能力做到？"

答：不会出现这种情况。如果说你的想法会决定你的现实，那它的确会决定你的现实。你的"成功"唯一会被阻止的情况，就是你开始纠结于"何时"愿望会实现的这个问题，而且在成功马上到来的前一刻偏偏就放弃了努力。你可以将《追梦赤子心》这部电影推荐给学生们，该片讲述了一位大学生在马上就要到达终点时放弃了努力，经过劝说，才重返"95"的状态。

问：如果你已经为了梦想的实现等待了太久，如何使自己继续保持坚定的信念呢？

答：在阅读了大量的成功故事之后，我发现，万事万物都会在其最合适的时刻到来。不妨看一下《心灵鸡汤》这本书吧，要知道，该书的创作者——杰克·坎菲尔德（Jack Canfield）在初次提出该书的设想时，曾经被123家出版商所拒绝。不过，截至本书写作时，《心灵鸡汤》却已经在全球售出了八亿册，被翻译成五十多种语言。关于这点，在"方法之八：希冀未来"一章会有详述。

问：生活中总有那些愿意否定他人、唱反调之人，我该拿他们怎么办？

答：我的建议是，你只跟那些梦想者，分享你的梦想。古语曾告诫我们，不要"对牛弹琴"。我们并不是说有些人是"蠢牛"，而是说他们并不明了梦想的价值，反而将梦想与其他更低等的事物同样对待。

和唱反调的人争论注定是徒劳无功的。只是简单地说一句："谢谢

Q&A

你的提醒”就好，无须带着敌意，也无须讽刺挖苦。只要用事实证明他们的错误即可。

问：在哪种情况下，梦想仅仅是一种幻想而已？我有一个梦想，那就是拥有一辆黑色的奔驰——这是我长久以来的希望。我知道这个梦想对社会没什么大的贡献。这是不是很自私？

答：首先，拥有黑色奔驰的贡献在于，它能让你知道自己是什么样的人，知道自己身上有着可以实现一切愿望的能力。你会充满喜悦与感悟，而且你会与那些深陷黑暗和绝望之人分享这些思想——无论男女老幼。一辆奔驰车能做出这么多贡献，可说是很惊人的了！

其次，如果你能够将自己的梦想从“幻想”升级到“有如梦幻般美好”，那么你会意识到，自己的梦想有多么神圣，“梦想者”又是多么大的夸赞。

最后，要知道奔驰车不会给你带来真正的幸福。相反，你真正的幸福才会为你带来奔驰车。要记住，你的“知我所想”的能量，以及对于自己注意力的选择，是实现一切的关键。

不思考则罢，一旦开始思考，就要从大处着眼。

唐纳德·特朗普（Donald Trump，美国地产大亨。——译者注）

8 TO GREAT

【方法之二】

勇于冒险

勇敢面对风险，拒绝逃避风险

HIGH-WAY 2

Risk-Run to, Not from

勇于冒险

敢于承当惨痛失败之人，方可收获辉煌成功。

罗伯特·F. 肯尼迪（Robert F. Kennedy）

《韦氏大字典》将“风险”定义为：“承受危害、损失……危险之可能。”相信大多数成年人都会同意这种定义。创造性地承担风险以及跳出条条框框地辩证思维，恰恰是在商业领域和日常生活领域中，获得成功的一大重要前提。很明显，我们的文化对于风险的态度是具有多面性的，不过，伟人们都能认识到——“不入虎穴，焉得虎子。”

世界上没有笃定之事，只有机会。

道格拉斯·麦克阿瑟（Douglas MacArthur），美国陆军参谋长

若要倍增成功之几率，必先倍增失败之几率。

老托马斯·华生（Thomas Watson, Sr.），美国国际商用公司（IBM）创始人

每天做一件你所畏惧之事。

埃莉诺·罗斯福（Eleanor Roosevelt），前第一夫人

在多年教授“让内心强大的8个方法”的过程中，我发现：即使是那些非常赞同应该跨出自己“舒适区”的人，在风险面前有时也会犹豫不决。为什么呢？因为“勇敢冒险”本身就是有风险的，在事情未明朗之前，我们面对的很可能是会对自尊产生无穷打击的事件。尽管如此，机遇蕴藏在风险中：在我们最低沉的时候，在我们最不愿意冒险的时刻，勇于冒险，是重回能量金字塔顶端的唯一途径。

当我们铤而走险但却铩羽而归时，很多人会用这所谓的“失败”当作愧疚、悔恨、自我怀疑的借口。处于能量金字塔底端的这种状态，会让冒险看起来遥不可及。可是，不论是梦想、感受、希冀抑或宽恕，每一条“让内心强大的8个方法”之路本身都是一种冒险。

最幸福的人

对于儿童而言，勇敢的冒险就像呼吸一般自然。你看没看见过，小孩子们在滑梯的底下对同伴说：“我们可得小心一点儿上去呀？”绝对没有。我们生来都是勇敢的冒险者，只不过随着年龄的增长，才为了万事周全而小心翼翼。

8 TO GREAT

出淤泥而不染，濯清涟而不妖，做真真正正的自己——这意味着你要像其他人那样去开始最艰苦的战斗，永不停止战斗。

E. E. 卡明（E. E. Cummings，美国诗人，以写作中特立独行独特风格而著称。——译者注）

20世纪60年代，曾有两位心理学家对世界上三十三个文化进行调查研究，目的只有一个：发现幸福之人有什么共同特征。结果发现，共同特征并非爱情、金钱或名誉，也不是美貌、朋友众多、健康的身体、优异的学习成绩。而是勇于冒险。

人们首次听到这个研究结果的时候，他们的反应非常有趣。有位学生就问我："那我应该去冒什么样的风险呢？"这个问题表明，她已经从内心深处开始认同研究结果了。

我盯着她充满智慧的眼睛，反问道："从现在开始直到你死去，你所能承担的最大的冒险是什么？"

"做真实的我自己。"她回答道。

"不错，年轻人，那将是你一生之中最大的冒险。"

特立独行

成熟的一个显著标志，就是我们开始跟随自己的内心，摒弃外界的纷扰。挑战之处在于，我们自身的智慧通常与世俗的标准是背道而驰的。"追随你的内心"，有时候意味着你要不顾同事们"不可胡作非为"的警告。你的家人也许想让你在离家近的地方找个工作，可是你的直觉却告诉你要做自己喜欢的事情，追随梦想。

> 8 TO GREAT
>
> 委曲求全的结果就是，所有人都喜欢你，除了你自己。
>
> 丽塔·梅·布朗（Rita Mae Brown，美国作家。——译者注）

不论你将这种内心的信念称作"勇气"，"直觉"，还是"神圣的感知"，你都无疑会听到它们在呼唤你去做一些世俗反对之事。冒险者的旅途不可避免地要直面磨炼、痛苦和孤独。不过，我们却必须要铤而走险。

冒险抑或逃避

在“让内心强大的8个方法”中，我们将“勇于冒险”定义为：勇于面对风险，拒绝逃避风险。

风险需要面对面非逃避。

下表列出了一些风险，其中一些需要面对，另外一些则需要避免：

◎ 向你的老板谏言自己的改进意见

◎ 要求升职

◎ 跟好朋友撒谎

◎ 未经通知的情况下辞职

◎ 喝得酩酊大醉

◎ 驾滑翔伞

提出自己的改进意见，要求升职，以及玩滑翔伞都是冒险，因为它们都指向一个目标或者梦想。与之相反，我的所有学生都认为，欺骗、未经通知即辞职以及喝醉都属于逃避——代表了我们对于自身恐惧的躲避。

恐惧没有多少之分

你认为谁感受到的恐惧最多，英雄抑或懦夫？大多数人都认为必然是两者之一。不过，令人吃惊的一个事实是：我们每一个人感觉到的恐惧多少都大同小异。就像是从高台向下跳水，无论对哪个十岁孩子来说都不免心惊胆战。只不过，英雄虽心怀恐惧，但仍勇往直前。

无论何时，我们都可以用恐惧当作借口从而停滞不前；又或者，我们可以激发出内心中的勇气，投身下一次冒险。如果你从来不去冒险，那么你对新奇事物的抵触就会更强。一位CEO在听过我的课之后跟我说：“看来，过去的我其实是给自己织就了一张舒适的围巾，直到它让我窒息。”他已经准备好抛弃自身对于“改变”的恐惧，重新开始生活。

8 TO GREAT

停在码头的船是最安全的，
可那样也就失去了它作为一艘船的意义。
威廉姆·谢德（William Shedd，美国作家。——译者注）

恐惧没有多少之分，它时不时地会侵扰我们每一个人。我永远记得有天晚上，一个好朋友打电话过来，问是否可以当面和我聊一聊。因为第二天早晨,他就要向银行贷款一千万美元,而在此之前他已经亏欠银行两千万美元了。我听着他的倾诉，在他因恐惧而发抖时握住了他的双手。如今，他的身家已经是那笔贷款的很多倍了。

有很多人无法想象，如果自己处于那种情境之下要如何应对。有很多极度悲惨的人反而经常批评冒险者，他们害怕跌倒，害怕受伤。事实却是：为了找到幸福和成功，我们不能畏首畏尾，所有人都必须带着对生命的敬畏去勇敢冒险。

谁犯错更多?

当我向青少年讲述“方法之一”和“方法之二”时，我会给他们出下面这道选择题：

与不成功人士相比，成功人士会犯多少错误?

（a）所犯错误是不成功人士所犯错误的一半。

（b）所犯错误多少相同。

（c）是不成功人士所犯错误的两倍。

（d）是不成功人士所犯错误的五倍。

（e）是不成功人士所犯错误的二十倍。

很少有学生能猜到正确答案：（e）成功人士所犯错误是不成功人士的二十倍。

冒险并不一定非要惊天动地。每个人每一天都可能要冒一些小险。你可能没有去参加《美国偶像》，但却有可能要在教堂里独唱；你可能不需要捐肾，但却可能要去献血、参加舞蹈班、竞选学校委员会、学习轮滑又或者和自己的新邻居寒暄几句。

冒险的风险

正如先前所述，我喜欢看奥斯卡颁奖典礼。它让我吃惊地发现：即使是那些功成名就的艺人仍然在不断进步和冒险。我还记得，有一年的典礼曾介绍道，克林特·伊斯特伍德（Clint Eastwood）不仅是一位出色的演员和导演，他还是一名制片人，加利福尼亚州卡梅尔市（Carmel）市长，曾入围奥斯卡最佳电影配乐奖。

8 TO GREAT

不是因为事情困难，我们才不敢冒险。

而是因为我们不敢冒险，事情才变得困难。

塞内加（Seneca，罗马斯多葛学派哲学家。——译者注）

不过，我猜你可能会说，对于他来说冒险更容易，他毕竟是克林特·伊斯特伍德啊！

这样的说法显然是倒因为果了，我会说：恰恰是因为勇于冒险，所以克林特·伊斯特伍德才达到自己今天的成就。

你又有什么可损失的呢？

你最害怕失去什么？时间、金钱、他人的尊敬抑或你的自尊？这些都是我们在接下来章节中常见的焦虑状态。很多人畏惧进入新领域还有一个原因，那就是害怕自己失去希冀。

过去也许我们曾经尝试过新事物，可就是因为碰了个小钉子，马上就臆断说自己可能“不应该”再继续走下去。我们误将成功道路上的迂回当成了鲜红的“停止通行”标志。

也许你想重返学校读书却没有助学贷款；也许你主动去要求帮助却横遭拒绝；也许你第一个月的营销无功而返。所有这些事都正常之极，并不说明你已经失败了。它们不是失败，而是反馈。那些妄想轻而易举就获得成功之人，永远不会亲眼目睹成功之路的模样。

8 TO GREAT

从“现在的我”到“我想成为之人”之间的跨越，是无比令人恐惧的……但是，为了我将能达到的一切，我会闭上眼睛，然后纵身一跃！

玛丽·安娜·拉德马赫·赫胥

（Mary Anne Radmacher-Hershey，励志书籍作者。——译者注）

通往成功之路

在一张纸上，或者凌空画出你认为通向成功之路的样子。以你的左手边A点作为起点（代表当前你的社交、工作和身体等状态），直到你的右手边Z点作为终点（代表你想要达到的目标）。在我所教授的学生中，有一半会在两点之间画“之”字形路线，而另一半会画直线。一定有很多学生疑问道：“你是想让我们画真实中的路线还是我们所希望的路线。”“让内心强大的8个方法”告诉我们：

通往成功之路从来都不是一条直线。

唯有鹤立鸡群之人，才能在重重逆境面前仍然保持无畏的勇气。务必切记这一点，这样，当你面临恐惧之时，才能像多萝茜面对邪恶巫婆时那样能够有勇气大声喊出：“我不害怕你！”

勇于冒险之流程：勇敢面对风险，拒绝逃避风险

人之一生，都在不断地从安全（出于恐惧）
与冒险（为了成长）之间做出选择。每天都选择几次成长吧！
亚伯拉罕·马斯洛（Abraham Maslow，美国著名心理学家。——译者注）

一旦你准备好面对自己的恐惧，大步前行，你就可以使用以下公式，确保每次都能做出最明智、最有爱的抉择。面临决策时，务必要问一下自己："如果我没有丝毫恐惧，我会怎么做？"

我曾经给一个戒酒恢复期的一组人教授此公式，当时一位年轻女士脱口而出道："那我就要喝个大醉！"我问她真的会那样做吗，她说不会。

8 TO GREAT

有些人会活九十年，有些人只是将一年重活九十次。
韦恩·戴耶

十多年来，我每周都会参与救助无家可归者的相关工作。有时候我会遇到一些刚刚沦落到流浪街头的人。这些人从来都不是因为直面自己生活中的问题才滥用物质的。相反，他们都承认，恰恰是因为害怕面对自己的痛苦，想要逃避问题，才让自己堕入毒品的深渊。

"婚外恋"问题

有一次，我给一大群人讲课。当我告诉他们，决策之前务必想一想"如果没有丝毫恐惧，我会怎么做"时，有人提出了一个让我意想不到的问题。

一位先生坐在教室的后排，他大喊道："你刚才是说如果我有婚外恋（英文中，"没有恐惧"与"发生婚外情"发音相近。——译者注），我会怎么做吗？"

大家笑声消退之后，经过讨论，都一致同意以下结论：假如一个人无所

畏惧，那么也就不会有婚外恋的发生，因为他会对自己关心的人坦荡而真诚，包括对自己更是如此。而婚外恋则恰恰总是秘密和逃避现实纠缠在一起的。

九十五岁老人的选择

如果你问一位九十五岁的老人，如果能够重新生活一遍，他会做怎样的改变。绝大多数人的回答都是：他们会去“冒更多的险”。他们后悔的不是冒险不够多，而是很多风险他们没有勇敢承担。这也就意味着，有的时候，勇敢地迈出第一步，很可能就是最明智之举。

信仰我们自己梦想的风险

英文中的“勇气”（courage）一词，来源于法语词“coeur”，原意是“心灵”（heart）。最具勇气之人都会追随自己的内心，从而达到仅凭理智所无法企及的境界。信仰自己的梦想，需要冒极大的风险，因为人类的梦想通常在逻辑和经济层面上并不合理。

8 TO GREAT

生活要么就是一场惊心动魄的冒险之旅，

要么就是水波不兴的一事无成。

海伦·凯勒（Helen Keller，19世纪美国盲聋女作家、教育家、慈善家、社会活动家。——译者注）

我曾经结识过一位在事业上步步高升的男人，他已经做到了一家公司的交易人。有一天和他吃午饭，我问他“如果没有丝毫恐惧，你会怎么做”的问题。

他说：“你不了解我。本人刚搞定一笔五百万美元的生意。我没有任何恐惧。”

我接着问道：“那就告诉我，如果不考虑恐惧这个因素，你会成为一个什么样子的人？”

他想过一会儿后，告诉了我一个自己从未跟他人分享的秘密。

“我宁愿在一个贫民区学校当个五年级的老师”，他说：“不过，如果你敢告诉任何人我曾经说过这句话，那我可是绝对不会放过你的。”

不去冒险，何来奖励

如果一个雇员不能勇敢地说“不”，那么他很可能会遭遇工作倦怠，因为没有谁能包办一切。唯有敢于说“不”，你的“是”才具有价值。我们在同意一些事情时，也就意味着我们亦同意了不去做另外一些事情。人类体验的荣耀之处在于，我们无所不能——但却不能同时拥有一切。

所谓的“边界”，实际上是在昭示着某件事情极其重要，以至于你不能做其他事情。不论是在戒酒、减肥还是拨打业务电话，总有一些分心之事诱惑我们偏离正轨。这时，我们需要强调的自信来坚持立场，保持航向。在我刚开始学会勇敢地跟别人说“不”的时候，S. R. 劳埃德（S. R. Lloyd）的自信信条给了我极大帮助：

自信之宗旨

1. 如果能够掌控自己的生活，我们也就不会再去伤害任何人，不再伤害自己或者其他人。

2. 不让他人知晓我们的感觉和思想，也是自私的一种形式。

3. 牺牲自己权利的举动，通常会诱导他人继续不公正地对待我们。

4. 如果不告诉他人的行为对我们产生了消极影响，我们实际上是令他们丧失了改过自新的机会。

5. 我们拥有权利去拒绝他人；有权利感受并表达愤怒、恐惧和伤痛；有权利从错误中吸取教训；有权利持有和亲朋好友相悖的观点；有权利作为有权利的成年人；也有权利拥有自己的欲求，而且其重要性绝不亚于其他人的需求。

奖励你的冒险

我坚信，无论成功与否，我们都应该发现风险，勇于冒险。在大人物眼中，也许金表和荣誉晚宴永远与我们这些小角色无缘。但是我们却要骄傲地宣称："如果有一天这些事情发生，我们将会在希尔顿酒店的顶层进餐。"

鼓励孩子去冒险，也会有所回报。在我的儿子扎克刚满六岁时，我一直为他不愿意潜水游泳而着急。为了尝试一下"解决"这个问题，我给他报了个游泳班。即使潜水过程中发生危险，也有救生员会及时营救。不幸的是（对我来说），只要有水下运动，扎克总是能趁着教练不注意的时候偷偷溜走。

8 TO GREAT

相信你是有勇气的，就是有勇气。

此一点是唯一重要之事。

马克・吐温

有一天，我却亲眼见证了奇迹的发生。那天下课之前，老师说为了奖励大家，可以允许他们从跳水板上跳下来。我知道这活动肯定不在我儿子能承受的范围之内，所以，我径直走向衣帽间，准备等扎克换衣服回家——可是我十三岁的女儿却留在原地不动。

"嘿！扎克！来这儿！"她小声说。

扎克走到她身边，想知道她会说什么。我也很好奇。

"如果你敢从那个最低的跳水板跳下来，妈妈就会带你去奶品皇后（Dairy Queen，DQ。——译者注）吃冰激凌！"

"真的吗，妈妈？"扎克问我。

"呃……我当然会了，乖儿子。"

让我吃惊的是，在很多游泳小学员退缩之后，扎克勇敢地站在了跳水板上，老师在下面张开双手准备接住他。扎克纵身一跃，跳到了另一个方向，然后自己游上了泳池。

当天下午，我就给扎克买了冰激凌——而我也学到了人生中奇妙的一课。我的女儿实际上已经明白：人类在等待生活奖励自己去冒险的过程中，也可以不时奖励一下自己。

从你的冒险中得到回报

以下列出了一些你如何奖励自己去冒险的一些方式。值得注意的是，之所以给自己奖励，并不是因为冒险所带来的结果，而是因为冒险本身所传达出来的信息！

拨打十通冷销售电话——和朋友去看一场电影

约某人出去约会——去享受一场职业按摩

第一次去上壁球课——去最好的餐厅吃午餐

要求升职——整个星期六都不做任何事，尽情休息

参加戏剧的面试——在角色名单公布之前，和朋友去外面吃晚餐

没有勇气，生命就无法获得平静。

艾米莉亚·埃尔哈特（Amelia Earhart，著名女飞行员。——译者注）

为什么我们不去勇敢冒险

有时候，静待含苞待放比看到花朵盛开更需要勇气。

阿娜伊斯·宁（Anais Nin，著名女性主义者。——译者注）

既然如此之多的自助书籍和励志大师都认为冒险乃是幸福、健康和财富的钥匙，为什么我们大多数人都不愿意关掉电视真人秀节目，转而去踏上自己的冒险之路呢？答案也许能在股票市场和保险公司的术语中找到，这两个

行业都坚信，唯有“低风险”方可驶得万年船。

我还记得上过我课的一名高中生，刚开始上课的一个小时他全神贯注，连眼睛都不眨一下。下课之后，他跟我分享说，在学习之前，他从来没想过冒险也可能是一件好事。

第二天早上，出发上学之前，她妈妈像平常一样跟他说：“好的，宝贝儿，注意安全！”

“噢，妈妈！”他回答道，“学校里有位女士教我们说，成功的人都乐于冒险，所以从现在开始，您要鼓励我去冒一些险吧”。

“好吧，宝贝儿，”他妈妈犹豫着答道，估计她内心深处也在冒险吧：“那就去冒一些险吧！”

8 TO GREAT

只要人们有自信，敢于冒险，就可大有作为。可惜大多数人做不到这一点。他们呆滞地坐在电视机前，仿佛生命会永存一样虚度光阴。

菲利普·亚当（Philip Adams，澳大利亚广播电台主持人和公共知识分子。——译者注）

接下来的六周多时间里，这个男生的成绩从C和D跃升至A和B；作为足球运动员，他的球技大增；与女朋友的关系显著改善；据他妈妈说，“他总帮我料理家务，简直和从前不是一个人”。

职业安全感之迷思

教育工作者卡尔·费司驰（Karl Fisch）与知识共享组织（Creative Commons，非营利性组织。——译者注）于2008年所作的一项研究表明，2010年十大最具需求力的工作，在2004年的时候还根本不存在。不止如此，根据费司驰所述，普通毕业生在三十八岁之前平均会有十到十四份工作。既然如此，到底什么是职业安全感呢？根据职业的稳定性，强迫年轻人选择自己的工作还有什么意义吗？这种压力会阻止年轻人选择“不稳定的”工作（例如，创业者或者艺术家），鼓励他们去从事经济上更“安全”的职业。所谓“稳定性”的假象，通常诱惑我们远离了自己的梦想。

“何人”与“何时”的问题

当我发现某图书代理商无法替我们工作时，我感到既失望又泄气。当时我十六岁的儿子走过来，给了我一个拥抱。第二天，在我们坐着聊天的时候，儿子问了我一个十分有力的问题：“妈妈，您为什么不用自己所学去避免生活中的起起伏伏呢？”

我感谢了他的提问，然后让他用自己的手指比画一下大多数人愿意承担多大的风险。他比画出大概一英寸。我又问他我经常承担的风险大概多长。他比画出大概十二英寸。我同意他做的估计。

8 TO GREAT

相比成功，我们能从失败中学到更多东西。

约翰·J. 史密斯（John J. Smith，英国探险家。——译者注）

“之所以叫它们‘风险’就是因为它们是有风险性的，”我提醒他：“在你挖掘人生金矿的过程中，功败垂成和大失所望是没有方法能够避免的。”

多年以来，儿子耳濡目染，总是听到我说“只要你按照这些步骤做，去往成功之路就是一条笔直通途”之类的话。因此，我必须再把儿子的思想扳“直”过来。

“孩子，我一直坚持的观点，是要相信好事情必将发生，无须纠结那些如何发生和何时发生的问题。不过，现在我们需要做的是退后一步，做个深呼吸，静静地等待何时那个人会出现。”

与“变化”做朋友

想要与“变化”交朋友吗？与其在“变化”敲门时惊慌失措，不如邀请它来一起共度晚餐吧！我曾经给一群在铁路系统平均工作达二十七年的人授课。我的演讲主题是：“变化总在发生：转变的工具”。

> 8 TO GREAT
>
> 勿让他人之疑虑，扰乱做事者之决心。
>
> 中国谚语

我问他们，如果他们是管理者，想对工作场所做出哪些改变。总共七十九人中，有七十八人都写道：“利润分配。”接下来我们花了三十分钟做头脑风暴，思考如何在这个问题上团结一致、发出声音以期获得管理者的注意，以及在此过程中存在的风险。当然，讨论中有一些人始终在喃喃自语道：“这老师根本不明白咱们这是怎么回事儿。”

讨论的反响很好，接下来的一年他们又邀请我去那里演讲。我再一次要求他们写下他们想要改进的地方，没有一个人写“利润分配”。我问他们为什么都不写，他们告诉我：“哦，那个问题我们已经圆满解决了。”

他们敢于冒险的意愿，加上对解决方法的想象，帮助他们实现了自己的愿望。

以“金钱”做借口

人们总说他们之所以不敢冒险，是因为金钱不足。玛莎·辛尼塔（Marsha Sinetar）所著的《做你爱做之事，金钱自然随之而来》（*Do What You Love, The Money Will Follow*）对此问题有很有趣的讨论。下面列出了一些大公司的名单，它们的创始者从来没有拿“钱”作为懈怠的借口：

◎ 达美乐比萨（Domino’s Pizza）的启动资金是900美元贷款。

◎ 好莱坞品客热狗（Pink's Hot Dogs）创始于1939年，当时还只是一辆卖热狗的流动车。2007年，品客热狗收入已达到250万美元。

◎ 卡尔文・克莱恩（Calvin Klein）从朋友处借款一万美元，创立了同名时尚品牌。

◎ 本–杰利公司（Ben and Jerry's）起源于本和杰利报名参加了一个学费为5美元的冰激凌制作函授教程，然后贷款4000美元，开始创业。

◎ 苹果公司草创之初，乔布斯（Jobs）和沃兹尼克（Wozniak）卖掉了他们的汽车和两部计算机，这1300美元就是他们的全部启动资金。

巨大的风险无须巨大量的资金；它们需要巨大的勇气，巨大的信仰，以及巨大的毅力。

金・凯利（Jim Carrey）早年的冒险

我们有些人不敢冒险是因为害怕"碰钉子"。令人鼓舞的消息是，根本就没有所谓的"钉子"可言。即使有钉子，也只是像弹簧床一样。你碰得越用力，反弹得也就越高，只要你抛开那些自身成见。同样的碰钉子经历，会使有些人面对风险踯躅不前，另外一些人则将其视作奋力一搏的推动剂。

8 TO GREAT

> 从长远来说，躲避危险比完全暴露更加危险。
>
> 海伦・凯勒（Helen Keller）

诸多真人故事告诉我们，许多人恰恰是在人生最阴暗的时刻，选择去冒一生中最大的风险。例如，金・凯利（好莱坞著名演员。——译者注）年仅十岁的时候，家里收入异常拮据。迫不得已，他将自己的简历寄给了当时顶尖的电视喜剧明星——卡罗尔・贝内特（Carol Burnett），希望得到赏识。非常可惜，卡罗尔从来没有给他回复。但他的伟大梦想却从无动摇，仍然坚持去挑战更大的风险。

十九年之后，金·凯利的兜里还是只有可怜的几美元。夜深人静之时，他驾车到比弗利山庄（Beverly Hills，好莱坞高档社区，众多明星的家所在地。——译者注）最美丽的地方，下车后坐在马路边上，一边凝望着自己梦寐以求的房子，一边尽情想象，直到他相信自己就住在那里。五年之后，他已经住上了自己所拥有的价值数百万美元的豪宅，参演的每部电影也都是亿元等级的大制作。

“我还有什么可失去的呢？”根植于每一个人的无意识当中，其终极目的是——当一切都坎坷不顺时，我们能够拿出最大的勇气去挑战风险，获得幸福。

从前，有一个谨小慎微之人。
他从不跳舞，亦从不祈祷。他从不冒险。
他从不哭泣。他从不歌唱，也从不游玩。
有一天，他去世了，他的保险被拒绝了。
原因是，有鉴于这个人从来没有真正地活过，
所以保险公司宣称……他永远都死不了。

匿名

勇于冒险的成功案例

比起“畏惧”，你更加想“得到”它。因此，痛下决心吧！

比尔·寇斯比（Bill Cosby，好莱坞著名喜剧演员。——译者注）

没有勇气，何来荣耀？不去冒险，何来炫彩人生？如果恐惧不再是一个考虑因素，我们的问题，就从“我还有什么可失去的呢？”，变成了“我可以得到什么？”每一次挫折，既可以让我们一蹶不振，也可能让我们凤凰涅槃。

我们要做什么样的人，取决于自己的决定。

三大风险

我的颂歌之中,大部分故事的情节都是主人公冒险并取得了成功,但其实，还是会有很多没有获得成功的情况。综观我所经历过的风险，我发现有三种最具威胁性的风险，那就是：相信、信任与设定界限。

1. 相信我们的梦想

这几年来，伦纳（Renna）都很不开心，她觉得自己的工作没有跟人打交道的机会，反而更多的是处理书面文案。她在这家实力雄厚的公司已经工作了八年，她告诉我已经决定离开。鉴于还没找好新工作，她已经决定先给自己一段时间，想想自己真正想要的是什么。伦纳是一个勇于冒险之人!

看她接下来的历险也很让人激动不止。伦纳一直想要在书店工作，所以她就找了一份在书店的兼职，一小时工资7美元。工作期间，她打破了该店所有的销售纪录。不过，一段时间之后，她就下决心重返“职场”，于是马上开始投简历。就这样过去了两个月，她对于自己拥有能力能够找到一份绝佳工作的自信和信念开始动摇。

“我今天去面试了，不过……”她的声音逐渐变小，在电话里说道。

“不过怎么了？”我问道。

“不过我可能不会应聘成功，有太多更合适的人了。”

“出于好奇我想问一下，”我说道，“为什么不相信自己能拿下这份工作，这么做你又能失去什么呢”？

“我可能会失望的啊！”她答道。之后，她终于意识到，之前她也经历过失望,可依然坚持下来了。悟出了这一点,伦纳也就开始挑战“相信自己会成功”这个风险了。果然，第二周她就找到了一份非常不错的工作。

2. 信任

“我喜欢你这个人，我也喜欢你讲的课。可是我没办法按照你的课程做，”

坐在我面前的小伙子说，“你也知道，我没有什么梦想或者目标，可是我觉得这也没什么不对的。我也想不出来有什么我不敢去挑战的风险，所以我没办法完成作业”。

我感谢他的分享，闲聊一阵之后，他告诉我最近他辞职了，起因是老板有不道德行为。

在他解释自己决定的时候，又加了一句：“我特别喜欢的一句话是，远离你的朋友，但更要亲近你的敌人。”

我让他解释一下。

“这个嘛，你知道你的敌人能做什么，但你永远不知道自己的朋友能做什么。”

8
TO
GREAT

为了将来之生活，你必须放弃现有之生活。

詹姆士·希尔曼（James Hillman，著名心理学家。——译者注）

“那为什么不期待朋友们会做一些很好的事情呢？”我问道：“我的观点和你不一样。做人就是要懂得信任，即使心存怀疑，仍然信任。如果你被背叛了，那是别人的问题，不是你的问题。”

他的眼睛忽然闪出了光芒，说道：“就是这个！这就是我一直在寻找的东西！”

“寻找什么？”我问。

“那就是我的梦想。那就是我需要去挑战的风险。现在我不信任任何人。我想要学习如何去信任。真的非常感谢你！”

3. 设定界限

“我觉得自己整天都默不作声。我不知道自己要干点什么。”一位七十多岁的女士对我说，她刚刚认识了一个新男友。

一个采取明确立场的人可能会错。

而一个从来不采取任何立场之人永远都是错的。

谚语

我让她解释一下。

“他对我非常好。如果我身体不舒服，他就给我找药，忙前忙后。所以，当他要求我做我不喜欢的事情时，如果我拒绝，我就会感觉很内疚。昨天他就明确地说‘我从来没有对你的要求说过不。’现在我分辨不出这段感情还是否健全。”

我提醒她在做任何决策之前，都问问自己：“如果没有丝毫恐惧，我会……”

“如果我没有恐惧，我会告诉他我自己的想法，也让他重新梳理一下对我的感情。”她明确说道。多亏有这个问题，她的困惑跟疑虑消失殆尽了。她的所作所为更加充满自信。这段感情也就更加和美了。

从籍籍无名到大众偶像

我第一次见迈克尔是在某年的七月，当时他18岁，正处于低迷期。他每周日会开车来我的合唱团演唱，除此之外的生活也就乏善可陈了。他也曾考虑过上当地的社区大学，却对此兴致不高。那年八月，他的车坏了，也因此丢了工作。第二周，他打电话过来说他没办法来合唱团排练了。我告诉他我可以开车去接他，他勉强答应了。

去排练的路上，我问了他一个问题，我对任何人都会找机会去提这个问题：“迈克尔，跟我说说你的梦想吧！”他毫不犹豫地说自己想当一个艺人和歌手。“那你这几周就去明尼阿波利斯市去报名参加《美国偶像》啊！”他一个“不”字就回绝了我。

他解释说，自己去年曾经去过那里参赛，结果不太好。“好吧，18岁确实是应该放弃梦想的好时候啊！”为了尽量激励他，我答道。

他坐直了反击道:“难道你忘记了为什么自己要来接我去教堂吗？我没车，也没钱，怎么可能去那里呢？”

我也反问道：“难道你为了两张区区120美元的往返车票就不再追逐自己的梦想了？你总能找到人帮忙的。”

“没人，我的家人我都求遍了。”

“真的吗？那好吧！我可以停一会儿车，让你安静地想想去求谁帮忙。”他终于明白我要表达的意思了。

“好吧，我可以请你帮忙，可是我跟你一点都不熟啊！”

“你说得对。不过即使你请我帮忙，最坏的情况也无非是我拒绝你，你有一点失望而已。最好的情况却可能是你拿到了往返用费，还赢得了通往好莱坞的门票。”

终于，迈克尔鼓足勇气请我帮忙。我想要试探一下他的态度是否端正，所以我拒绝了他。但是我传授给了他一条凑钱的秘诀。于是，那个周末，在华氏九十五度的高温之下，迈克尔站在一家餐馆前发放传单，告诉人们如果自己募捐到去明尼阿波利斯市所需的经费，就为大家唱歌。通过这个他赚到了一点小钱。下一周的周日，我的合唱团和牧师为他凑齐了余下来的数目。

明尼阿波利斯市，试镜第一天，迈克尔要在体育场内和超过17000名种子选手进行竞争。比赛当天，他又冒了一个小险——早上5：30就给我打了一通电话。

“我知道上帝现在也还没起床呢，非常抱歉，这么早就打扰你。不过你能再跟我讲讲，你曾经跟其他人讲过的那些话吗？我需要别人给我加把劲儿。”

“你打电话过来我非常高兴。迈克尔，你去那里的目的何在？”

他沉默了一会儿，然后说：“去拿回属于我的东西。”

“那么就放开手去干吧。”

8 TO GREAT

跟随你的天赐之福。

约瑟夫·坎贝尔（Joseph Campbell，美国作家与编辑。——译者注）

站在三位评委面前，迈克尔冒了另外一个险。

评委问迈克尔想唱谁的歌，他说："你们能替我保密吗？"评委们互相对视一下，然后示意迈克尔说他们可以。

于是，迈克尔轻声唱道："我和琼斯太太（美国歌手Jazz的一首歌名。——译者注）……开始有了一些情愫……"

8 TO GREAT

我喜欢尽量地站在边缘，但不会越过边界。因为，在边缘处，你能看到很多在中心无法想见的东西。

库特·冯尼古特（Kurt Vonnegut Jr.，后现代主义作家。——译者注）

评委很欣赏他的表演。迈克尔也成为明尼阿波利斯市十六位赢得黄金证书的选手之一，他还获得了去好莱坞一周的资格。

周四，他从加州（好莱坞所在地。——译者注）打电话过来说自己已经入围下一轮面试——可惜，周五那天，也就是角逐二十四强之前，他铩羽而归。即使如此也没有阻止迈克尔勇于冒险的脚步。

在回家的飞机头等舱上，他对身边的女士说："如果你闻到了拒绝的气息，那一定是从我身上发出来的。"

"你是什么意思？"她问道。

"如果我开始涕泗交流，那是因为我刚刚被《美国偶像》淘汰了。"他带着玩笑的口气说道。

"哦，天呐，"她答道："如果你都已经进入到好莱坞那个环节了，说明你还是很出色的！我叫南希（Nancy），经营一家演出人才中介公司，我当年也正是在飞机上签下了艾什顿·库彻[Ashton Kutcher，因出演《七〇年代秀》(*That 70's Show*)而闻名，是演员黛米·摩尔(Demi Moore)的丈夫]。"

飞机降落之前，迈克尔就获得了南希所在机构一万美元的奖学金，用以学习表演、模特和演出。六个月之后，该机构推荐他去纽约与全世界的艺人共同角逐一场演艺比赛。计票结果显示，埃克尔赢得了七项大奖，包括"二〇〇七年度男歌手"、"二〇〇七年度最佳组合"以及"二〇〇七年度艺人"。从那时起，他陆续推出了一张音乐专辑，出演了六部电影，包括电影《四月春雨》(*April Showers*)。该片讲述了科伦拜校园枪击事件(Columbine School Shootings)。如今，迈克尔会告诉你，他每一天都非常喜欢去挑战冒险。

实践勇于冒险

当你问我如果我没有恐惧会做什么时，

我马上就想到——这问题太简单了，我要改变世界。

杰米(Jaimee，贫民区高中的一名少年)

写出以下问题的答案：你有哪些冒险经历，是你回顾起来感觉非常庆幸的？

有一位女士对此问题给出的答案如下：

◎ 我很庆幸自己当年冒险把孩子生了下来，虽然当时我还没有结婚。

◎ 我很庆幸我冒险没有跟孩子的爸爸结婚。

◎ 我很庆幸我冒险来参加今天的这门课程。

有一位男士对此问题给出的答案如下：

◎ 我很庆幸自己当年冒险勇敢地走过去与一位女士交谈——她后来成为了我的妻子。

◎ 我很庆幸我冒险坚持自己的减肥计划，成功减重。

◎ 我很庆幸我冒险在家里的狗狗死去之后领养了一只新狗。

接下来，写下你想要去挑战但还没有实施的三次冒险。

很多人都误认为自己不是一个好的冒险者，直到他们开始实践自己的冒险清单，才发现自身的无限潜能。如果所有人都时不时地去勇敢冒险，以冒险为荣，就会拓宽我们的冒险领域，提升勇气的层次。

8 TO GREAT

勇气乃人类品质之首，因为它是其他品质之保证。

亚里士多德（Aristotle，古希腊伟大的哲学家、科学家和教育家。——译者注）

冒一次险

复习自己所写下的三个未冒之险，挑选一个，这周就开始着手实施。思考一下如何在智力或体力上进行准备。之后，马上开始吧！

在实施“勇于冒险”时，我们所有人都要从现实出发。通过挑战小冒险（例如，乘电梯时与陌生人搭讪，唱卡拉OK或者学习瑜伽），可以更好地去挑战大冒险（例如，申请自己梦想中的工作或者去跑半程马拉松）。本周之内遇到任何决策情形时，问自己一下：

“如果我没有丝毫恐惧，我会怎么做？”

随着每次小冒险的完成，不论结果如何，你的勇气和自尊都会增加。你去冒什么险并不重要——重点是你要去冒险。不论你是比尔·盖茨（Bill Gates）还是比利·琼斯（Billy jones，英格兰足球明星。——译者注），都必须找到自己“舒适区”的边界，并勇敢地跨过去，这必然将赋予你追随梦想的自信。

温和的反馈

最终，当你学会了去挑战越来越大的风险时，谨记：冒险没有所谓“失败”一说，那些只不过是“温和的反馈”而已，提醒你“不要停在这里，继续找寻。”你能说出所敬仰的那些大人物，他们经历过多少人生的起起伏伏吗？如果不能，就上网或去图书馆读一下你所崇拜的伟人传记。观看一些以真人真事为基础的电影，如《乞丐变王子》（*Cinderella Man*）、《书写自由的人生》（*Freedom Writers*）、《特蕾莎修女》（*Mother Teresa*）、《当幸福来敲门》等，感受真实的冒险之旅。你会发现，你自已也生活在他们的故事之中。

二十年之后，相比那些你做过的事，
你会为了自己没做过的事情而更加后悔。那就是挑战、梦想和发现。
马克·吐温

Q&A

勇于挑战问与答

人生最大的冒险就是冒险去过毫无冒险的生活。
史蒂芬·R. 柯维（Stephen R. Covey，成功学大师。——译者注）

问：为什么黎明之前总显得最为黑暗？

答：不错的问题。我还听过这个问题的其他提法，“为什么实现伟大成就的过程中总是荆棘密布”？

在宇宙中存在着一个神圣秩序，她并不是那种“古怪”而“喜怒不定”的神祇，总是从我们身边夺走好东西以教给我们耐心。相反，她如同一位接线员，让我们的欲望、祈祷和梦想将对方置于占线状态，

• Q&A •

只接通一部分，但是每次通电话总是能在最恰当的时间连接成功。在这样的线路中，我不认为任何挫折都是一种“测试”。与其说“为什么我总要经历重重磨难才能成功？”不如说“为什么在重重磨难之后，经常孕育出伟大的成功呢？”

8 TO GREAT

宪法仅仅保证了美国人民拥有追求幸福之权利。
如果你想要抓住幸福，还要靠自己争取。
本杰明·富兰克林（Benjamin Franklin，
18 世纪美国最伟大的科学家和发明家，著名的政治家、外交家、
哲学家、文学家和航海家以及美国独立战争的伟大领袖。——译者注）

只有当挫折来得更加猛烈时，我们才会真心祈祷时来运转。只有丢失了至关重要的东西，我们才会马上梦想自己的生活更加有序。如果银行账户超支，你的内心深处就会默默地开始祈求更科学的理财。上一章中，我们介绍了“方法之一：知我所想”。结合本章内容我发现，只有在面对最具挑战性的风险时，我才会祈求并收获最伟大的奇迹。

《冰上奇迹》这部电影完美地阐述了上述道理。20世纪80年代，美国奥运曲棍球队几乎在所有的重要赛事中都排名垫底。正是这种落后激发了他们求胜的欲望，让他们更加清晰自己的目标，并最终取得胜利。借用阿维斯汽车租用公司（Avis）用过的一句广告语：“因为我们是第二，所以我们倍加努力！”不经历低谷，很难有对于高峰的憧憬，而这种憧憬，恰恰是所有伟大人士的特征。

问：可以详细解释一下“如果没有恐惧……”那个问题吗？

答：我记得自己曾经去高中给学生讲课。当时我觉得自己特别有

· Q&A ·

勇气，当天早上，我写了一首歌，《如果我没有恐惧》。课堂上，我唱给他们听。

“也许今后我不会再唱这首歌，”我告诉他们：“不过这无关紧要。我正过着无悔的生活，正因如此，每天早晨醒来时，我都为了生活而激动不已。有没有人想要造句呢：如果我没有恐惧……”

8 TO GREAT

极少数的实干之人，会受到极多数空想之人的羡慕。

本杰明·富兰克林（Jim Rohn，潜能大师。——译者注）

两个学生举起了手，我让女学生先回答。

“我会继续唱歌，”她开始说，“我曾经在教堂唱歌，但是我的腿紧张得发抖，连站都站不稳，因此我放弃了。我想要重新开始唱歌”。我感谢了她的分享。

然后那个男同学说：“我会在今年夏天找一份户外工作。不过我还不确定自己想要干什么。”

我也感谢了他，又说道：“我的兄弟曾经想要找一份暑期户外工作，最后他找到的工作地点是在一座大山脚下。他要住在那里，工作职责是赶走骚扰鱼塘的熊。如果你想要他的电话号码，我可以给你。”

“至于你嘛，小歌唱家，我自己就主持了一个合唱团，我非常愿意让你加入这周六我们的合唱。”

她记下了我的电话号码，承诺说会打给我——她也确实这样做了。

当天晚些时候，我接到了该班老师的电话。原来班里超过一半的学生想要买我的书。

“他们从哪儿能买上个十几本呢？”她问道。

• Q&A •

冒险让我们从“生存”升华到了“生活”的层次。现在我要问你：如果你没有丝毫恐惧，你将会做什么呢？

问：如果我们的家长愿意冒险，我们是不是也就更愿意冒险？

答：也不尽然。我是一个热切的冒险者，然而我的两个孩子却都曾有过不愿冒险的阶段。他们现在勇敢多了，我猜测他们有时候会觉得即使天塌下来也有人顶着，因为妈妈“总会在身边守护着我”。我确实觉得我对他们的支持有利于他们的冒险——不论他们是成功了还是失败了。

让行为催生感觉，比让感觉推动行为更加容易。

威廉·詹姆斯

关于这一点，我要感谢两位激励我的伟大冒险者——父母。当我十岁的时候，我问我的父母，自己是否可以去参加那个关于商讨校服的“只允许家长参加”的会议。父母同意了。回忆当晚，作为会场里唯一的一个孩子，我还记得自己如何努力挥手争取到了发言机会。虽然只有十岁，我还是对哪件校服最舒适、最适于运动提出了自己的理解。很可惜，最后选出的校服并非我中意的那一套，但我却永远感激双亲在那一晚给予我的爱和支持。我不禁确信，正是这样的经历塑造了我今日乐于冒险的性格。

问：为何如此之多的人做事谨小慎微？

答：根据真实故事改编的电影《追梦赤子心》中，有一个镜头让我念念不忘——男主角的父亲与儿子在公交车站见面，努力说服儿子放弃自己的梦想。对于跟那位父亲抱有相同想法的人而言，梦想如果

Q&A

遭遇挫折，会让人极度心神不宁，甚至会威胁到生命。这些“心地善良”的人坚持认为如果一个人选择冒险，就会面临死亡。他们不知道的是，如果人类不冒险，则已无异于心死。

问：我觉得自己近来的生活一成不变。请帮帮我！

答：我要用很有说服力的论点才能回应你的求助了。

你应该参照耐克公司（NIKE）的宗旨：无论你曾经做过什么，现在都做些别的吧！以下列出了你可以开始尝试的一些冒险：

约人出去；

爬树；

染红色的头发；

吃寿司；

租车；

骑摩托车；

重返高校读书；

坐游艇巡游；

去坐芝加哥法力士摩天轮；

去裸体海滩；

去蒸汗屋（最早是美洲印第安人的一种仪式，族人将加热后的石头抬进蒸汗屋——一座低矮的土丘圆顶形建筑，内部一片漆黑。七位族人尽褪衣物后，围着热石堆坐下。——译者注）；

做专业按摩；

做学生的导师；

学习玩桥牌；

学习手语；

• Q&A •

学习瑜伽；

乘火车；

乘热气球；

坐过山车；

参加跑步比赛；

说“不”；

在星辰下睡觉；

上舞蹈课；

上游泳课；

玩跷跷板；

出国旅行；

参加戏剧选角；

参观犹太教堂/佛寺/基督教堂；

去庇护所当志愿者；

不打伞在雨中漫步；

给期刊编辑写信感谢某人。

你知道接下来你需要做什么。不要去做其他人认为你应该做的事，去做你自己觉得比较合适的事，即使是放空自己一段时间也好。暂时的静止也许会孕育出前所未有的奇迹！

如果我要从地球上消除一件东西，那就是恐惧。
消除恐惧的唯一方法，就是应该明白世上根本没有什么可怕之事，
生活中没有任何值得害怕的东西。

亨利·福特（Henry Ford，福特公司创始人。——译者注）

8

TO

GREAT

【方法之三】

完全负责

生活是你的镜子

HIGH-WAY 3

Full Responsibility-Life Is Your Mirror

完全负责

每一天都值得我们感恩的一点是：我们只需对自己负责，无须对他人负责；我们只需对此时负责，而无须对他时负责。

亚伯拉罕—希克斯夫妇

在诸多词典中，“责任”都被定义为：“一种职责；一种义务；一种约束”，这让人觉得责任轻则是一种负担，责任重则简直就是一种监禁。与这些定义相反，本章的主题“完全负责”则是读者所能经历的最为无拘无束的体验之一——当然，这种自由需要付出代价。想要听好消息，先要有听严肃消息的耐心。

首先是严肃消息

我曾给美国中西部地区的九年级女孩讲过课，我问她们：“为什么很多女孩在那么多恋爱对象之中，偏偏选择了那些日后会对她们实施家暴的男人呢？”

前排的一个女孩马上回答道："那是因为，她们相信自己就应该被那么对待，所以那些男人也就真得那样做了。"我告诉这个女孩，她已经不需要听我的课了，很显然，我要讲的内容她已经领悟到了。

正如那个女孩指出的，一个严肃的消息是：我们生活中最大的问题，始终是我们自己。除非我们能够百分之百地对自己的生活"完全负责"，世界才会变得有安全感。社会上总能遇到那些认为自己是生活受害者之人，他们会问："无谓地挣扎又有什么意义呢？"他们是能量金字塔上那些典型处于状态"5"的人。

现在，轮到好消息了

当我们全身心地去拥抱"知我所想"这个概念，相信"我思即我得"时，一切都会开始改变。当我们明白自己的思想具有吸引的力量，一个人必须对自己的生活负责时，方可得到我们长久渴求的一切——平和、幸福、健康以及那种焕然一新的自由感。

8 TO GREAT

万物皆存在于我们的主观世界之中。

《阿育吠陀语录》（*Ayurvedic sayings*，古代印度传统医学。——译者注）

当我发现自己的思想会创造自己的现实时，在我眼前和体内无穷的能量方始苏醒。这是一种令人极度振奋的经历。我始终还记得自己的苏醒时刻。

不存在所谓的"受害者"

三十四岁那年，我不得不去家庭暴力庇护所待了一个月时间。进入庇护所之初，我相信自己是一个受害者。可是，咨询师告诉我的第一件事，就是我不准再提那个男人的名字，因为我需要解决的问题就只有我自身而已。那既是我听过的最坏的消息，也是最好的消息。

这是最坏的消息，原因在于，为了挽救这段婚姻，我放弃了自己的工作、朋友，还有我的绝大部分自尊。结果，我无时无刻地不在生病，越来越感到孤独和悲伤。总而言之，我的生活已土崩瓦解。

这是最好的消息，原因在于，如果问题只在于“我”，那么“我”同时也就是解决之道。从那时起，我开始对自己的生活“完全负责”。直到今天，这“方法之三”仍然是我所面临的最大挑战，当然，它带来的好处也是最发人深省的。我不再去祈求别人来让我的生活变得好一点，正因如此，我的人际关系有了大幅改善。我终于明白，自己的每一个思想都会吸引到同样的事物来临，“现实”是具有高度可塑性的，因此，我不再被绝望所束缚。如今，我每天都能感受到这个方法所具备的强大变革力量。

我们首先给“完全负责”下一个简单的定义：

“完全负责”，即要承认生活是自己的镜子。每一种思想都是一种请求。为了变得更加幸福，唯一需要改变的就只有我自己。

如果不能对自己的生活完全负责，我们就只能坐等其他人或其他事发生变化，以期让自己更加幸福。这无疑会将我们带到能量金字塔上“5”的状态。设若我们处于无望又无助的状态，那就根本不可能吸引到自己梦想中的生活。所幸，我们可以重返“95”的状态，只要我们能从B.C.转向A.D.。

从B.C.到A.D.

在英文中，B.C.一般指的是“公元前”，但是在“让内心强大的8个方法”中，它指的是“责备”（Blaming，首字母B）和“抱怨”（Complaining，首字母C）。绝大多数人对于生活中不如意之处都执拗于责备和抱怨，了解了“让内心强大的8个方法”，我们才会知道，自己的生活都是我们选择思考并关注的那一部分。学习到“完全负责”这一章，我们就会知道没有什么事值得责备或抱怨，因为我们才是自己生活的建筑师。

20世纪90年代末期，柯尔百货（Kohl’s）的停车场上曾发生过一件占据新闻头版的事件。摄像头记录下了一幅悲惨场景：一位年轻的母亲在毒打坐在车后座四岁的孩子。这位母亲后来为此事自首，在电视上接受质询时，她说自己之所以这么做，是因为她在柯尔百货退货时没有收到现金折款。我们难道真的可以相信，如果柯尔百货给了她现金，这位母亲就不会这么做了吗？柯尔百货不过是她怒气的导火索而已（在“方法之四”一章中，我们会对导火索有更详细的叙述），需要负责任的还是她自己。

从B.C.的泥潭中爬出之后，我们才可以前进到A.D.。A.D.在这里并不是“公元后”的意思，在“让内心强大的8个方法”中，字母“A”代表“行动”（Action）和“接受”（Acceptance），字母“D”代表“梦想”（Dreaming）。有的时候，我们需要自主、自愿地实施一些行动；另外一些时候，其他人的挫折经历提醒着我们自己身上哪些东西需要改进，同时让我有能力去接受人和事的现状。不论是哪种情况，下一步都是去梦想——想象自己与其他人和其他事的关系发生了全新的改变，也许是对它们放手，也许是跟它们更加接近。

当我们认为自己是受害者时，我们会B.C.——责备与抱怨。

当我们认识到自己的能量时，我们会A.D.——行动/接受与梦想。

失败者陷于责备与抱怨不可自拔，他们永远卡在“5”的状态。成功者有“行动”懂“接受”会“梦想”，一路上升至“95”的状态。我们必须要选择自己究竟想成为以上哪一类人。

受伤的丈夫

我曾经给一个人做过指导，他在人生两大方面都存有困惑：当时他已失业六个多月，而他的妻子也威胁要跟他离婚。我叫他每天进行感恩练习，将注意力集中在自己想要的人和事上，不要执着于自己不喜欢的人和事。如此，不到一周，他就找到了一份梦想中的工作——薪酬比以往都高。他为此激动异常，可惜的是，他的妻子依然拒绝回到自己身边。

> 我们需要的越少，也就变得更加有吸引力。
>
> 莱斯特·利文森（Lester Levenson，瑟多那练习法创始人——译者注）

他希望妻子马上就能原谅之前家里经济上的拮据，以及他在人生低谷时期种种令人厌恶的所作所为。当这一点并未如愿时，他陷入了责备与抱怨的泥沼之中。就连他每天列出的感恩清单中也满是怨气连连：

◎ 我很感恩自己的新工作。（我感觉他确实为这一点真心感恩。）

◎ 我很感恩自己养的几条宠物狗，它们整个周末都陪伴着我。（这里实际上是在暗示“因为我的妻子没有陪我”。）

◎ 如果她能意识到我不是一个坏人，而且我们俩应该努力把问题解决，我会很感恩。（如果妻子改变，他就会感觉更好。）

◎ 如果她花更多时间和我在一起，我会很感恩。（如果妻子改变，他就会感觉更好。）

◎ 如果能和她长长久久、和和美美地在一起，我会很感恩。（如果妻子改变，他就会感觉更好。）

“完全负责”的前提是我们所得到的，都是由我们做出行动并反馈的结果，这是一个周期。因此，我告诉他，正是他的无助与责备思想，才让他的妻子不愿回到他身边。他现在只是需要一个人来让自己开心，没有哪个女人会被这样的男人吸引。对他的幸福来说，缺少的那一部分，就是要完全负责，将注意力集中在生命赠予的礼物之上，譬如他的新工作、他健康的身体以及他实现自己想法的能力，只有这样，才能有良好的身心状态。

工作上受到的训斥

有位朋友晚上给我打电话，激动不安。

“今天之前我从没有被老板口头警告过。我真是不敢相信。我做的事大家都做啊！他们就没被训斥。太不公平了。”

我静静地听着。过了一会儿，她说：“我应该怎么做？”

8 TO GREAT

> **你的生活完全掌控在自己手中。**
> **这终将让你获得自由，但是这一切只有在它激怒你之后才会发生。**
> 斯凯·圣·约翰（Sky St. John）

她请我给她一些指导，我说：“你没觉得自己身上也有一点责任吗？”

“我有什么责任？”她答道。

“你自己三个月之前就想离开这家公司了。你之前就说了他们不少坏话，而且早就积极地去找其他工作了。现在，他们对你不好，你就非常愤怒。在我眼中，你不仅不是一个受害者，相反，你看起来非常得有能量。你马上就要得到自己所引发的一切了。”

随着时间的流逝，她逐渐陷入了“责备”与“抱怨”当中，注意力全都集中在自己不喜欢的事物上面。只有从“完全负责”的角度来认识问题，她方能看出自己在整件事情中扮演的角色，将思维转变到感恩上来。一年之后，她还做着原来那份工作，但是非常开心。

我们总是低估自己思想所具备的能量，总以为既然“责备”与“抱怨”只是存在脑海之中，我们随时都可以“摆脱”它们。这是不对的。正如“知我所想”能够为我们带来自己想要的一切一样，“责备”与“抱怨”也能让我们离梦想越行越远。

我们不须对其他人负责

要正确理解“完全负责”，关键是要区分出我们不须对谁负责、不须对何负责。有关此话题，我最喜欢的作家拜伦·凯蒂（Byron Katie），对此有精辟论述：

宇宙中只有三种事：我的事，你的事以及神的事。

痛苦只有在我们处理他人的事时才会出现。

“管好你自己的事！”在我们越俎代庖时，经常会听到这句斥责。当以下情况发生时，我们就会“诸事不顺”：

◎ 抱怨天气。何不换种思维：“今天真冷。我也无能为力。还好，我是在室内工作的。”

◎ 抱怨我们配偶说话的方式。何不换种思维：“她说话声音很大。她一直都这样，所以我也没法改变她的本性。唉！她有这么多好朋友，她总能让他们哈哈大笑。这还是让我很感恩的。”

◎ 抱怨上初中的孩子成绩不好。何不换种思维：“我已经多次苦口婆心告诉他学习成绩对于一个人将来发展的重要性。如今，我能做的就是静观他将来会怎样处理自己的生活了。生活就像是一只猫，我们所有人都要依靠自己的双脚降落，为此我非常感恩。”

至于如何集中关注自己的事，一个方法就是问自己：“如果我的能力无法改变此情境，那它何必成为我的责任呢？”我们唯一能够心平气和处理的事物就是自己的生活。

基本而言，人们想让自己有多幸福，就能够多幸福。

亚伯拉罕·林肯

完全负责之流程：从 B.C. 到 A.D.

吸毒是我的错。入狱是我的错。

不过，我成功的事业，我认真的爱情，

我四年的戒毒，我如今对生活的热爱，同样是我的错误。

莱恩·S（Ryan S.，在其二十岁时如是说）

我的一位老朋友被上司训斥了，但其实他并没有做老板批评的那些事。我还记得我与他之间的对话。

“要不是后来发现这事是其他人做的，那我就要被炒鱿鱼了。”他告诉我。

“如果你真被解雇，从很多层次来看，对你来说也是比较有好处的。”我回答道。

8 TO GREAT

自由同时意味着责任，所以很多人畏惧自由。

斯凯·圣·约翰（George Bernard Shaw，英国剧作家。——译者注）

然后我告诉他，没有什么事情会发生“在”我们身上，除非我们“让”它发生、“使”它发生、让它“为了我们”而发生。生活是我们的一面镜子。他也承认自己之前就不喜欢这份工作，而且已经准备跳槽。

只有对生活“完全负责”，我们才能享受自由；只有感到自由，我们才能找到幸福。只有意识到我们既可抓住幸福，又可抛弃幸福，我们才不再认为自己是生活的受害者，随时会被无情的海浪吞没。

多年的培训经验告诉我，想要为了寻找到幸福而接受“完全负责”，第一步就是要对我们没有负责的情况进行格外注意。

我们如何逃避责任

我们逃避责任的几种情况主要包括：

1. 认为我们是无助的，不接受自己的能量。

2. 试图去控制别人的事情。

第一种情况，是我们头脑中充满无助或者责备/抱怨思想的一种恶性循环。

无助的思想：

“我永远也不可能做到。”

“都是我的错。”

“我忍不住地担心。”

“这些都跟我的童年经历有关。”

“那一定很棒。”

“我的老公不会让我那么做。”

“我太爱害羞。”

“当时如果我感觉更棒一点就好了。”

“没那么简单。”

无助思想的核心就是“我错了”以及“我不能”。我们确信自己能力欠缺，无法完成工作，不能获得幸福，无视身边可能获得的机会。由此我们不承认自己拥有控制生活的能力。有时候，为了摆脱这种无能感，我们就去强求改变他人的生活。无助的思想一旦冒出来，我们就陷入了责备与抱怨的深渊，想法和言语中充斥着以下短句：

“你怎么从来就没……”

“你总是这么……”

“你让我太生气了”

“他们……的时候我真是忍不了。”

“你应该……”

“人不值得相信。”

说到这里，要讲一下我在自己第一本书中的一个故事。我的父母多年以来感情不和。母亲总是在各种各样的事忧虑着——譬如我的因公出差，她二儿子的登山，她的小儿子在比赛中受伤了，以及许许多多其他的事情。她总是事无巨细地告诉我们“应该”如何如何。后来，她跟父亲分开了一段时间（几个月之后他们又和美地复合了），就再也不教导我们“应该”如何做了。我们姐弟几人仍然在出差、登山和比赛，但是她根本没有时间顾及我们，因为她要处理自己的事情。

我们在“让内心强大的8个方法”中会多次讲道：

幸福而成功的人不会告诉自己“应该如何如何”，也不会告诉他人“应该如何如何”。

处理“应该如何如何”

当我们告诉别人他们“应该如何如何”时，我们实际上是在努力控制他人，这必将招致他人的反抗。之前的生活中，我就是这样一个乐于控制的人，总想让别人觉得“我知道怎么做更好”。我还记得自己曾经原定参演一部圣诞节音乐讽刺剧，却在正式上演的一周之前被替换掉了，原因就是“我提出了过多的意见”，可我还觉得自己只是提出一些有益建议呢。原来我就是“否定”皇后啊！

在没得到请求的情况下就妄自给出建议，是对他人的束缚，是不健康的行为，是不受欢迎的表现——即使是给孩子提出建议亦是如此。给小朋友一些指导是一回事，但是给青少年提建议就是另外一件事了。有时候我们认为，作为家长，我们具有跟孩子分享各种人生建议和意见的特权，不过，这也只是父母为了控制孩子而臆想出的借口而已。

对自己的生活“完全负责”，放弃控制他人生活的责任，也就是要承认我们并不知道怎样才能让他人的生活变得更好。放弃试图去影响他人的想法吧，这样才可以让我们得到释放，重归自我，重获理性、健康与生活品质。

想让自己不再对别人指手画脚，最好的方式就是要改变自己。也许有人对此并不擅长。其实，你要做的，就是不要对他人喋喋不休自己不喜欢哪些行为，只要让他们知道哪些事情会让你心烦就好。如果那些事情没有改变，或者接受它们（顺其自然），又或者像我在自己的那段暴力婚姻中所做的，行动力。

下次当你感到沮丧或不适时，不妨问问自己以下问题：

“完全负责”中的三个问题：

1. 我应该采取什么行为？

2. 我应该停止哪些行为?

3. 有哪些我应该去改变的思想?

1. 采取行为

面临沮丧，最佳选择是主动出击而非被动等待。你有没有训诫过青少年，让他们不可以做某些事？结果他们肯定做得更多。世事就是这样，我们最害怕什么，反而就会吸引到什么。我们越尽力推开什么，反而就会靠近什么。可见，唠叨和乞求从来就不会起作用——因为我们抗拒之事会顽固留存。

在你决定采取何种行动时，要遴选那些可以赋予你能量的，抛弃那些你认为可以改变他人的行为。以下就是一些可以带来平和与和谐的行为的示例。(注：我在此领域已有十余年工作经验，发现很多问题会反复出现。因此，以下示例有些在不同材料相结合的基础上编写的，有些则经过了压缩。)

叛逆的儿子

JM：我不知道自己该怎么做。我是一名单身母亲，身高一米九的儿子，现在已经不受我控制了，而且还有愈演愈烈之势。

穆勒(本书作者，下同。——译者注)：给我举一个例子。

JM：上周我禁止他外出，告诉他不许用我的车。但他却自己从我钱包里拿走了钥匙，还配了一把，在我面前挥舞炫耀。

穆勒：在这种情况下，一个真正有能量的家长会采取什么行动呢?

JM：阻止他。

穆勒：怎么阻止?

JM：把汽车轮胎卸下来!

穆勒：你知道怎么从车上卸轮胎吗?

JM：知道！我还有朋友能帮忙呢。谢谢你!

骨折

我和这位女性医生对话的时候，她已经有三名员工因骨折而入院了，三个人都是因为在她们公司结冰的停车场上摔倒而受伤的，这都是近三十天发生的事情。

穆勒：跟我说说你的感觉吧！

T医生：我因为这样的情况既感愤怒，又觉受挫！手下三个人都住院了，工作怎么开展？他们应该上班来协助我！

穆勒：你感觉情况失控了。

T医生：不错。最开始只有一个人摔倒了。另外两个人知道了这件事，害怕摔倒，结果，就成了一个自我实现的预言[1]（self-fulfilling prophecy）。

穆勒：你自己的恐惧是什么？

T医生：这个嘛，第一个人摔倒之后，我的恐惧是其他人也会摔倒。尤其是有一个人刚跟别人说完："如果我正好早上七点摔倒了，周围一个人都没有可怎么办呐？"结果第二天早上她就在那个时候摔倒了。

穆勒："知我所想"的确会起作用。所以，如果你说："他们本应该小心一点儿。"你的想法实际上就赋予了他们能量。你要运用"完全负责"，不再说"他们本应该"，应该说"我本能"；不再说"他们本应该小心一点儿"，应该说"我本应该小心一点儿。"

T医生：我本应该小心一点儿。不错，能看出来，我对现在的情况也有责任。我本应该转移他们的说话话题，转移自己的关注点。

穆勒：完全掌控自己能量的感觉很好，对吗？从具体行为来说，下次再有雇员谈起骨折这件事的时候，何不聆听、点头，然后换一个话题呢？

T医生：那就会如释重负了！

当年她的办公室再没有出现任何人员伤亡事故。

关于母子关系的建议

CR：我感觉自己快要窒息了。我已经搬出来自己住了，可是母亲还是会对我指手画脚，比如我的工作啊，我该去教堂礼拜啊，我应该和男朋友去哪

1 心理学术语。指当你对一件事进行预言或者解释之后，你往往就会把事情的发展按照自己预言和解释的方向推进，结果预言就这样自己兑现了自己。——译者注

里度假啊！简直要把我逼疯了！

穆勒：你现在是已经完全能达到经济独立了，还是说仍然要靠她给你钱呢？就比如说，这次会面的费用是谁出的？

> 责怪母亲只不过是想要继续依附于她的一种消极方式。
>
> 南希·弗里迪（Nancy Friday，美国作家。——译者注）

CR：她付的钱，我租车的钱和保险也是她付的。

穆勒：完全的自由需要完全的负责，你想想自己可以采取哪些行为？

CR：尽管很难，还是有的。下个月就是我的生日，我会请她把车作为生日礼物送给我，我也会开始支付自己的汽车保险。

第二次会面是由女孩儿自己付的账，她的生活和感情都一帆风顺。

2. 回避行为

采取行为时的次佳选择就是停止一个行为。当我们在一段感情中用力过猛时，几乎必然会导致的结果，就是另外一方不尽全力。以下示例生动说明了，怎样停止一个行为才是“完全负责”的另一种表现。

有暴力倾向的男朋友

这位女士在见我之前，已经和自己有暴力倾向的男朋友分手了五次之多。

RG：我想他。为什么我同时既爱着他又恨着他呢？

穆勒：原因你永远也许都不知道。你就是这样爱恨交织。之前你采取过哪些行为？

RG：他打我之后，我就会跟他分手，分手后我却总是很想他，然后就再回到他身边。总是如此，反反复复。

穆勒：有没有什么行为，可以帮助你找到幸福呢？

8 TO GREAT

你注意到了吗，只要有麻烦的地方，就有你在那儿。

荷欧波诺波诺教义（Ho'oponopono，夏威夷一种治疗程序。——译者注）

RG：我可以不再给他打电话。

穆勒：是的，别再打了。我建议你设定一个自己一定能够做到的保证。只设一个。它必须是你第一重要的事项，其他所有事项都要为它让步。

RG：我想要向自己保证，无论如何，我都不会再给他打电话了。

穆勒：你通过什么来巩固自己的决心？

RG：这么做会很难，尤其是当别人告诉我关于他的消息时。

穆勒：你可以明确地告诉他们，自己今后不想再听到有关他的任何讯息。

RG：这个我能够做到。我认为朋友们也会为此感到真正的解脱。

两个月后，这位女士搬离了家乡；两年之后，她和新认识的男友幸福地结婚了。

甜甜圈与节食

PJ：同事总往办公室带甜甜圈，我这肥是减不下来了。零食就放在卫生间旁边，经过一次两次我还可以视而不见，可是第三次，我就忍不住要吃两三个甜甜圈了。我这是怎么了？

穆勒：没什么，你喜欢甜甜圈，我也喜欢。你工作的地方就一个卫生间吗？

PJ：有别的，就是在别的楼层。

穆勒：你想一下有没有可以采取的回避行为呢？

PJ：我可以不去本楼层的卫生间，去用三楼的卫生间。

穆勒：直到你看见了那些小小的、圆圆的、甜甜的饼也再不想吃的时候，再加上勤于锻炼，就可以了。

他在接下来的四个月中成功的减肥三十磅。

车到山前必有路

我们只有抛弃无助的思想——“我什么都干不了”以及责备的思想——“全都是他们的错”，我们才能将下一个步骤看得更加清晰。行为层面过后，就是在思想层面上的补救——接受。

3. 改变思想

在大多数情况下，重返“95”状态的方法，并非采取新行为或者终止旧行为，而恰恰只是转变一下思想即可。在没有行为可以实施的时候，我们就要抛弃那些“应该如何如何”的束缚，构建出让自己感觉更好的思想。通过直面问题，我们可以达到更高的一种意识层次——“解决问题”或者说“超越问题”。假如一个人对心灵能量的意识提高了，他就能超越自己痛苦的思想，审视它们，抛弃它们，并用更加合适的思想加以代替。

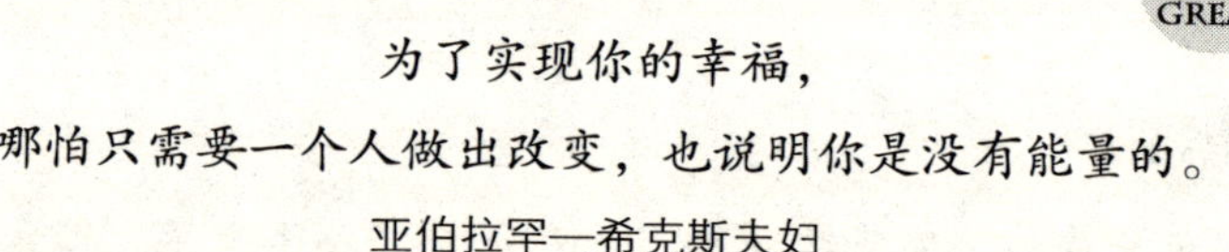

为了实现你的幸福，
哪怕只需要一个人做出改变，也说明你是没有能量的。
亚伯拉罕—希克斯夫妇

就我大多数的生活而言，“责备”与“抱怨”会令我丧失能量、方向和关注点，限制我的创造力和快乐；相反，进入“接受/行动”与“梦想”状态后，我就会获得一种全新的平和感，而且一旦我平心静气，生活也就更加轻松。

我邀请各位读者“重新思考”一下“完全负责”的定义：“生活是我的镜子。每一种思想都是一种请求，为了变得更加幸福，唯一需要改变的就只有我自己。”内在的转变，会让你获得“完全负责”的能量，你会切实感觉得到。

生活是我的镜子

当遇到自己所改变不了的人或情境时，我就会想起“接受”所具备的效力。

当我认识到，“某个品质如果只是在他人身上，而不是在我身上，那么，我无须为之愤怒”时，接受他人的“缺点”也就变得更加容易。倘若一个人不愿意承认自己的缺点，他就会无一例外地去批评那些具有同样缺点之人。倘若一个人不对自身的天赋予以尊重，他就总会去找出具有同样优点之人，并将其置于神坛之上。

女生联谊会姐妹

HL：这周我有三次都想退学了，因为我十分讨厌自己的几个室友。

穆勒：给我讲一下她们吧！

HL：让我想想该说谁。先说多莉（Tori）吧！她总要干涉别人的事情。我告诉过她我不需要她的建议，但是她依旧我行我素，简直要把我逼疯了。

穆勒：其他人呢？

HL：凯蒂（Katie）是一个特别爱挑剔的人。我都想不起来她嘴里什么时候说出过积极的东西。她除了挑别人的刺儿就不会做别的，简直太恶心了！

穆勒：好的，谢谢。你准备好让自己的心情变得愉悦了吗？

HL：是的！

穆勒：刚才你已经说了很多批评他人的话。因此，现在，请你做个深呼吸。你要知道，如果你身上没有刚才说的那两种特质，那么你就也看不出别人身上有这些缺点。比如，多莉的那个缺点，你仔细思考一下，自己有没有干扰过他人的事情？

HL：哦，我的天呐！我有过！

穆勒：那么，你有没有对他人吹毛求疵过呢？

HL：是的，但是也没严重到像……

穆勒：我的导师，拜伦·凯蒂，曾经训导我，在一个人心情逐渐变好的过程中，不要说什么“但是”。

HL：是的，我有时也对他人吹毛求疵。

穆勒：你当然也这样做过，每一个人都曾这样做过。所以，不要纠结于别人做了这种事，要关注于自己什么时候也做了这种事。转变思想，不要总想着“凯蒂应该再积极点儿”等。

8 TO GREAT

先去掉自己眼中的梁木，
然后才能看得清楚，去掉你弟兄眼中的刺。
《路加福音》，第六章第42节

HL：我应该更积极一点儿。

穆勒：现在你感觉怎么样。

HL（笑）：痛苦，不过也感觉好多了。

我使用“完全负责”的经历

在读过拜伦·凯蒂的《一念之间》（*The Work*）之后，多年以来我一直在亲身实践着“完全负责”。拜伦将完全承担个人责任的过程分为四个易于实施的步骤，并且使用简洁易懂的语言对每个步骤的细节加以阐释，比如，不要再说“但是”、“那是真的吗？”等。对于那些准备好去享受“完全负责”的读者来说，我强烈推荐拜伦·凯蒂的这本著作。

本节的末尾，我想分享一下自己从B.C.到A.D.的转变历程。这些思想都是以对话形式写出的，因为在我的头脑内部，思想的流动恰恰就是以对话形式展开的。具体而言，对话双方中，一方是更冷静、更智慧的高级自我，另一方则是陷入愤怒或痛苦之中的我。

货车司机

一个美丽的春日，我开车送儿子去学校。我家车前面的一辆货车就停在校门口，而没有停在指定区域。我按了喇叭，货车非但没有动一下，还有一个学生探出头来“狠狠地”看了我一眼，让我气得不行。所幸，我能使用“完全负责”完成内在的转换。在我驶出停车场时，我已经恢复到自由而平和的感觉了。

高级自我：好吧！你的状态从“95”直降到“5”了。“行动”（按喇叭）没有效果。是时候改变你的思想了！

我：那司机不顾及他人，也不负责任。

高级自我：这可能是真的，也可能是假的。让我想想，你曾经有没有不顾及他人的时候呢？例如，对那个司机呢？她也许自己心里惦记着别的事情；也许她刚刚把自己的母亲送入老人院；也许她刚刚得知自己得了绝症而呆若木鸡呢。

我：那倒是真的。

高级自我：此时此刻，你能否完全负责，并像拜伦·凯蒂所说的那样实现转变呢？

我：我之前没有顾及她，现在我意识到了。但是我哪里没有负责任呢？我的车之前没有停在……哦，我没有对自己的态度负责。好吧，现在我感觉很放松了。我甚至差一点就让这件事情破坏了一天的情绪，但是我克制住了自己。所有的事情其实都和我自己相关。这感觉太棒了！

乱丢垃圾之人

一个秋天的下午，我在一个交通标志灯下发现，我车前面的那辆车的司机往窗外扔了一个烟头。

我：他认为自己是谁啊？我们可不需要他的垃圾。为什么人们要在公共场所乱扔垃圾呢？谁要去清理他们垃圾呢？太不责任了！

高级自我：他们是不负责任的？那么你是不是也不负责任呢？

我：我不乱扔垃圾，这一点是肯定的。让我再仔细思考一下。

（两个小时之后。）

我：我想明白了。其实我也朝他人扔过垃圾——大部分是我的臆断，还有那些别人根本就不想要的建议。我有时候弄得一团糟，而且也没有清理干净。

在我发现这种联系的时候，我的思想已经得到了转变。

对于“信任”的最后思考

我听过最多的一种抱怨就是“人们(政治家、汽车销售员等)不值得相信。”我自己有过这种想法，也曾与之斗争过，我总结出的一个经验是：

当我们轻易就信任他人时，实际上是主观地认定他人和我们是完全相同之人，但实际情况却并不如此。

当你不假思索，轻易地爱上一个人时；当你不了解一个公司就贸然入职时；当你凭着意气就签下一个项目时；到最后却发现所有的工作都要自己完成时，你需要退后一步，思考自己的行为模式是否是完全负责任的。如果你不花一段时间去了解其他人（这必然要花费时间），就必然会武断地认为他人只不过是自己的复印件而已。因此，当事情发展不如你所愿时，你就会感到震惊、失望和愤怒。

8 TO GREAT

从我们自身去寻找幸福，并不是那么容易。

但想从他处寻找，则绝无可能。

艾格尼丝·莱普利尔（Agnes Repplier，美国散文家。——译者注）

真正的问题在于，究竟是他们“让你失望”，抑或是他们没有按照你的想法行事，所以你才让自己失望？信任别人是一种健康的心态，但前提是要相信每一个人都是独特的生命体。只有这样，才不会有失望。

信任中的另一个因素是“吸引力法则”。我们只能够吸引到那些被我们发送的讯号吸引过来的人。如果别人对你不真诚，那是因为你还没有准备好对他人真诚。如果别人对你撒谎，你应该深入思考你是如何欺骗自己的。

我们“完全负责”的那天，也就是我们重获新生、充满能量的那天。我指导过的未成年母亲越多，就越觉得一位18岁的未婚妈妈写的日记很有道理：“我本以为他就是我那位穿着闪亮盔甲的骑士。现在我才明白，我必须做自己的骑士。我已经准备好为了自己完全负责。我知道自己能做到这一点！”

为什么我们不接受“完全负责”

想要跨过童年与成年之间那道微妙的界限，
就需要我们从被动语态进步到主动语态——
我们不再说“这事情搞砸了”，而是说“我把这事搞砸了”。
西德尼·哈里斯（Sydney Harris，美国新闻工作者。——译者注）

选择成熟

时间的流逝，并不代表着我们会随之成熟。只有我们对自己的生活完全负责，才代表我们已经真正地成熟。很多人在这一方法上找不到合适的模范，不过，有如此之多的自助书籍和讲座的协助，我们完全可以“见贤思齐，见不贤而内自省”。无论是商业领袖、体育名流抑或文学领域都可找到这方面的支持：

百分之九十九的失败都来自于那些习惯于找借口之人。
乔治·华盛顿·卡佛（George Washington Carver，
伟大的黑人科学家。——译者注）

那些抱怨足球弹跳方式的人，最终极有可能输球。
卢·霍尔兹（Lou Holtz，著名足球教练。——译者注）

如果你不喜欢某事，就去改变它。
如果你无法改变它，就去改变自己的态度。
玛雅·安杰卢（Maya Angelou，美国著名黑人诗人、作家和活动家。——译者注）

我为自己的生活负责。你的生活我并不负责。这些概念多么简单，但是实现起来又多么具有挑战性。

特殊理由

人们之所以不能正确运用这第三个方法，最大的罪魁祸首，就是我们认为自己的情况是对规则而言唯一的例外。插手他人的事情时，我们总是能找到各种各样的借口，比如“如果我……我女儿可就要被学校开除了”，或者“如果我不……我男朋友可就要被公司炒鱿鱼了”。这些理由简直是多如牛毛，举不胜举。我们对于“仅此一次，下不为例”这个短语的喜爱，使得“完全负责”在理论上说清楚容易，在现实中付诸实践却难上加难。

互相依赖之顽疾

在戒毒所工作的十三年间，我深刻地意识到，戒毒者跟其他人群相比，最大的差异在于，他们倾向于插手去管其他人的事，但就是不对自己的事情负责。我不得不经常跟他们反复讲授“完全负责”所蕴含的第二层意思——所有人都不必对他人负责，即使假装地去负责也不行，也同样会对自己的戒毒产生不利影响。

另外，我见过无数家长因为对已成年的子女指手画脚，而陷入情感上的危机。在年轻人最需要从生活中的摸爬滚打得到历练时，他们的家长却百般娇生惯养，替子女挡住了社会的大风大浪。年轻人不知道的是，这些娇惯和溺爱是要付出沉重代价的——他们的自由。如果父母的干涉取得成功，那家长们就会几十年如一日地保持着“你应该如何如何”的腔调，认为自己成功证明了子女们根本“没有能力”处理好各种事情。

当我们缺乏明确的期待和明确的结果时，就会有亲近的人告诉我们“应该如何如何”。其实，我就曾亲眼看到一些父母和子女之间建立起了健康的、有界限的关系，就如同在成功的商业世界中所见到的那样，各负其责，泾渭分明。

8 TO GREAT

> 处于治疗期的个体，只有认识到自己在促成人生悲剧中所扮演的角色时，才能明白：他们，也只有他们自己，才拥有改善状况的能量。
>
> 维克特·弗兰克尔（Victor Frankl，曾在战争中被俘）

明确的结果

如果一个雇主想要自己的员工按时上班，她不会对第二次迟到的手下说："你务必要准时上班，知道吗！"相反，她会明确界定界限和结果，比如："如果你再迟到一次，就会收到书面警告，亦可能导致你被解雇。公司不希望出现上述情况，所以，我希望从现在开始你要按时上班。"明确的结果让交流双方都能够自由地说出自己真实所想，继续前行。

同理，我在教导孩子过程中总结的一个经验，就是要在他们做出选择之前就把后果明确。与因为回家太晚而被禁足的痛苦比较起来，因结果不明确而发生的争吵要刺耳得多。

有一种理论认为，"责备"与"抱怨"有其化学"修复"方法。这也许解释了为什么总有那么一种人，来上班之后，还没吃早餐，就游走于各个部门，讲新近发生的恐怖故事。不论之前，我们是否为了非完全负责思想找借口，总有一天，连自己都会对我们的陈词滥调厌烦，并且真心渴求自身独立的自由。

在我们真正地"完全负责"之后，一切都将改变。我们不再纠结于"别人"昨天或者十年前对我们做过什么；也不再责骂那些"不公平"或者"刻薄小人"。因为我们意识到，这些所反映出来的，是我们自身也存在的同样特质。

8
TO
GREAT

告诉你认识的每一个人："我的幸福取决于我自己，所以你可以解脱了。"然后，用事实向他们证明这一点。不论发生什么，都要幸福。

亚伯拉罕—希克斯夫妇

好消息

这里所说的"好消息"是指:在我们处于人生谷底,终于意识到只有停止"责备"与"抱怨"，幸福才会光顾时，我们的转机通常都是是迅速而强烈的。幡然悔悟，有时候是因为配偶离去、失去工作、痼疾缠身这样的打击；还有一些时候，也许就是清晨起床的那一刻，你突然发现，生活之所以如此，全都源自于你自己选择去思考什么、关注什么。我庆祝那些今天就做出转变的人们。希望你们会成为下一个成功案例。

完全负责的成功案例

我们最深层次的恐惧并非是我们的无能。

我们最深层次的恐惧，是我们具有无可估量的能力。

玛丽安娜·威廉姆森（Marianne Williamson，美国作家。——译者注）

多年来，我从B.C.到A.D.之间的转换反反复复有数百次之多，每一次，都让我有一种释放感，让我受到无穷激励。同样让我激动的，是看到我的很多学生也发生了这种转变。以下示例，就生动说明了"完全负责"如何让我们自由地拥有能量、去寻找自身的平和。

发掘平和

下面这封电子邮件是一位教育工作者给我发送过来的，我极其喜欢：

穆勒，我照你所教导的做了。“你关注什么，你就得到什么”，这种“完全负责”的人生态度真得非常有趣。首先，我列举出了我对同校一名老师的四条不满：

第一，事情不顺的时候他责备别人，事情顺利的时候他急于邀功。

第二，为了震慑学生们，他总是会采用抓“典型”的方法。

第三，自私自利。

第四，他表面上和一些人是朋友，背地里却说他们的闲话。

好吧，是的，我身上也存在这些特质。虽然并不总是如此，但当我和自己坦诚相待时，就会发现，我确实也有这些特质。（要承认这一点真是相当得难。）

下面就是我具备以上特质的一些实例：

第一，当孩子们吵吵闹闹而我们夫妻俩都比较累的时候，妻子和我都希望对方去照顾孩子。但是，当处理不好的时候，我们就会生对方的气。我和妻子都有这个问题，虽然这种情况不是很多。

第二，和现在相比，之前我更多地采取抓“典型”的方法管理孩子。生活不是一场比赛，但是我却刻意地营造出了这种感觉。和侄子们一起玩耍的时候，我总是想要当他们唯一想要的“那个”玩伴。

8 TO GREAT

事情不会改变，改变的是我们。

亨利·大卫·梭罗

第三，的确，有时候，我仅仅关注我自己以及我想要的东西。我是一个特别有爱心的人，不过回首曾经做过的一些事情，其实我发现自己还是有些自私。

第四,我不得不尴尬地承认,自己曾经在家里跟老婆说过朋友的闲言碎语。

哇哦！现在我觉得自己更加自由了，因为我开始更加清楚自己在做什么。我猜想，从中应该吸取的教训，就是“江山易改，本性难移”。其他人并不是问题所在，我们才是。“一个人，只需要通过改变自己，就可以感觉更好”，知道这一点实在是太棒了。谢谢您教授的“让内心强大的8个方法”课程。

大学学生

我还记得有一天，我抬起头看到一位红头发的大学生走进我的教室。随着彼此的接触，他成为了我最喜欢的学生。我喜欢他的坦率真诚和乐于冒险的精神。在我们学习“方法之一和之二”时，他跟我们分享说，他最好的朋友八个月之前自杀了。当我们进行“完全负责”练习时，他勇敢地主动说出了他内心深处面临的最大挑战。

穆勒:谁愿意分享一下,自己有没有跟别人说过“应该如何如何”之类的话。

RM：我的朋友本该说出自己的感觉的。

穆勒：谢谢你。在你“完全负责”之后，这句话听起来如何?

RM（开始哭泣）:我本该说出自己的感觉……对于我朋友自杀的感觉。我一直都把太多的伤痛埋藏在了心里。现在我终于领悟了。

课程结束的时候，他对“能量”和“目的”有了新的理解。

异常焦躁不安的副总裁

一位女性副总裁参加了我的辅导课程，她看起来萎靡不振，疲惫不堪。

副总裁:我必须要换个工作。现在的工作太辛苦,而且根本没有人激励我。这感觉糟透了。有一天，老板问我如果他不出席会议我是否介意，我告诉他我不在乎。但是当客户发现我们公司只有我一人出席的时候，对公司的印象一泻千里。这种情况发生了不止一次，我真是忍无可忍了。

穆勒：你愿不愿意尝试一下新的生活和思考模式呢?

副总裁：当然，任何事都可以。

穆勒：非常好。你现在还没做好找新工作的准备。你现在处于能量金字塔上“5”的位置，也就是说你思想中百分之九十五都是消极的。在这种情况下，你也只能吸引到同样属于“5”状态的雇主。你必须要上升到更高的位置，否则“5”的状态就会如影随形。所以，现在，请首先描述你理想中的完美工作。

副总裁：我不希望老板……

穆勒：能否告诉我你想要的，别总是说你不想要的？

8 TO GREAT

所有的责备都是浪费时间。无论你在别人身上找到多少错误，也不论你多么责怪他人，全都于事无补。

韦恩·戴耶博士

副总裁：我想要得到尊重、欣赏、真诚与透明度……不必在晚上把工作带回家里完成，而且能保证晚上和周末我能干点自己的事儿，陪陪家人。

穆勒：非常好！你说的这些我都记下了。下面我们来进行“勇于冒险”，真正的风险我们只能面对，不能逃避。在这种情况下，辞职就意味着……

副总裁：躲避冒险。我能看出这一点。

穆勒：那的确是一种逃避，这是一种属于“5”状态的行为，也只会吸引到更多“5”状态的工作。接下来，我们开始进行“完全负责”，说出三条你认为你老板“应该如何如何”的情况。

副总裁：我的老板应该更诚实一点，应该更多地肯定我，也应该更加负责。

穆勒：很好。你说你的老板应该更加诚实。那么，老板在就他是否出席会议这一问题上征求意见的时候，你说真话了吗？将你刚才说的那些话转变成“完全负责”的状态——“我应该如何如何”——然后看看这些话是否符合事实。

副总裁：我应该跟老板更加诚实。这也不错。是啊，我应该肯定自己多一点，我也应该更多地肯定我老板。我应该更加负责！

穆勒：完全负责，而不是一味地“责备”与“抱怨”你的老板。记住，我们在别人身上只能看到那些自己也存在的特质。这条定理也可以反推。你的老板批评你犯了一个愚蠢的错误，那是因为他自己先做了同样的事。

副总裁：所以他对我的批评其实是他对我的感觉，而我则认为他全部是针对我。

穆勒：是的。只有你原谅并感激你的老板，才能有愉快的感觉，才能吸引到自己真正想要的。能做到“宽恕过去”（方法之六）和“感恩现在”（方法之七），你也就达到了“95”的状态。那个时候，你或去或留，都会带着良好的感觉。

副总裁：我感觉你从我肩膀上卸下了千斤的负担。我之前从来没想这样思考过问题。非常感谢你！

我的父母本应宽恕我

第一次遇到詹姆斯（James）时，他正在接受法院审理，很可能被定罪。他报名参加我的补习班，以期待转变自己的生活。

穆勒：谢谢你愿意“冒险”来参加我的培训。今天让我们从“方法之三”开始。詹姆斯，你认为哪些人需要改变？

8 TO GREAT

你这论断人的，无论你是谁，也无可推诿。你在什么事上论断人，就在什么事上定自己的罪，因你这论断人的，自己所行却和别人一样。

《罗马书》，第二章第1节

詹姆斯：这问题很简单，就是我的父母。他们应该宽恕我，他们应该相信我，再给我一次机会。

穆勒：最近你感觉如何？

詹姆斯：愤怒、受挫、无望。

穆勒：你准备好让自己的感觉变得更好了吗？

詹姆斯：是的，女士。

穆勒：那么请做个深呼吸，开始准备“完全负责”吧！还是用你说你父母应该如何如何的句式，不要再说“他们应该如何如何”，要说“我本能够如何如何”，看看是否正确。

詹姆斯（经过一段时间的沉默之后）：我本能够宽恕自己，我本能够相信自己，给我自己一个机会。（他开始哭泣。）这的确是我应得的。

受冷落的妻子

这位四十岁出头的女士刚来到我的培训课时，非常抑郁。

FL：我的丈夫对我非常不好。他应该更好地照顾我，对我好一点。

穆勒：谢谢你。现在请开始“完全负责”。一个特质只有你自己也存在，你才能在他身上发现。把“他应该”变成“我本能”。

FL：我本能更好地照顾自己，对我自己做点好事儿。

穆勒：为什么你没有好好照顾自己？是因为钱的关系吗？

FL：不，钱还挺充裕。我现在有一个两岁的儿子，之前我曾自己抚养过两个孩子。我觉得这个孩子我照顾也没问题。可是我好疲倦。现在我要放松一段时间。

她确实完全地负起责任了，几周之后她给我写了一封致谢信，说她的能量层次以及对自己丈夫的态度发生了戏剧性地转变。

我的儿子应该得到帮助

这位父亲的烦恼其实非常常见。对此问题，我推荐“十二步骤小组”（Twelve-Step Groups，一种针对成瘾行为、冲动行为的培训课程。——译者注）对于毒品成瘾者的戒毒非常有效。

TW：我十九岁的儿子毒品成瘾已经有好几年了，我们什么方法都试过了，但是收效甚微。

穆勒：那么，你们完全想不到新的行动了吗？

TW：想不出来了，不过我很想听一下您的建议。

穆勒：我也想不出任何方法。不如想想你可以停止做哪些事吧？

TW：我不吸毒，但我可以停止喝啤酒。我之前晚上总会喝几杯。以后再也不多喝了。

8 TO GREAT

神啊，求您赐我宁静之心，接受我所不能改变之事；
赐我勇气，改变我所能改变；赐我智慧，分辨两者之差别。

宁静之祷（Serenity Prayer）

穆勒：好吧，那也会让你理解，想要改变要付出多大的辛苦。这种共情是有好处的，对吧？

TW：是，我觉得是。

穆勒：还有，能否将“他应该如何如何”变成“完全负责”的“我本能够如何如何”呢？现在你对儿子的要求都有哪些？

TW：他应该戒除掉自己的瘾。他应该得到帮助。

穆勒：好吧，而且我们只能从别人身上看到自己的特质，那么你想想自己身上有什么特质。

TW：也许我对于努力去改变儿子而上瘾了？也许我应该得到帮助。

穆勒：对我而言，这是一个完全负责的计划！阿尔–阿难（Al-Anon）和柯达（Coda）的“十二步骤小组”对你来说是个不错的选择。

拿不到学位的儿子

母亲：我的儿子课程不及格，现在他要拿不到学位了，我非常生气。

穆勒：你的想法是什么？

母亲：他不应该不及格。他太不责任了！他居然说：“学费不是我付的，怎么我不负责任呢？”他怎么能有这样的想法？

穆勒：如果他真这么认为，那么他确实应该为自己这句话负责。

母亲：可是今后可怎么办啊？

穆勒：这是谁的事呢——接下来他的生活会怎么样呢？

母亲：是他的事，但是他之前是很配合家人，特别听话的。

穆勒：他现在也在配合自己的计划，只不过如今他是听自己的话了。难道这不是你一直想要的东西吗——他能获得幸福，按照自己的想法前进？

母亲：是啊，是啊，确实是。

穆勒：从“他应该如何如何”变成“我本能如何如何”，然后感觉一下怎么样。

母亲：我本能对自己的幸福更加负责，不再为儿子的事忧虑不已。

穆勒：现在感觉如何？

母亲：棒极了！

两条蛇的故事

有一天，两条蛇正在吃午餐，一条蛇对另一条蛇说：“我真心希望自己没有中毒。”

“为什么？”它的朋友问道。

“因为我刚才咬到舌头了。”

我们不论做什么，最终都会返回到我们自身。想要亲身体验这一点，不妨思考一下，自己的状态是充满爱意还是恨意，再体会一下自己当前的感觉即可。

我们怎么知道？

“我负责自己的生活。”反复重复这句话，直到自己真心相信。这将会改变一切。有天晚上我和朋友们去参加海上旅行，活动组织者给我们讲了很多他听过的最可笑的问题。其中我最喜欢的一个是：

“当我浏览图片库的时候，我怎么知道哪张照片是我的呢？”

绝大多数人在现实生活中都问过同类的问题。

你如何知道你对谁的生活负责？答案是你自己的生活。

我对自己的生活负责。

实践完全负责

人必自卑，然后人卑之。

埃利诺・罗斯福

我还记得自己曾培训过一名年轻漂亮的女士，她刚开始坚持认为，生活之所以问题多多，原因在于她的父亲不同意自己的职业选择。“实在是很难”，她觉得。随着我们用“完全负责”的眼光看待问题，她对自己的的坚持松动了很多。

首先，我告诉她，在工作、爱情以至于买什么车这类问题上，征求意见时最合适的人就是和你做决定完全没有关系的人。其次，我提醒她，我们吸引到的人，往往都反映了自己内心深处的不安全感。只有我们对自己的选择完全感觉满意，才不会被他人的意见所干扰，而且这个时候他人的意见往往也都会消失。最后，我们使用了拜伦・凯蒂的“美妙转变法”，将她的思想从“他应该接受我的选择”变成了“我本能接受我的选择”或者“我本能接受他（不接受我的选择）的选择”。

第二周，她给我写了一封感谢信，说她感觉自己已经登上了能量金字塔上“95”的位置。很多事情只有我们自己才能得到，我们却经常去祈求他人的赠予。只有放弃这种想法，才能自由地享受幸福。

英雄的愿望

我生活中大部分的精力都花在了帮助他人脱离痛苦之上。有的时候，我竟会越俎代庖，发现自己竟然比求助者还要投入。如今，我已能坦然面对痛苦——无论是自己生活抑或他人生活中的痛苦——也已明白，在某些情况下，挑战和逆境也是对意愿的一种回应。

想过英雄之间有什么共同点吗？“勇气！”也许是大多数人的第一答案，不过，另外一个正确答案会是“挑战与逆境”。每天起床也许不是什么英雄事迹，但是如果你像奥运会田径明星威尔玛·鲁道夫（Wilma Rudolph）那样，即使已经被医生判定不能再走，仍然主动面对如此痛苦，不懈付出努力，就足以称得上是一位英雄了。

8 TO GREAT

我若失去对自己的信心，则整个宇宙皆会与我为敌。

拉尔夫·瓦尔多·艾默生

2008年11月的一场足球赛上，我悟出了这一点。我是内布拉斯加州（Nebraska）橄榄球队的球迷，该队当年有东山再起之势。当天是常规赛最后一场比赛，还剩1分43秒比赛即将结束，到了最关键的时刻。我队还落后一分，教练薄·佩里尼（Bo Pelini）决定派大二学生艾利克斯·亨利尼（Alex Henery）尽力在57码外射门得分，但艾利克斯之前最好的成绩也只是52码而已。

看着这年轻的小伙子上场，我感觉到了恐慌。我不希望艾利克斯承担这样重的“压力”。我甚至还对着身边的球迷大声喊道：“这对他来说太困难了！”

但对于这位年轻的球员来说，这一点都不困难。他不仅完成了射门，球还越过了门柱很远。观众顿时陷入了狂呼之中。

比赛之后，我脑海中冒出的是一幅别样的图景。那是一位年轻人，从小就想为内布拉斯加乡巴佬队（Cornhuskers）效力。他想要成为举足轻重的球手，所以，多年以来，他无数次地练习射门，无数次地想象自己披挂上阵的场景，每次都是同样的剧本：关键比赛的关键时刻，他上场，然后，力挽狂澜。

而我对艾利克斯的“保护”，实际上是在阻止他成为一个英雄，失去因为破纪录的破门而获得荣耀名誉的机会。现在我明白，很多时候，为了成功，我们必须经历逆境。而我也学会了更“好”地去抑制自己过度保护的本能。

“方法之三”的游戏

在学习“完全负责”的过程中，带着乐趣学习不仅是可能的，也是很重要的。譬如，下一次当你感觉“世界的重担都压在你肩膀上”时，停止告诉他人“应该如何如何”，带着乐趣卸下压力吧！我保证，停止对他人指手画脚，会让你的“肩痛”大大好转！

在为中学和高中学生授课时，我们使用的简单游戏包括：

“不要责备”游戏：在自己的衣服兜里装一张卡片，每次当你抱怨或者责备某人或某事时（即使是内心深处的责备），就在卡片上勾画一个对号。一天结束之后，计算对号的总个数，这就代表了你在能量金字塔上下降的高度，因为每个对号都代表你放弃了自己对外在事物感觉良好的机会。

从“应该”到“实践”游戏：同样在兜里揣一张卡片，每一次你用到“应该……”或“不应该……”或“需要……”或“需要你去……”这些短语时，就在卡片上勾画一个对号。这个任务对老师来说非常困难，我曾有一位教师朋友，在他上课的一天他通常会有五十多个对号。其实，对成年人来说，更富能量的语句是：

“现在我邀请你去……”

“现在我会给你一些时间去……”

“现在我希望进入到……”

8
TO
GREAT

批评如同是信鸽，从哪出发，亦必飞回到哪去。

戴尔·卡耐基（Dale Carnegie，成功学大师。——译者注）

“这是谁的事儿”卡片：假期能有多愉快完全取决于……这个嘛，亲戚。如果你能随身携带“这是谁的事儿？”卡片，那么处理与亲戚之间的人际关系就会事半功倍。

首先，制作一些名片，上面写上“这是谁的事儿”然后，在家庭聚会的时候，将它们放到自己的口袋里或者钱包中。如果你觉得吵闹的内德（Ned）叔叔应该说话小声点、愤怒的弗莱达（Freda）阿姨应该少喝点酒，又或者应该买一辆更省油的汽车，不要“应该如何如何”地给出建议，相反，拿出卡片并默读，问问自己：“我管的是谁的事儿？”

这个游戏的另一个有趣之处在于，你可能会忍不住想给亲戚一张卡片，告诉他们不应该喋喋不休。实际上，这么做也是一种“不应该如何如何”的建议。因此，只是拿出卡片，自己默读吧！只要你的注意力集中在自己的事情上，就会收获无穷的舒适与愉悦。

放手

从婴儿期开始，我们就非常擅长寻找那些能让自己感到开心的东西。在我写作本章之时，我的儿子正是一名大四学生，我每天都感觉自己必须要努力剪短那根“给建议”的脐带（当他主动向我请教“作为过来人有什么建议”时，我就更难保持沉默了）。我时刻提醒自己，几个月之后，他就会有能力倾听自己头脑中的声音，而我的沉默无疑会是这声音一个茁壮成长的契机。在我的思想旅程中，一首匿名诗歌给我帮助很大：

放手

放手并不意味着不再关心，

它意味着我不能再越俎代庖。

放手并不是置身事外，

它只是说明我意识到自己不能去控制另外一个人。

放手不是授予权利，

而是允许从成败中去学习。

放手是承认无能，

无能意味着结果不掌握在我的手中，但是我的态度却尽在自己掌握。

放手不是试图改变或责备他人，

而是充分展示自我。

放手不是照顾，

而是关心。

放手不是插手，

而是支持。

放手不是评判，

而是允许他人做一个独一无二的人。

放手不是否认，

而是接受。

放手不是唠叨、批评或者争吵，

相反，它是寻找到自身的缺点并予以改正的过程。

放手不是责骂并且控制任何人，

而是尽力去变成梦想中想要成为的人。

放手不是去后悔过去，

而是感恩现在，希冀未来。

放手是无所畏惧，

也是更多热爱。

Q&A

完全负责问与答

你认为阻止你前进的事物，并没有真正地阻止你。
你认为有外物阻止你前进的这种想法，才真正地阻止了你的前进。
拉尔夫·马斯顿（Ralph Marston，美国作家。——译者注）

问：如果说我要为生活中的消极事物完全负责，那也意味着我要对生活中的积极事物完全负责。但是，我觉得自己能到今天这个程度，上天与他人都给予了我很多帮助。难道这意味着，上天与他人也能将我带到不好的境地吗?

答：让我们再谈论一下能量金字塔吧！比如说，你为了那些爱你、支持你的神与众人而感恩。你处于“95”的状态，你认为原因在于他们的支持。但我反而觉得，真正的原因是你将注意力集中在身边的爱与光上。有很多人即使接受着神与众人的支持仍然觉得痛苦不堪。这种情况我见得实在太多了。

现在我们再想象一个人，他对你既不友爱也不支持，但是你却让他对你抱有成见，伤害了你的自尊与良好的感觉，让你跌到“5”的状态，感觉自己既没有价值，也没有希望。这些又是谁的责任呢?

任何时候，你的幸福等级和能量金字塔“得分”，都不取决于他人所做或者所言，相反，它们完全取决于你所关注的东西以及你的感觉。每个人都有选择的自由。

问：我想在办公室建立一种“完全负责”的文化氛围。我该从何做起?

答：一位经理给我留下了深刻印象，让我非常佩服。雇员上班的第一天，他都会给他们三个信封，指导他们说每当事情不顺、想要抱

• Q&A •

怨某人时就拆开信封。诀窍在于，第一个信封只能在入职后第一个月拆开，第二个信封只能在第二个月拆开，而第三个信封只能在第三个月拆开。除此之外，唯一的选择就是将信撕掉，还给经理。

当然，大部分好奇心重的员工第一天就拆开了所有信件。第一封信中他们会发现自己上一任员工的名字；第二封在信中他们会发现自己主管的名字；第三封信中，则是他们自己的名字。他跟我说，大概95%的员工都会立刻清晰地了解到经理所想传达的信息，并且马上将信件归还。如果说我们能从这位经理的成功经历中学习到什么经验的话，那就是定下“完全负责”的基调会建立起精致而强大的团队！

问：在“方法之一”，你说我们要有宏大的梦想，可是我的咨询师却说我之所以立大志，是因为我希望别人都对我毕恭毕敬。我期待别人能负责，做到他们承诺之事。

答：那些是你对自己生活环境的美好愿景。你现在要做的就是不要介怀于谁人、何事、何时、何处以及如何。如果你能持续这样做，就可以得到自己想要的生活。在那里，你和周围的人绝大部分时间都能负责任地行事。不过，就眼前来说，生活是你的镜子。你自己的行为是不负责任的，所以你接收到的生活就是你所作所为的反应。为什么会这样？因为你对自己的态度没有负责。

就像有些人用“车坏了”“记性不好”这些借口不去行动一样，你也是在用他人的行为和态度作为借口让自己感觉不好。如果不论发生什么事情、谁人迟到了又或是谁人忘记给你打电话，你都能够尊敬自己，为了自己的良好感觉而“完全负责”，那又会怎样呢？

问：我正在努力向我店里工作的年轻人教授责任感，但却没什么进展。我需要给他们买你的书吗？

Q&A

答：那也许有帮助。同时还需要考虑以下几个方面。首先，你希望他们获得成功吗？把他们拉到一边，单独一个一个地谈，问他们自己的梦想是什么，然后就像他们梦想已经实现了那样对待他们。比如，你可以跟他们说："布莱斯教授，你的梦想实现得怎么样了？"让他们知道你相信他们。用心聆听他们，赋予他们特殊的责任。同时，让他们明确知道你的要求及其相应后果。

青少年对明确的期待反响十分强烈。我最喜欢的一个餐馆老板，曾经分享了他雇用他人、同时保持青少年雇员学习成绩优良的秘密。当那些青少年真正地开始着手实现梦想时，老板会"警告"他们说："如果你们的妈妈给我打电话，你们可就要被解雇了！"

问：我担心如果我开始相信我是"完全负责"的，我会感觉极度羞愧，甚至都起不了床。

答：在"方法之四"中，你就会知道如何从羞愧中抽离出愤怒，从愤怒中抽离出希望，并最终从希望中抽离出喜悦。羞愧的基础，是你对过去不准确的评价（谎言）。继续阅读本书，你会走上正确的道路。

8 TO GREAT

【方法之四】

感我所感

允许情绪之自由

HIGH-WAY 4

Feel All Your Feelings-Allow Emotional Freedom

感我所感

最快速通往自由的方法，就是要用心体会你所有的感受。

吉塔·贝林（Gita Bellin）

在我成长的过程中，似乎只有小女孩和“娘娘腔”才会去谈论“体会自己的感受”。与之相反，在我当下生活的世界中，最受人尊敬的那些智者都明白，治愈成瘾、疾病、愤怒、抑郁以及破坏性行为的根本措施皆可归结于一个词：感受。

感受可以行使出惊人的力量。它们能够激励我们去成就伟大，或者陷身绝望。从婚姻到战争，它们是一切事物的催化剂。我们的行为都有一个主要意图——让自己感觉好。但是为了“感觉好”，前提是我们必须去感受。

除了感受之外，另一个选择就是躲避。我们有些人对自身的情感避之唯恐不及，他们的方式是暴饮暴食、完美主义、酗酒、吸毒、沉迷网络或者是看起来比较温和的行为——譬如去教会做大量的义工工作。但躲避其实无异于原地转圈。最终，感觉终将找到我们自己。

痛是在所难免，苦却是心甘情愿。

问题所在

对我们很多人来说，成熟就意味着“闭嘴”。正所谓“大人说话，小孩别插嘴”，这种思维长久以来让我们觉得安静的孩子是“好孩子”“听话的孩子”。我们不再奢求有权利去感受那些“吵闹的”“凌乱的”感觉。礼貌与以和为贵，取代了幸福和喜悦，成为了我们人生的终极目标。以下这些话你听着都感觉很耳熟吧？

“请你别哭了。你一哭我感觉好烦。”

“这事不值得你生气。”

“别哭了，再哭我让你哭得更狠。”

“小女孩，别这么大声跟我说话。”

“别哭了，弟弟妹妹都被你吓着了。”

“你不能跟他们生气，他们跟你可是一家人啊！”

孩子们在上学之后会接受到更多的同类信息。“小同学，我可不喜欢你的态度哦。”通常就是对学生发怒的批评。一家大型学校机构最近发表的文件将“积极态度”定义为：“即使面对逆境，仍然保持开心”。这实际上是在暗示愤怒和悲伤是不健康的情绪，必须予以压抑。与之相反，本章中，我想邀请你深入思考的一个目标，就是让读者朋友们意识到：不存在所谓的“消极感受”。感受就是感受。

感受死去的那日

我还记得一位老师曾经给我讲过她“关闭”自己感觉的故事。那是1998年，她在一所乡村学校工作。该校大部分八年级学生都乘同一辆公交车上学。一个秋日的清晨，公交车驶过一个事故现场，学生们亲眼看到了自己同学正在接受他妈妈的心肺复苏术。

到达教室之后，一个心烦意乱的女孩流着泪哽咽着说：“他死了吗？”这诱发了全班的恐慌。

这位老师虽然内心深处十分悲痛，但是校长却指示她说，“为了孩子们好”，要尽量让一切都跟平常一样。

“我们现在还没有得到确切消息，”老师温柔地对孩子们说：“打开课本，我们开始上课吧！”

那天上午传过来的消息证实，伤者已经因救治无效死亡了。心理咨询师立即进驻到各个教室。第二天，课程照旧。生活简单地“在继续”而已。

悲伤要说出口。

威廉·莎士比亚（William Shakespeare）

这位老师在给我讲这个故事时一直在流泪。

“我们不知道如何处理学生们的感觉——就此事而言，也不知道如何处理我们自己的——所以，我们压根连试都不去试一下。第二天晚上，在学校举办家长会的期间，死去学生的最好朋友也终结了自己的生命。”

职场困境

在当今时代很多的职场中，情绪的自然流露一直是要被批判的。你邻桌或隔壁的同事也许在正在处理人生中棘手之事，也许是夫妻离婚或者惨遭裁员，信用卡债务如山或者孩子特别叛逆，罹患心脏病或者父母体弱多病，但是在工作场合，交流这些情感却是不被鼓励的。

我曾给明尼苏达州的一家信息技术公司做演讲，教授“感我所感”过后的休息期间，一位主管来向我提问。

“我不希望你再谈论情绪了。会让有些人……崩溃的！”他的声音大得出奇。

我意识到他的意思是有些人可能会哭。事实上，我的听众哭泣是很正常的，他们这种健康的释放我很感激。这眼泪不是什么崩溃，我们宁愿称之为突破。我能够接受这位主管的意见，他也能够允许我继续按照自己的方式演讲。结果，员工对此次演讲的评价是“有史以来最出色的。”

我们所付出的代价

对情绪的压抑会付出高昂的代价，包括成瘾、疾病、事故以及破坏性行为以及其他严重问题，而且这些也只不过是冰山一角。

1. 成瘾

让我吃惊的是，20世纪90年代轰轰烈烈的“向毒品说‘不’”行动，竟然对人们为何使用毒品缺乏足够深入的理解。吸毒从来不只是同伴压力单独作用的结果。不论是儿童抑或成人，物质滥用都是为了躲避自身的感受、出于绝望而做出的尝试。

我记得自己曾经去一个无家可归者庇护所演讲，那有一位三十岁左右的女人，刚进庇护所，正处于在从酒精成瘾戒断后的恢复期。

我问她目前情况如何。她低声回答道：“今天我已经打了三针了。可是，比较起来，在必须要直面过去一周我的感受的时候，那种痛苦比所有的打针加起来都要严重得多。”

她一直在用酒精来避免情绪受到伤害，如今，却必须要处理一生所累积起来的愤怒和伤悲。无怪乎她感觉如此艰难。

2. 疾病

躲避情绪需要付出的另一个代价就是疾病。几年之前，我意识到自己几乎不再得感冒了。回想自己在高中做培训时，每年都要感冒三四次。近十年来，我最严重的感冒也就只是喉咙痒个一小时而已。恰巧，我看到了一本书，《生命的重建》（*You Can Heal Your Life*）。作者露易丝·海（Louise Hay）对土著文化深有研究，她发现在这些文化中，毕生幸福简直就像普通美国人去看医生一样普遍。路易斯的书让我知道，感冒和哭泣具有几乎完全一致的生理症状。

> 8 TO GREAT
>
> 一生中，我们要被问到无数次："你今天感觉好吗？"
> 我们要么能够体会到全部的感受，要么就是感觉不好、压抑情绪。
>
> 约翰·美斯特博士（Dr. John Meister）

"如果你不用自然的方法——通过哭泣——释放毒素，那你就不得不用一种更痛苦的方式——通过感冒——加以释放。"她写道。现在，只要一感觉到喉咙痛，我就马上开始写日记，洗个热水澡，看三部好电影，来帮助我哭泣。

3. 事故

我还记得有天晚上，我家保姆边进门边哭。我问她出什么事了，她说自己刚才又出车祸了——这已经是当年她第四次出事了——她担心自己的驾照被吊销。

> 8 TO GREAT
>
> 今若得获，汝内所禀，汝所得获，将汝救之；
> 未及寻获，汝内所赋，汝所不获，将汝败之。
>
> 《多马福音》

她说完事情经过之后，我问道："总这样撞人，你心中到底是有怎样的怒火啊？你有什么想得到的东西没有如愿吗？"

原来，这位来自美国中西部的保姆想要搬到加利福尼亚州，但却担心自己的妈妈不同意。她承认，自己非常希望生活发生改变，随即，她冷静下来，大脑顿时通彻清晰。第二天，她就主动去说服自己的妈妈。如今，她定居在加利福尼亚州已经十年有余。上次我们联系的时候，她还从没有出过任何交通事故！

4. 针对自己和他人的破坏性行为

年纪尚浅的雷吉（Reggie）父母离婚了，他猜想是因为父母总需要驾车送他去各种各样的体育训练和比赛，才导致了离婚。因此，他不再从事那些深爱的体育项目，又由于堆积的愤怒和伤悲无处宣泄，他就一股脑地都发泄到自己身上，导致他罹患上了严重的抑郁，并有自杀倾向。

高中毕业之后，痛苦依旧，还深染毒瘾。大学期间，他又因为贩卖麻醉剂被开除回家。在他妈妈的请求下，我与他见面了。他当时几乎已经不睡觉了，完全封闭着自己的情绪。所幸他还怀有希望，愿意接受我教授的东西。如今，这位帅气而有才华的运动员已经踏上追梦之路，希望成为一名专业的足球教练。

我还可以讲出很多类似的故事。归根结底，所有成瘾的深层次原因，都是对感受的压迫与抑制。只有我们允许自己去体会所有的感受，伤口才能开始愈合。

情绪的能量

什么是情绪？情绪来自何处？为何我们经常被情绪所覆盖？“情绪”这个词语代表的是“运转中的能量”，换言之，它是促使我们“运转”的能量，因此，努力压抑情绪乃是下下之策。困于感受之中标志着你对进步的抵抗，只会带来无穷痛苦。有两种情绪（经常被称作消极情绪）是最值得我们谈论的，也是人们最难处理的，它们是：愤怒与悲伤。只有意识到根本不存在所谓的“消极情绪”一说，我们才能够视愤怒与悲伤为自然而健康的“运转中的能量”。

情绪来源于能量之运转。

罗伯特·T. 清崎（Robert T. Kiyosaki，美国商人、演讲家、励志书籍作家，《富爸爸，穷爸爸》作者。——译者注）

愤怒/悲伤之平衡

只要对自己的情绪稍加留心，就会发现，我们总是在同一时刻、同样限度地感受到愤怒与悲伤，因为人体需要这两种情绪相互平衡。这两种情绪本身都属于自然而正常的感觉，可一旦我们刻意压抑、打破平衡，它们就会成为问题。

在给儿童讲解这个概念时，我常用火和水做一个比喻。愤怒就像是“火”，适量的火是好的，过量就有害了。火势如果失控，就需要用水来加以平衡。同样，悲伤如同是“水”，适量的水是好的，但如果水势过猛，就需要借助火的热量来烘干。

对情绪的压抑是从何时开始的呢？作为小孩子，我们总是听到别人说“爸爸情绪不好了”之类的话。我们能分辨出爸爸生气的样子，因此自然而然做出的推论就是“愤怒属于不好的情绪”。为了做一个“好”人，我们尽力去扼杀正常的挫折感。但是这么做从来都不会成功，而且只会让我们自己变得更加愤怒。

同理，当你小时候听人说“别去烦你妈妈，她现在正伤心着呢”时，同样会将这句话理解为“悲伤属于不好的情绪”。因此，我们不敢直面自己的伤痛，或者是埋头在枕头里痛哭，或者是完全忍住自己的泪水。

在我写的第一本书中，曾经讲过自己小时候的一个故事。当时我亲眼目睹了自己的小猫被车轧死。大人们赶紧让我进屋，不让我哭，以免吓到弟弟妹妹。我可以看出，父母是爱我的，他们的本意是良好的。只不过他们从小到大所生活的社会文化环境，都没有认识到感觉所具备的强大能量。他们只能以现有的信息为基础，尽力做到最好——因为他们小时候也是如此被抚养长大的——不过，如今，我们这一代人应该在教育孩子的过程中以身示范，让他们勇于接受自己的情绪。

8 TO GREAT

生命中最好的时刻，往往发生在我们极度不适、悲伤难耐、一无所成之时。因为只有在这样的时刻，痛苦方能激励我们走出困顿，去追寻更加正确的人生答案。

M. 斯考特·派克（M. Scott Peck，美国的精神病学家和畅销书作家。——译者注）

不存在所谓的“消极情绪”

如今大多数自助书籍中仍将愤怒与悲伤定义为“消极情绪”，这让我非常吃惊。“让内心强大的8个方法”不会给情绪贴上“积极”或者“消极”的标签。我们承认，的确有些情绪会让人感觉更加愉悦一些，但是如你所见，所有的感受都蕴藏着潜在的益处。星球上最健康、最积极的人，也会不时感受到愤怒与悲伤，因为他们明白，用心体会自己全部的感受具备着强大的能量。

马丁·路德·金博士（Dr. Martin Luther King, Jr.）就是这样一个人，他曾经将自己对民权运动的尽心竭力，归功于年轻时的愤怒时刻。在轰轰烈烈的“抵制公共汽车运动”（1955年12月5日，由于有一位黑人妇女不给白人让座，被判蹲监狱2年，所以民权积极分子罗莎·帕克斯拒绝遵从蒙哥马利公车上的种族隔离政策。在此之后，黑人居民发起了对公共汽车的抵制运动。——译者注）中，金博士写道：“那段日子里，乘公交汽车是我有生以来最愤怒的时刻。”

特蕾莎修女善于驾驭自己的愤怒，并将其作为拯救贫寒人士的动力，她亦因此倍享盛誉。其实，这也往往是人类最伟大的领导者和圣人的共通特征。他们提醒着我们，感觉愤怒并不意味着实施暴行。愤怒乃是改变的动力。

将愤怒定义为“愤怒能量”

一说起愤怒，很多人指的是当我们在遭遇到真实或假想的攻击时，所感受到的能量/肾上腺素冲击。不论是保护幼崽的母狮，还是愤慨于职场不道德行为的职员，充溢全身的愤怒冲动给了他们采取行动的能量。

如果我们能够用更积极的眼光去看待愤怒，也就能够心安理得地去感受愤怒。为了提醒各位愤怒是如何驱使我们采取行动的，我将愤怒和能量这两个词结合起来，并称其为“愤怒能量”。我们知道，激情是人类生活的灵药，它告诉我们下一步要去创造什么，不论是一件艺术品，一次体育赛事，还是一段浪漫感情，又或是一次政治改革。而愤怒能量，恰是激情的副产品。

8
TO
GREAT

> 在我被愤怒所激发的时刻，所做的工作往往是最优秀的。我的整个气质变得非常活跃；我的思想更加锐利；所有的诱惑都已离我而去。
>
> 马丁·路德（Martin Luther，16世纪欧洲宗教改革倡导者，基督教新教路德宗创始人。——译者注）

认为“我是生气的”并不准确

我们并不是自己的感受。说“我是生气的”，其实是不准确的，而且会让我们的大脑认为“我们将情绪作为自己的身份”，这对我们来说是没有好处的。现实其实远没有那样戏剧性，愤怒不过是我们诸多感受中的一种。就像我们感受到春天里的雨滴落在脸上，抑或冬日的暖炉烤暖了双手，我们从来不会认为我们就是雨滴或者热量。同理，我们同样也不是自己的情绪。

相反，我们应该使用类似于以下的短语重新定义自己与情绪之间的关系，比如：“现在，刚才发生的事情让我感到有一点（愤怒、害怕、悲伤、激动）。”

就如同我们会说："现在，窗外射进来的阳光让我感觉很暖和"一样。情绪只是流转于你的体内，要将它和你自己视为分开的两个部分。你不是自己的感受。

将悲伤定义为"释放"

另外一种经常困扰我们的情绪是悲伤，它经常跟愤怒同时出现，原因在于悲伤乃是过多"愤怒能量"的完美释放阀门。如同心脏将血液带入血管主要通过动脉一样，"愤怒能量"构筑出我们为了改变所需的能量，而悲伤则释放出那些我们不需要的、过量的部分。"愤怒/愤怒能量"或者"悲伤/释放"的阻塞，会造成生理或心理的一系列问题，正如血管或动脉的阻塞会造成生理疾病一样。

愤怒/悲伤图示

当我们经历烦乱的事件时，自然反应同时表达出愤怒和悲伤两种情绪。愤怒与悲伤如同一枚硬币的两面，所以我用以下图示来描述它们之间的关系。

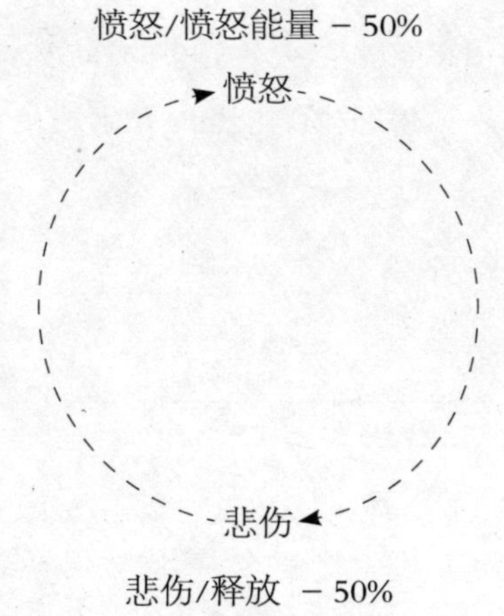

譬如，当你陷入深不可测的悲伤中时，譬如，至爱之人的去世——同样会感受到强烈的愤怒——愤怒于他们"抛下"我们不管，愤怒于疾病，或者愤怒于我们没有在他们在世之时给予更多的关爱和支持。

悲伤与愤怒的益处

大多数人从小所受到的教育都以愤怒为耻。因此，我们就可能将所有愤怒之人都归结为“刻薄小人”一类，更进一步地彻底让自己不再感觉并表达出内心的愤怒能量/怒火。我们没有意识到的一点是，在我们切断自身的“怒火”能量——愤怒之后，最终会遭遇到“冰水”能量——悲伤的侵袭。而过多的悲伤，即有导致抑郁之可能。

8 TO GREAT

唯有通过情绪，方可遇到自己灵魂的能量之场。

加里・祖可夫（Gary Zukav，美国人，精神导师。——译者注）

当你抑郁的时候你有多少能量？一无所有。为什么？因为你切断了自己与愤怒能量的联系。如果你跟自己说“愤怒是无礼之举，只有刻薄之人才会愤怒”，最后你所剩的就只有释放/冰水而没有愤怒能量/烈火。

没有愤怒能量/烈火 = 过多的释放/冰水

愤怒/愤怒能量 － 0%

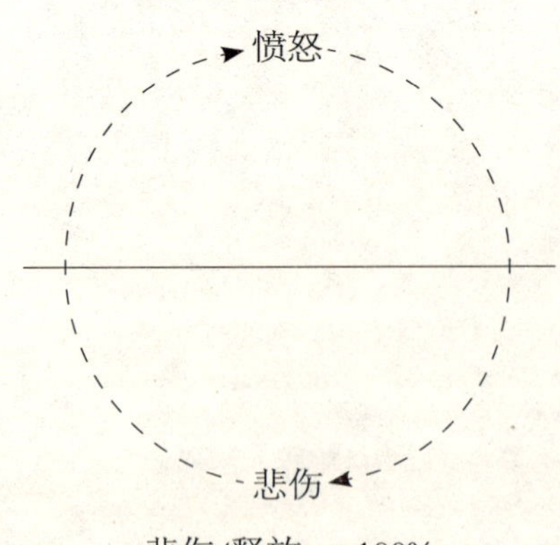

悲伤/释放 － 100%

过多的释放/冰水 = 抑郁

另外，还有一些人从小生长在父母过于悲伤的家庭，他们从不为自己出头，也从不为自己所需要的东西去提任何要求。这些人看起来非常“孱弱”，所以他们决定不能让任何人看出自己的孱弱！结果就是，在没有悲伤/冰水的情况下，他们完全被困于愤怒/烈火之中，进而升级为暴怒。一旦你切断自己与悲伤的联系，告诉自己“只有弱者才会哭泣”，你就会陷入愤怒中而无法得到有效释放。

没有释放/冰水= 过多的愤怒能量/烈火

愤怒/愤怒能量 － 100%

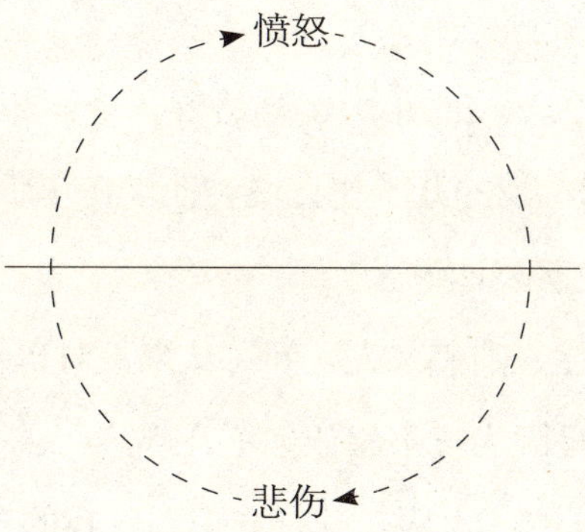

愤怒

悲伤

悲伤/释放 － 0%

我们既需要愤怒的愤怒能量，也需要悲伤的释放，才能维持一种健康的平衡。如果我们不能感受到这两种情绪，它们就会“走入阴暗面”：抑郁或暴怒。因此，要消除我们的暴怒和抑郁，方法并非是停止过多地去感受，而是要去充分地体验我们的愤怒和悲伤。

人类完全有能力学会跟所有的感受友好共处。没必要因为我们的抑郁而抑郁，为我们的愤怒而愤怒。如今，我的情绪生活已然达到了一种出离抑郁的境界，偶尔即使有抑郁发生，我也只是“静观其变”，我清楚它只会停留一小段时间而已。正因我对抑郁的观察不带批判性，它才离开得更快。抑郁最畏惧的就是我们的坦然面对。

想要抗拒的，永远在诱惑着我们。

只有能够拥抱一件事，我们才能擦去它的痕迹。

匿名

愤怒/悲伤的“碗”理论

如果我们不允许自己的情绪自由表达，而是将它们憋在心中，会发生怎样的情况？

“乖儿子，平时你去学校的路上都唱着歌，今天却不声不响地坐在后面。发生什么事了？”我对七岁的儿子扎克说，他坐在车后排，不同寻常的安静。

“没什么，妈。”他悲哀地说。

“你确定吗？要记住，咱们家人之间可从来不对自己的感受遮遮掩掩。”

“我不想告诉你，是因为我不想让你不开心。”

他这句话让我很吃惊。我从来没有意识到，我的孩子们之所以压抑自己的感受，是想要“保护”我，以免让我伤心。我把车停在路边，准备和他下车聊一会儿。

“哦，宝贝，有一个最好的消息是，你是不会让我感觉到什么的，不论是悲伤还是愤怒或开心。你没有让我感受的能力，你充其量只会帮助我让我感到伤心而已。”我告诉他。

“那是什么意思，妈妈？”

“这个嘛，乖儿子，就像是每个人体内都有两个碗，一个是悲伤之碗，另一个是愤怒之碗。如果我们想哭的时候就放声哭泣，我们的悲伤之碗就会变空。但如果我们不让自己的眼泪尽情释放，就比如说爷爷去世的时候，或者我们的邻居搬走的时候，它们就会在悲伤之碗中累积。然后，如果我们在乎的某个人哭泣，就将促使我们通过哭泣也把眼泪倾倒掉。这就是为什么你的哭会帮助我哭泣。”

“那愤怒之碗是什么情况呢？”

“那个嘛，它的原理也是一样的。如果某件事让我很沮丧，我可以把它说出来，写出来，通过运动发泄出来，又或者我可以将它储存起来。如果储存，那它就会充满我的愤怒之碗，这次碗里的可不是泪水，而是煤油！如果我总是往碗里加煤油，总有一天，会有一个带着火柴的人路过……”

8 TO GREAT

情绪是我们要理解并征服的下一个领域。管理自己的情绪不能通过服用药物或者强行压抑，而是要充分理解它们，借此指导我们的情绪能量和意图……

道克·齐德瑞（Doc Childre，国际闻名的压力专家。——译者注）

感我所感之流程：愤怒—悲伤的平衡

过去十年的研究表明，与智商相比，你对情绪的感知以及操控感受的能力，会更多地决定你的成功和幸福……

约翰·高特曼（John Gottman，美国心理学家。——译者注）

“感我所感”的流程如同呼吸一样自然，我们毕生其实一直都不知不觉地在实践它。关键之处在于，要对每一种感受都要一视同仁，不能有所偏爱。我们的情绪千差万别，对它们的知觉和接受同样大有裨益。不仅能够降低吸毒、患病、遭遇事故的概率，还会令我们拥有：

◎ 更多的能量

◎ 更高的明确感和注意力

◎ 更加清晰的界限

◎ 更犀利的洞察力，对直觉更好的感知

◎ 更好的决断力

◎ 对他人更多的同理心

简单来说，我们感受越多，我们的感觉越好！

觉察 vs 否认

“我才没有生气！”一位年轻的妈妈在商店里对她的孩子怒喝，完全不知道她的这种否认在他人听来是多么可笑。

这让我想起了否认这个英语单词（DENIAL）的首字母可以组成的一句话：居然没意识到我在撒谎（Don't Even Know I Am Lying）。

8
TO
GREAT

“接受”意味着你允许自己去体会此时此刻你所感受到的任何情绪。

埃克哈特·托利

我们从小接受的教育，都认为有一些情绪是“坏”的。在想要隐藏它们时，“否认”就是一个工具。大多数人从小就认为愤怒是有害的，我们应该以感到愤怒为耻。这也是我们要隐藏愤怒的原因。事实却是，隐藏愤怒所造成的后果，要比表达愤怒来得更加严重。

获得平衡

还记得多年前的一天，一位同事认为我之前提过的一个问题既幼稚又愚蠢，对我百般讽刺。这犹如给了我重重一击。我提醒自己，只有受伤者才会伤人，然后就去找了一个安静的地方静静体会自己的愤怒。回首过去，不难发现，我的老师也经常因为我问了一些无关紧要的问题而讥讽我。

一旦承认了自己悲伤和受伤的感觉，我也就能够与自己压抑了多年的愤怒相“联系”。我处理了自己的愤怒情绪（下面有详细叙述），最终也宽恕了过去，这会在“方法之六”一章中详加叙述。

我们有时候需要采取行动，以期重获情绪层面的自由。如果你感觉自己陷入某种心结之中，可以通过以下这些我最喜欢的方式重新与自己的感受取得联系：

1. 走出去，散散心

2. 说出来

3. 写出来

4. 晚上看电影，散散心

5. 在艺术与音乐的熏陶下散散心

1.“走出去，散散心”包括：

◎ 去体育馆健身。

◎ 打枕头（也可以高叫“太不爽了！”）。

◎ 往地上扔冰块。

◎ 跳舞。

◎ 擦地板，或者翻整花园。

◎ 打沙袋。

此方式可以包括任何可以让你深呼吸的项目。

2.“说出来”包括：

◎ 与配偶诉说。

◎ 与朋友在电话上或者当面诉说。

◎ 与咨询师或者牧师诉说。

◎ 与老师或者教练诉说。

◎ 与热线或者支持小组（support group）诉说。

（注意：我不推荐使用互联网交流强烈的情感。）

3.“写出来”包括：

◎ 写在日志上（网上日志或纸质笔记本）。

◎ 写在餐巾纸上。

◎ 写成短篇故事或者一首诗。

◎ 写成信，再烧掉。

◎ 重复写一个短语。

如果比较重视隐私，扔掉或者烧掉写的东西可以带来不小的安慰。

4.“晚上看电影，散散心”包括：

◎ 租电影碟片。

◎ 和朋友一起或者独自去电影院。

◎ 去看戏剧或者歌剧。

5.“在艺术与音乐的熏陶下散散心”包括：

◎ 去听音乐会。

◎ 播放一首歌。

◎ 创作一幅素描或油画。

◎ 制作一个雕塑。

◎ 听音乐。

◎ 参观艺术博物馆。

除了极度的恐惧和悲伤，
所有情绪都能在音乐中获得舒缓。

T. S. 艾略特（T. S. Eliot，美国／英国诗人、评论家、剧作家。——译者注）

不论你经历了什么，在“感觉”这方面你都并不孤独，因为情绪是所有人类都共享的统一语言。无论是通过找人聊天还是看一场电影，能和一位感受过同样经历的真人或者荧幕上的角色发生联系，总是让人倍觉安慰。

为什么我们不去体会自己所有的感受

关于人类内心呼唤的一个最深刻的真理，就是它经常寂静无声。多么奇怪，一个如此珍视沟通交流的种群，竟然要对他们强忍着的怨恨、秘而不宣的愿望、对实现更高目标的渴求默不作声。

约翰·W. 加德纳（John W. Gardner，美国教育工作者与政治家。——译者注）

生命初始的时刻，每一个人都在哭着叫着，尽情放肆自己的感受。然而，随着年龄的增长，却最终封闭了自己的情绪。归根结底，这一切只有一个罪魁祸首，那就是恐惧。其实恐惧不过是“看似真实的错误”而已，尤为耐人寻味的是，有些人是如此冷若冰霜，以至于对承认自身的恐惧而感到恐惧。

我们还有一种选择，那就是认识并接受自己的情绪。运用这一视角，从现在开始我们就可以为了拥有更加愉悦的感觉而作出新决断。

吝啬鬼

我们不去体会自己全部感受的一个原因，是因为我们过去曾经受到过伤害。查尔斯·狄更斯的小说《圣诞颂歌》（*A Christmas Carol*）中，吝啬鬼并非生来如此，他的小气源于自己对情绪的封闭。早年的吝啬鬼也会享受生活，与身边人和谐共处，直到未婚妻离他而去，一切都改变了。为了不让自己再经历撕心裂肺之苦，他决定完全封闭自己的情感。

我们所有人在某种程度上都是“吝啬”的，都因为这样或那样的痛苦关闭了自己的内心。可是，设若我们不去感受自己的悲伤和疯狂，也就没能力去感受自己的开心和愉悦。感谢上苍，不需要和魔鬼交换灵魂，人类还有其他重获开心、希望、友爱的方法！

情绪的迷思

很多人不去体会自己全部感受的一个原因，是因为我们对于情绪有很多错误的认知。有些人认为“女人不该愤怒”，有些人觉得“男人不该哭泣”。有些人从小接受的教育，就是“情绪化是失去理智的标志”，有些人相信“人们变得情绪化只是会操控他人了”。同时，有些人总期待他们的爱人能清楚地表达自己为什么有情绪，还有些人则觉得情绪可有可无，认为花费时间去感受并表达情绪完全是浪费时间。

> 如果我们不改变自己的痛苦，
> 就很可能将其传递给他人。
> 理查德·罗尔（Richard Rohr，美国作家。——译者注）

以上这些错误观点，我从自己的学生那里都曾有所耳闻。认识到这些谬误是“反学习”过程的重要一步，能为我们了解“人类如何感觉、为何感觉”的真相做好铺垫。

有天早晨，一位朋友给我打电话。她刚将自己的孩子送到别的州去念书。

“我打赌，你为这件事大哭了一场吧？”我问道。

“不，还真没有。去学校的路上，我九岁的儿子问我，‘你不会哭，对吧，妈妈’？之后我答应他自己不哭。”

我问她是否愿意打破承诺。作为回应，她开始了哭泣。

“真正的男人”也会哭泣

曾有同事问梅丽尔·斯特里普（Meryl Streep，美国著名女演员。——译者注），作为一个演员，她怎样做才能在片场拍戏时说哭就哭。梅丽尔反问道：“我又怎么可能哭不出来呢？”

不幸的是，电影中男性角色的眼泪却并不多见。这也引出了我们不去体会自己全部感受的另一个原因，那就是电影主角所带来的文化刻板印象。1995年的某好莱坞片场，克林特·伊斯特伍德和梅丽尔正在拍摄《廊桥遗梦》（*The Bridges of Madison County*），梅丽尔注意到，在一场感人的戏份中，伊斯特伍德的眼中泛出了泪花。根据现场记录，梅丽尔恳请伊斯特伍德使用这条戏，但还是遭到了拒绝。

8 TO GREAT

若你压抑情绪，
你感受自己真实欲望的能力也就麻木了。
约翰·加里（John Gary，美国歌手、音乐家。——译者注）

“我是不能哭的。”他说。

十年之后，时过境迁。观赏过奥斯卡获奖影片《百万美元宝贝》的人都知道，伊斯特伍德的角色在片中体会到了深刻的悲伤。该片制作人阿尔·鲁迪（Al Ruddy）在回忆拍摄该片高潮戏份的情景时说：

“每一个在片场的人都在哭泣。化妆师在哭泣。希拉里·斯万克在哭泣。克林特·伊斯特伍德居然也在哭泣。让人讶异不已。”

职场中的感受

一次研讨会之后，有位女士来找到我，失去控制地大哭。在她抽泣之间，我听明白了，原来近三年来她的工作已经调动了四次，而且最近她也没有如愿升职，因为有同事偷听到她在办公桌上哭泣，当即向公司报告说：“她无法有效抵抗压力。”听完她的哭诉，我赞扬了她的眼泪，敦促她做几个深呼吸，提醒她真正无法感受并处理压力的恰恰是那个打报告的同事。我们只有自身压抑过某种情绪，才会去阻止他人表达同样的情绪。

用药物治疗痛苦

20世纪80年代至90年代之间，“GQ”杂志的封面人物皆以其面无表情而著称。很多人不去体会其中的原因。其实，这源于我们文化，情绪总是“不酷的”。我们不想体会痛苦，也不愿意染上“过于情绪化”的污名，因此，甚至会动用药物来“抚平”自己的情绪。根据2003年《波士顿环球报》（*Boston Globe*）的一篇文章报道，自1989年起，十八岁以下青少年使用兴奋剂、抗抑郁类药物、抗精神病药物的人数增加了三倍——这是多么令人惊愕的数字啊！

我父亲刚去世的时候，母亲悲痛难耐，精神科医生给母亲开了强性抗抑郁药物，因为她“哭得太厉害”。母亲服用后抱怨说效果不佳时，医生就又将剂量加倍——而且是在没见到我母亲的情况下就开出了药方。

过去数十年间，美国人越来越依赖于药物，处方类药物的使用量亦因此飞速上升。当火警想起的时候，我们的第一反应绝不是去关掉警报，而是要尽快到达安全的地方，呼叫专业人士灭火——可是，我们的药箱里却满是只能“关掉警报”的药物。用药物麻痹自己，无异于忽略了我们的生理、心理或情绪失去平衡的警报信号。不懂得体会自己全部的感受，只是大把吞下药丸，必定会令你更多地去见医生、进药房。

8
TO
GREAT

所有成瘾行为，
其目的都是压抑或躲避人类自身的感受。
约翰·加里

父亲去世后母亲的痛苦，并不只是因为损失了亲人，也是为了过去错失的机会。我很高兴母亲不再为了止痛而服用药物，相反，她找了一位医生、一个支持小组，并且最终，又找到了能够与之分享生命的新爱情。

感我所感的成功案例

感受即是治愈。

艾迪·布坎南（Eddie Buchanan）

最近，一位心理学家在某次研讨会之后告诉我："上次听了你的演讲之后，我的生活发生了重大转变。我失去自己的宠物已有十二年了，之前我完全因为悲痛而浑浑噩噩、备受打击。终于，你的故事让我的旧伤痊愈。几年之前，我父亲在一次狩猎中失手打死了我的一条狗，父亲非常伤心，为了让他感觉好一点，我没有去哀悼自己心爱的小狗。我现在终于意识到，自己之所以如此伤心，是因为我同时在为两只狗而哀悼。"

秘密的誓言

我初遇比尔（Bill）和鲍丽缇（Paulette）时，他们已年逾六十。比尔参加了我在内布拉斯加州一座小镇开办的研讨会，当时他俩已经分开了。我和比尔喝了几杯咖啡，聊了一个小时。他从小由一位德国农民抚养，自己的感受没有被充分关注过。比尔的妈妈在他很小的时候就过世了，如他所说，"家里从那时起就变得很安静"。他甚至很多年都不允许自己哭泣。

"后来你总是跟鲍丽缇怒气冲冲，而她则为了你哭天抢地？"我问道。

"正是如此。"

"这种情况我见过多次。你们这种生活状态，就像是在婚礼誓言上加了一句：'若你终生悲伤，我必永感愤怒。'如果你已准备好去拥有更愉悦的感觉，就可通过'感我所感'来改变两人关系的动力。"接下来的几个月，比尔在我的教导下实践了全部"让内心强大的8个方法"，两人最后也终于复合。比尔在他六十八岁的生日那天给我写信，说他是如此喜悦，泪水都浸湿了自己的那块蛋糕。

七个新生

几年前，一家私立学校给我打电话，说他们手头有一件特别棘手的事，除了我之外没有其他人能够解决。该校七名新生全部课程都没有及格，学校实在不知如何是好。他们请求我去排忧解难。

不出我所料，全部七个都是男生，他们满载愤怒能量和梦想，却不知该如何处理。第一次会面的时候，我让他们用“知我所想”的技术去了解自己想要一个怎样的将来。不幸的是，当时我让他们大声地把自己的答案说出来（自那之后我才知道要使用笔记）。怒气让他们承认自己想要的就是豪车和“靓女”。最愤怒的那个小伙子说他就是想离开学校，成为一名轻型摩托车赛手。

第一次会面结束铃响的一刻，七个人都飞奔出教室。我当时也不知道该如何帮助他们，因为这几个人对于自身感受的恐惧实在太过强烈，梦想也因此而遥不可及。下课之后，查理（Charlie）——刚才那个想做轻型摩托车赛手的新生，走回教室，问我能不能抽出一分钟聊一聊。

“当然可以。”我答道。

“我刚才撒谎了，穆勒女士。你专程为我们来到这里，我不应该对您撒谎。我想要追求一些东西。非常想要，但是我没有在那些同学面前说出来的勇气。”

8
TO
GREAT

感受一旦来了就会走，从不滞留。

凯琳·史密斯（Kaylene Smith）

“什么愿望？”我问道。

“我想要进优等生荣誉榜，”他说道，双眼溢出了泪水，“但我害怕如果我大声说出来我就会开始哭泣。谢谢您听我倾诉这些”。

接下来的那个学期，查理的成绩从之前的全部不及格上升至全校荣誉榜。

医师开出的健康药方

研究表明，大多数心脏病都发生在周一早上的7：00至9：00，因为那个时候很多人都在赶往自己讨厌的工作的路上，满心怨言却不得发泄。当代医学界逐渐了解到：适度地宣泄情绪，允许自己体会全部的感觉，对痊愈来说是一个必要的过程。

8 TO GREAT

> 我教育孩子说，眼泪若是不流出来，就会让体内其他器官哭泣。如果我们将全部的痛苦憋在心底，就会生病。再之后，这些无名无姓的“悲伤”会转化为“愤怒”，“愤怒”则又会恶化成“暴怒”。
>
> 凯琳·毕查德（Michael Pitchard）

如果我们能够重获情绪上的自由，我们的身体也会“感觉”更好！在“让内心强大的8个方法”课堂上感受到自己的愤怒与悲伤之后，很多学员的偏头痛停止了，血压大为下降，他们自述睡眠质量也显著提升。

几年前，在给一组医师做演讲的时候，我请他们写下“他们的病人患病的真正原因”，再之后，请他们写下相应的“真正的治疗方法”。病人罹患疾病的“真正原因”：

◎ 愤怒与焦虑

◎ 抑郁与绝望

◎ 缺乏情绪稳定性

◎ 低自尊

◎ 无法有效应对压力；感觉事态失控

◎ 孤独

◎ 被压抑的孤独

◎ 不知道如何说“不”

让我吃惊的是，没有一位医师认为药物和手术是“真正的治疗方法”，相反，他们写的治疗方法包括：

◎ 教育

◎ 积极的态度

◎ 健康的人际关系

◎ 学习如何发怒

◎ 向他人倾诉自己的感受

◎ 找寻希望

◎ 果敢

拉蒙特（Lamonte）的理论

我初遇拉蒙特时他还在读大学，他给了我很多启发，我们也成为了好友。我主动提出要在我家办他的毕业派对，他说之前还从来没参加过有蛋糕、装饰之类的聚会。在这里，我想要和各位读者分享他的传奇故事，借以帮助大家睁开自己的双眼，去看待那被很多人视而不见的痛苦和强烈情绪。

8
TO
GREAT

当癌症病房的护士告诉我说，214病房的几个病人脾气特别差的时候。我回答说：“很好，那说明他们还能活得长点儿。”

伯尼·西格尔医生（Dr. Bernie Siegel）

20世纪90年代，我在芝加哥市一个比较艰苦的社区长大。上小学的时候，连饭都吃不饱。我妈妈连高中文凭都没有，自然也找不到体面、薪水高的工作。因此，她索性也不再为这个家东奔西走，反而是靠福利救济度日。

我们跟奶奶和叔叔们住在一个小屋子里。房子本来是按照两个人住设计的，现在却要塞进七个人。屋里噪声特别大。外边总有行人的喊叫和不绝于耳的警笛声，屋里的每个房间都放着电视。雪上加霜的是，奶奶还喜欢总是开着收音机，以便知道市里什么地方有犯罪活动，你猜都能猜到那玩意声音究竟有多大。

为了学习，有时我会乘公交车去巴诺书店（Barnes and Noble）。我很喜欢下雨天，因为我可以在雨中漫步。到处都一片寂静，所有人都在屋内避雨。

如前所说，我们一家人连饭都吃不饱。有时候别人问我，为什么年龄那么小的我不去寻求帮助呢。答案很简单。我上二年级的时候，老师有一次问我昨天有没有吃晚饭，我说没有，结果儿童福利中心的人就威胁说要来我家搜查并将我妈妈关进监狱。让我想想，是撒谎还是看着我的家人蹲牢房呢？这是一个很容易回答的问题。从那之后，我就很擅长编造自己吃得有多么饱的故事。

因为家里没有食物，我也就变得很善于寻找食物，或者找钱去买食物。我参加了唱诗班，因为他们每天早上都会发放面包圈和果汁。我参加了小提琴班，因为他们有免费咖啡。我会跟那些球技不好的人打篮球，一局赢个两角五分钱。那就能买到我第二天简陋的午餐了。

不过，我还需要另外的钱来买网球鞋之类的东西，还要照顾弟弟。四年级的时候，我想到一个新计划，我找到一些《体育画报》（*Sports Illustrated*）——那时候杂志上总会刊登很多公牛队和圣母高中队（Notre Dame High School）的故事——然后出租给同教室的同学们。一节课两角五分钱，租客阅读完毕后要将杂志归还。当时我们每天会上两次课，所以算下来收入还不错。

很快，加上新找到的几本过期刊物，我每天能租出10本杂志，每天两次。我也能有足够的钱去买袜子、内衣、牙膏之类的东西。后来我把所有杂志都卖了，得到了1美元。这笔生意帮了我不少。

到了七年级的时候，我的生活如一团乱麻，满心充斥着暴怒和抑郁。为了赚一美元，我什么事都做，有时候别人还没要求，我就给他们扫雪，赚点小费，或者扫树叶、遛狗……可是这些都只是杯水车薪而已。

我观察了一下周围的人，发现那些去上本地高中的孩子大多碌碌无为。所以，我决定去追寻宏大的梦想。我找到一本电话簿，然后给每一个私立学校打电话。

我跟任何人都通话，教练、心理老师、校长或者教务部长等。我妈说我在电话上浪费了太多时间，可我知道这是自己出头的唯一机会。这之后，我又开始给他们写信，在卡片上或者信纸上写。一有机会我就告诉别人自己的处境，希望申请到一个学位。

我决定请我的老师帮帮忙，因此我就去找七年级的老师。我告诉她说自己想要上大学，所以现在我想找个方法去上好高中。我还记得她嘲笑着我说："哦，这想法太可笑了，本地的高中也就不错了。"还好，我没让这种人打击到自己的士气。我的愤怒刺激着自己继续写信。

不幸的是，虽然通过写信建立了很多关系，我却没有找到获得学位的方法。最后，在我上八年级时的夏天，终于得到了参加圣母高中篮球夏令营的邀请。路途较远，去那里坐公交车要一个半小时。

8
TO
GREAT

心灵的本能无与伦比。

拜伦勋爵（Lord Byron，英国诗人。——译者注）

我知道自己必须要吸引到他们的注意，让他们知道我有能力成为"他们中的一员"。每天早晨，我都要穿上从百货店买来的西装领带，然后乘公交车坐一个半小时到训练地，走进更衣室，换上运动装，训练，然后再换回西装革履，乘公交车回家。

这的确吸引了他们的注意。夏令营的最后一天，教练走过来问我为什么每天都西装革履，我告诉了他原因何在。他让我等一下，然后径直走到校长办公室，想尽力说服校领导给我一个读书机会。

他回来的时候向我抱歉，说暂时还没什么进展，但他会继续努力。就这样过了一周。之后的一天早上6：15，我本要去社区学校上学，这时电话响了。“我们接到了一笔匿名捐款，可以资助你四年的学业。”我兴奋异常。两天之后，圣母高中开学首日，我作为一名新生被录取入校。

毕业时，我已收获了很多荣誉，还曾两次参加全州篮球冠军赛。我还拿到了去一所好大学的奖学金。可我还是要足智多谋一点才行，因为奖学金中并不包含吃饭和教材的费用。第一个学期，我穷得必须从饭费里挤出床上用品的费用。不过在那之后，情况就好转不少。

在我整个人生旅程中，“感我所感”一直是极其重要的一个因素。比如，《当幸福来敲门》这部电影于2007年上映时，我和几个哥们儿一起去看了。

整场电影我都处在一种极力控制自己的状态，我几乎彻底将电影的煽情部分屏蔽掉了，因为它完全让我想起自己曾经的生活。但是想到在自己的朋友面前哭流满面，我感觉那样做不妥。

所以，电影一结束，我开车回家，调了个头，又返回电影院重看了一遍——这一次，我尽情地随电影的情节或流泪或欢呼。只有允许自己的情绪释放，才能感受到电影中的激情与能量。

如今我已获得了金融学学位，从事着一份特别理想的工作。我现在的一个梦想就是把妈妈、奶奶、叔叔住的旧房子卖掉，买一幢更好的房子。生活由自己的双手缔造。我很高兴自己选择了一条康庄大路。

8 TO GREAT

我就是我。以天下之大，却无任何一人像我一样……
不论我在某一个特定的时刻看起来、听起来如何，不论我说什么、做什么或想什么、感受什么，这都是我。这是真实的而且代表了那个时刻我的状况。

维琴尼亚・萨提尔（Virginia Satir，家庭治疗大师。——译者注）

允许孩子去感受

当我的女儿要搬出去独住时，我和自己十一岁的儿子谈了一次心。我告诉他，当年轻人准备离家独立时，他们通常在每一件小事上都对父母充满了愤怒。

“为什么呢？”他问道。

“我猜想，是因为他们害怕，如果自己不发怒，就会开始哭泣吧！”我说。

这就将话题自然而然引到了“悲伤”。我告诉儿子，当我们失去了挚爱的某人或某物时，泪水是何等重要。

“妈妈，如果你死了，我可能会哭上一整个星期的。”

“哇哦！”

“或者可能哭得更多，”他又接着说，“但我流的也是快乐的泪水，因为你终于可以去天堂了，我很开心”。

他的这些话，当然，让我留下了欢欣的泪水，我们紧紧相拥。允许我们的孩子去感受——无论是愤怒还是悲伤，都能帮助我们治愈未来。现在就学习如何感我所感，则能治愈当下。

实践感我所感

日志能够写出你童年时的错误。

凯瑟琳 · L. 泰勒（Catherine L. Taylor）

写日志

我发现，将自己的感受写成日志，是迅速接受自己情绪的最佳途径。这种写作没有任何规则。唯一的指导就是你不要与他人分享这本日志，同时还要抑制住自己编辑这本日志的冲动。有什么想法，就写什么，不要去管什么拼写和语法正误。

曾有一位中年女士夸赞我的课程给了她“无与伦比的能量”。一周之后，我发现，她唯一做的一件事情其实就是写下自己的感受。

“哇哦！”我说：“如果你收获了这么多能量，一定是记了很多日志吧？”

“也不全是，”她答道：“这周三的时候我就只写了一个词，不爽！”

感受其实往往就在表层之下，耐心地等待我们的准许，走出来解放我们。

一步一个台阶

在杰瑞·希克斯与艾斯特·希克斯（Jerry and Ester Hicks）所著的大作《获所欲得》（*Ask and It Is Given*）一书中，列出了以下的感受列表。列表顶端的感受是我们能够掌控自身能量的感受；底端的则是我们感觉没有能量时的感受。换言之，这些感受是按照能量金字塔的高低顺序排列的。

喜悦、激励、感恩、爱

激情、急切的热情

乐观、希望

舒适

无聊

悲观

受挫、不耐烦

失望

怀疑

忧虑

责备、愤怒

仇恨、复仇、嫉妒

内疚、羞愧

恐惧、抑郁、绝望

我从这两位名师身上学到的东西不可胜数。关于情绪方面，我感觉最重要的两点感悟就是：

1. 愤怒并不处在情绪/能量名单的最底部；而是在底部以上的三分之一处。换言之，如果一个青少年处于愤怒状态，他并非是从喜悦和感恩的状态“下降而来”，而是从抑郁和绝望的状态“上升而来”。一个沮丧的年轻人，要比一个表达出愤怒的年轻人更要加以留意。

2. 我们不可能在这个情绪阶梯上一蹴而就。我们能做的，也是我们需要鼓励他人去做的，就是每次上升一到两个感觉（台阶）。比如，当我感觉抑郁时，将情绪转变到复仇就是一种积极且可行的策略，因为复仇在抑郁以上两个阶梯。同理，当我的思想能够从羞愧上升到愤怒时，我实际上已经在能量金字塔上前进了关键的一步，最终会收获强大的感觉，如喜悦、感恩和爱。

没有人可以永远保持在能量金字塔顶端的状态。每天、每周、每年我们都要经历情绪的波动。不过如上所述，拥抱并赞扬每一种情绪的独特之处，能够为我们织就一张充实生活的绚烂花毯。

生命如同是一间迎客厅。每天早晨都有新客人驾临。

也许是喜悦，也许是抑郁，也许是卑鄙，

也许是那些一纵即逝的情感，犹如神秘的嘉宾。

做好欢迎的准备，招待她们每个人吧！

鲁米（Rumi，波斯大诗人。——译者注）

Q&A

感我所感问与答

本章内容也许过于严肃，所以我想要从一些轻松的话题谈起。

我有一个朋友是丧事承办人，他说，别人最常问他的一个问题就是："你是不是常年心情郁闷啊？"

他总是这样回答："当然啦，我是挺郁闷。不过之后总有人会死掉，有生意做，我就振奋起来了！"

好吧，现在我们就看一下有关感受的一些绝妙好题。

问：我到底是在体会自己全部的感受，还是仅仅在博得他人的同情，如何区别？

答：过去我也曾经问过自己这个问题。我的哭泣究竟是为了引起他人注意，还是为了自身的宣泄？我个人检验这个问题的方法是，问自己想不想让别人看到我哭。如果我想被人看到自己的眼泪，那说明我只是为了得到他人的关注和同情。如果我不想被看到，或者根本不介意是否被人发现，我就更加确信自己是在为了宣泄而去感受，不存在其他难以言表的隐秘。

问：如何认识冷漠和懒惰？

答：这个问题很有趣。首先，有人对任何事情都关心吗？绝对没有，这是既不健康也不现实的表现。不过，如果有人说他对任何事情都不关心，那就是另一回事了。他们的惰怠背后，总有一些更深层次的真相。

若一个家庭、公司或者组织不在愤怒发生的过程中就对其予以处理，他们很快即将陷入冷漠的状态。如果青少年或者配偶互相有愤怒之情，却被那些不愿看到他们"情绪爆发"的人强行压制，他们最终无外乎两种结果：或者在在愤怒中爆发，或者在抑郁和无聊中沉湎。

至于懒惰，我非常反感有些人批评青少年"懒惰"。我就从来没遇

Q&A

见过懒惰的青少年。人们口中的“懒惰”青少年，无非是将目标定得过高，以至于放弃了自己能够实现理想的希望而已。他们不是动机不足，而是动机过高。

没人想做“沙发土豆”（成天躺着或坐在沙发上看电视的人。——译者注）。这些人不过是心怀宏伟志向，却无人教导他们应该如何去做。“让内心强大的8个方法”是将“沙发土豆”转变为精力充沛之人的完美方案。

问：和男友刚分手，我却想给他打电话。这是不是很傻？

答：不傻。我认为你实际的想法是：“我还对他有感情。我还有很多未完结的情绪。”在这种情境下，唯一不该做的事情就是停滞不前。就去给他打电话吧。生气吧，害怕自己孤独一人吧，想做什么就做什么——就是不要在悲伤中停滞不前。给他打电话，会让你知道两人余情未了，或者认识到两人之间的关系鸿沟有多深刻。曾有一位愤怒的女性，在给她前任男友打过一通不愉快的电话后，马上就在当日加入了两个单身者互助小组。感受到愤怒能量之后，通常才能有实际行动。姐妹们，加油吧！

问：我总是哭，这是怎么回事？

答：哭泣本身是健康的行为，但如果总是哭泣，就会感觉无助、无力。接下来的这一周，反复对自己说：“我负责自己的生活。”记下那些惹你生气的事物。释放你的愤怒能量。掌控自己的能量。如果你有自杀意图或者发现自己已经极度悲伤，马上让亲朋好友知道这一情况。

问：最近我有点像是被冻结了，不想去工作，也不想聊天，不想哭泣，也不想愤怒——就发愣就好。

Q&A

答：如果我们感觉自己被冻结，那是因为某个重要感觉即将要愈合。通常是对过去之事的愈合。如果你被冻结，那说明你已处于生存模式。通过旧感受进入新感受是最佳方式。写下“现在，我感觉自己已被冻结”之类的语句，然后，让笔尖带领你去寻找“这个状态的益处在于……”的地方。

问：我如何才能让女儿愤怒到结束自己那段有虐待倾向的关系？

答：做个深呼吸吧，因为接下来我教给你的技法可能要超出你的心理舒适区。你是在为了自己的女儿感到愤怒，因此也就剥夺了能够让她重新开始的愤怒能量。人活一世，都是既有阳光面，也有阴暗面。我猜想，当你和自己女儿聊天时，你一定满嘴都是那个男人的缺点，这就必然强迫着她为男朋友辩护。

下一次你们谈话的时候，关注一下她男朋友的阳光面。你可以说他身材很好，他很有礼貌，总是帮你开门，或者对某一领域异常了解。这样必然会给你女儿注入实际行动所需的愤怒能量——然后，其余的事情她就自然而然会处理好了。

问：如何在教育过程中鼓励健康的“情绪觉知”与“情绪表达”？

答：我儿子八岁的时候，因为家里某位亲戚的死亡而极度悲伤。有天早上，我开车送他上学，觉察到他情绪低落，就问他想不想在家休息一天。他拒绝了，心不在焉地给我个拥抱，然后缓慢地走进了蒙台梭利学校（Montessori School）。那天晚些时候，知道他的悲伤得到了应有的尊敬，我长舒了一口气。

据他老师讲，当天早上阅读时间，他主动要求坐到一个较为安静的角落。他将书放在膝盖上，啜泣了将近一小时。他的老师则时不时地给他递来纸巾，或者送他个拥抱。下午我接他的时候，这孩子笑着

Q&A

就上了车，还不时向我提问题。儿子的经历告诉我们，体会自己全部的感受，是完全可以接受的。

> 8 TO GREAT
>
> 若你过度压抑悲伤，它反而会变本加厉。
>
> 莫里哀（Moliere，著名戏剧家。——译者注）

问：我如何告诉别人自己离婚了？我讨厌他人在听到我离婚时候表现出来的尴尬和安慰。昨天我有个朋友甚至都为我哭了。

答：在我自己离婚的过程中，我就简单地告诉别人："我一直都想告诉你，我们俩离婚了。"

我不确定是否还有更柔和的表达方式。是的，人们会哭泣，但那眼泪是为他们自己而流，不是为了你。这就像你看到电影中的感人桥段的时候眼含泪花，原因是你想起了之前完全没有为之哭泣的某事一样。看完电影"ET"之后，我就足足哭了两个小时。记住，眼泪是好的。你没有令别人哭泣。你是在帮助他们哭泣。

问：为什么你只提到了愤怒和悲伤？其他那么多感觉呢？

答：这两种情绪是当今社会最应探讨也最应消灭的两种感受。它们并不比其他情绪更加重要或者更加不重要。愉快、恐惧、迷茫、得意——所有这些都是健康生活的有机组成部分。

问：我刚开始实践"让内心强大的8个方法"时，那是我一生中情绪最高涨的体验，但是现在我却总时不时地感觉自己并没有那么"向上"，我担心是不是什么地方做错了。为什么灰暗的日子会来临呢？

答：谢谢你提醒了我们：通向成功之路对于每一个人来说都是崎岖不平的。奥普拉从事电视领域已经数十年，但是在她的文章和访谈中，

• Q&A •

她却大方承认自己也会灰心丧气、暴跳如雷，有时候还要通过暴饮暴食来让自己舒服点儿。诸多电视节目脱口秀主持人和嘉宾在巴拉克·奥巴马（Barack Obama）当选总统时痛哭流涕。这种健康地表露情感的优良示例举不胜举。

比如说，你过了“忧虑”的一天——精神不振、悲伤、对未来毫无热情。首先，要意识到你的这些感受有很多原因。譬如，有一种叫作“周年悲伤”的现象，就是说一个人五岁的时候，他的小狗死了，虽然这之后他的大脑左半球不能回忆出具体日期，他的右半球却能牢牢记住这种哀伤感。所以每逢小狗的忌日，就会莫名感到悲伤。

还有一种可能，如果你是一个高度敏感的人，就很容易感染上他人的忧伤。我就是如此。有一次，我进入演讲会场的时候立刻就变得十分悲伤。演讲进行到一半（正在讲“感我所感”这个方法时），我发现，原来他们一年前已退休的领导，前一天刚暴毙身亡。

如果我们学会允许情绪的释放，而不是去评判或者分析情绪，那么其冲击力就会大幅减小，我们也可更加从容地对其进行体会。

问：你曾经在书里说愤怒是一种健康的情绪，我们应该允许自身对其进行体会。但同时你还说每一天都要心存感恩。这两者如何能够共存呢？

答：首先为了你这个很棒的问题，我要表达一下自己的感恩之情。因为这表明你将本书内容充分消化并进行了整合。有人的地方，就有江湖。无论你住在哪里，都要面对生活的压力。你可以将其视为一种诅咒，也可以意识到每一次困难都蕴藏着潜在的机会。

最近，我在高速公路上行驶的时候被一条河所阻拦。刚开始，我明显地感觉到了愤怒。之后，我才有生以来首次感受到身边那数以百

Q&A

计的安全、有礼行驶的车辆——这立刻让我倍觉感恩。起初对河流的愤怒被迁移到了后来的愉悦状态。为了这种觉醒，我同样感恩。

生活中我们所经历的情绪状态，可以看作一辆碰碰车。当车子撞上墙壁时——因为我们不喜欢的事物而愤怒时——反而能帮我们理清思路，将注意力集中在我们真心实意喜欢的事物上，进而借此扭转身心状态。人类所有的梦想都源于自身的欲望，而欲望又来源于逆境。话说回来，谁不喜欢去开开心心地玩场碰碰车呢？

世界上最优秀、最美好的事物无声无息、
无影无形，你必须用心感受方可体会。

海伦·凯勒

8 TO GREAT

【方法之五】

真诚沟通

送出最多真实，收获最多真实

HIGH-WAY 5

Honest Communication-Send and Receive the Highest Truth

真诚沟通

所谓幸福，就是你的所想、所说、所做三者和谐无间。

甘地（Gandhi，印度政府、社会、宗教领袖，人称“圣雄”。——译者注）

真诚沟通是卓越人生中的必要一环，然而在很多环境下，坦率而真诚的沟通却为整个社会体制所不容。

我们会跟孩子说：“别跟你爸爸说这事儿——这会让他伤心的。”

在学校，我们总听别人说：“得了吧，所有人都曾在考试时作弊的。”

研究表明：每十个人中就有一个人，曾有过酗酒或性虐待史，却被警告要保守秘密。

结果，隐藏真相成为了社会常态，人类也被囚禁在自己亲手织就的谎言之牢中。我们无法撒谎的，是自身对于平静的向往，而唯有真诚方可带来平静。当我在演讲中请听众补齐“如果我没有丝毫恐惧，我会……”这个句子时，无论男女老幼，最常出现的一个答案就是：“我会告诉别人自己真实的想法或感受。”

尽管风险重重，但真诚所带来的却是生命中最珍贵的礼物——既然如此，我们如何重建正直人格呢？好消息是，在经历了“勇于冒险”“完全负责”“感我所感”之后，你已经做好了迈向下一个“让内心强大的方法”的准备。

生命之河

不妨将生活给予人类的富饶想象成一条爱、慈悲、能量之河。如果我们对己对人都保持真诚，则河水愈加川流不息，水流愈加汹涌强劲，进而将我们更加快速地带往梦想终点。

8 TO GREAT

我对朋友愤怒：我说出自己的气愤，恼怒冰消雪融。

我对敌人愤怒：我闭口不言，恼怒与日俱增。

威廉姆·布莱克（William Blake，

英国浪漫主义画家、诗人兼雕刻家。——译者注）

每当我们撒谎的时候，我们就如同到达一条河流的分岔口，大部分河水已经注入另一支流。一个谎言，总需要另一个谎言去掩饰，流走的河水就是为了去形成那些谎言。每犯一次错误，前进的河水就愈加孱弱而缓慢。

我们可以进行选择。选择了真相，生命之流就愈加湍急，万事皆会极度顺遂。

冷战的终结

沟通这个词语有两层含义：共同与结合。如能真诚沟通，我们不仅可以和更高层次的自我相结合，也可以与身边人结合——即使是在与他人意见相左时。近代历史中有两位人物意见相左，不过却皆是杰出的沟通者，他们的名字是罗纳德·里根（Ronald Reagan）以及米哈伊尔·戈尔巴乔夫（Mikhail Gorbachev）。

玛格丽特·撒切尔（Margaret Thatcher）曾将里根总统称作“打败共产主义的男人”。很多历史学家认为，正是罗纳德·里根和苏联顶级领导人之间坦率而真诚的私人会谈，让“冷战”走向了终结。

值得一提的是，里根在追求和平的过程中并没有粉饰真相。恰恰相反，在与戈尔巴乔夫的私人会面中，他与对方开诚布公地进行对峙。1987年，里根不顾高级政治顾问的建议，在柏林墙前面演讲了以下语句：

“戈尔巴乔夫总书记，如果你寻求和平，如果你为苏联和东欧寻求繁荣，如果你寻求解放，请到这扇门这里来吧！戈尔巴乔夫先生，请打开这扇门吧！戈尔巴乔夫先生，拆除这道墙吧！”

同一年，两位领导人又同桌进行会谈，互称对方为“朋友”。几十年后，前第一夫人南希·里根（Nancy Reagan）回忆道：“他们坐下的那一刻起，就有一种联结。你能够感觉得到。他俩离开（谈判桌）后，会下楼到一个小地方，那里有炉火，两个人会待上一个小时。其他人都很担心，他到底在干什么？他到底做出了哪些妥协？但是，如今回顾起来，罗纳德所花费的那些时间非常、非常珍贵。”

8 TO GREAT

我们每个人都是天使，但只有一只翅膀。
只有拥抱彼此，才能展翅飞行。
卢西安诺·德·克雷申佐（Luciano de Crescenzo，
意大利作家和艺术家，前IBM工程师。——译者注）

这次大事件让里根获评为《时代》杂志的“年度人物”，亦令戈尔巴乔夫荣获诺贝尔和平奖。同时，两个也取得了个人的成功。里根卒于2004年，戈尔巴乔夫出席了葬礼，公开地在拥抱第一夫人时热泪长流。

“就人类品质而言，”戈尔巴乔夫事后对记者说：“他和我之间存在着交流，这帮助我们前行。罗纳德·里根的逝去让我难以释怀。”

这一章中，我们将“真诚沟通”定义为用完全负责和尊敬的方式说出真心所想，带着尊重与同情去聆听他人的所思所感。这一方法能给你自己的世界带来平和。

对自己真诚

真诚？这许多年来，我只知道让我心如刀绞的是他人对我的不真诚。“不幸”的是，“方法之三”告诉我，人必须要负担起完全的责任，时刻审视对自己是否足够真诚。从我多年以来的经验也可感觉到，一个人对自己愈加诚实，也就愈加能认识到对其他人的不真诚之处。

在我第一本书中，就曾提及我说过的善意的谎言，比如“哦，我和孩子们非常愿意在周五去你家吃晚餐。”（我的真实想法是：在你们家一边吃饭一边看电视？不了，谢谢！）

另一个实例就是认识到自己对于食物的选择。我曾参加过一个减肥项目，项目教练要求我要详细写下自己吃的全部食物。尽管我觉得这没有必要，但还是答应去做。在绘制了饮食图表之后，我马上就惊异于自己之前“忘记的”曾经吃过的那许多食物。接下来的六个月，我都用心记录，最终成功实现了自己的减肥目标——为了我的新腰围，我要感谢“真诚”。事实上，我还从没见过哪个人坚持记录自己吃过的东西却没能实现自己的减肥目标。

要对他人诚实，必须先对自己诚实。要做到这一点，有诸多途径。在“方法之四”中，我们讨论了对自己真诚相待过程中存在的最大阻碍——面对并允许自己的情绪——除此之外，还可以从以下途径入手：

◎ 平衡支票簿。

◎ 打开邮箱，整理工作和生活场所，面对各种压力。

◎ 承认自己已经“廉颇老矣”。

◎ 要认识到，我们将自己的工作档期排得满满的，只是为了避免面对那段我们不想再继续的感情。

◎ 用冷静的方式表达我们的观点，即使这意见可能不受欢迎。

◎ 承认我们需要他人的帮助。

一旦我们对自己的认识更加清晰，我们也就能够诚实地对待他人。

8
TO
GREAT

做你自己，说出自己的感受。因为那些对此介意的人，无关紧要；而对你来说重要之人，则根本不会介意。

苏斯博士（Dr. Seuss，美国儿童图书作家。——译者注）

诚实与爱

真诚与爱有什么关系呢？在进入家庭暴力庇护所之前，我可能会说："爱，是一种结合与喜欢，它会通过亲密的行为表现出来。"但是，在家庭暴力庇护所度过一段时间之后，我会将"爱"重新定义为："爱，就是我真实地对待你，同时鼓励你也同样真实地对待我。"我最喜欢的一位作家曾经对此问题有过如下论述：

爱，就是我引领你做回自己的过程。

圣·修伯里·安东尼（Antoine de Saint-Exupery，《小王子》作者。——译者注）

当我认识到爱不仅是去为了他人做事情时，我获得了解脱。我也开始意识到，自己之前为他人做的很多事情，其实都并不符合对方的最大利益，甚至根本就不是他们内心所愿。我的那些努力，实际上不过是为了操控他们，希望他们和自己产生联系。在与他人接触的过程中变得更加真诚之后，我的内心获得了更大的平静。

诚实乃智慧之书的第一章。

托马斯·杰佛逊（Thomas Jefferson，美国第三任总统。——译者注）

有一年的情人节，我给一群夫妻做演讲。我将他们按照性别分开，并分别提问以下问题："对于一段健康的婚姻生活来说，真诚沟通有多么重要？"

女性没超过三十秒就都回答："百分之百。"

男性们思考了三分钟，然后总结道："百分之九十四点五。"

男女之间的差异让我们哈哈大笑，不过有一件事却是明确的——所有人都将真诚沟通视作最高的价值观之一！那么，是什么让我们无法做到真诚沟通？更加真诚的生活又是什么样子呢？

本章的目标并非罗列出良好沟通的基本方法。相反，我们关注以下七个阻止我们做出友爱联结的原因，并分别给出对策及其流程：

流程之一：深度倾听的AVA（Acknowledge / Apologize + Validate + Ask）公式

流程之二：分享"完全负责"的感受

流程之三：学会说"不"

流程之四：主动索要自己想要的东西

流程之五：建设性批评 vs 破坏性批评

流程之六：结束间接沟通

流程之七：停止讽刺挖苦

以上任一流程皆能净化你的心灵，助你敞开心扉，迎接真诚所带来的能量和良好体验。

真诚沟通之流程：说出真实所想，敞开心扉倾听

真相和谎言去游泳。谎言先游完出门，并且穿上了真相的外衣。

这有什么好处？答案是每当有谎言走近你时，

说明不远处一定存在着一丝不挂的真相。

凯斯·布朗（Keith Brown）

学会倾听

在这浮躁的世间，总有无穷无尽的事物在争夺我们的注意资源。不论是电视里的聒噪、同时说话的三个人还是手机接到的各种短信，都需要你尽心竭力，拒绝马耳东风，从简单地“听”上升到真正地“倾听”。不仅如此，事实上，人类聆听的时间是说话时间的三倍，因此，学会倾听对于成功的沟通来说很显然是必不可少的。

多年以来的培训经历，让我接触到了种种处于不同愤怒状态的男男女女。对他们的情绪状态进行分析总结后，我逐渐认识到这地球上引爆全部愤怒的主要原因就是觉得自己不受尊重。既然明确了这个道理，接下来一个重要问题就是，我们能为其他人所做的最可表示尊敬的事情是什么？答案就是“倾听”。不论引发愤怒的最初原因是什么，用心聆听都是治疗心灵伤口的良药。

8 TO GREAT

只要你花费足够的时间去聆听，就会发现，说话人最终总是能自己提出一项完备的解决方案。

玛丽·凯·艾什（Mary Kay Ash，美国玫琳凯化妆品公司的创始人和荣誉董事长。——译者注）

那么，什么样的聆听具有这种治愈效果呢？答案是：敞开心扉的关注——对说话人的思想和感受予以倾听和尊重。一般而言，当别人谈论好消息或者

谈论我们自己时，大多数人都是不错的倾听者；可是一旦别人开始叙说痛苦的感情经历，我们作为听者就倾向于想要去帮助对方解决问题，说服对方要开心一点。我经常使用拉尔夫·拉夫顿（Ralph Roughton）的一首诗来阐述究竟什么才是敞开心扉地倾听：

请你倾听

当我让你听我说话时，你却开始给我提出各种建议，
你所做的并非是我所请求的。
当我让你听我说话时，你开始开导我不应该那样去想问题，
你实际上是在践踏我的感受。
当我让你听我说话时，你感觉自己必须为我的难题提出一些解决之道，
你这样做其实反而让我失望了，
虽然这听起来感觉非常奇怪。
听着！我全部的请求不过就是请你听我说话。
不要说什么，不要做什么——只是听我说话就好。
提建议谁人都会；我可以自己做；我并非孤立无助。
也许我感到低落和犹豫，但我并不孤立无助。
如果你为我做的事是我自己能做也应该去做之事，
你就实际上加深了我的恐惧和软弱。
不论多么不理智，我的感受就是我的感受。
只要你接受了这个简单的事实，我就不会再去努力说服你，
我也能够逐渐意识到那些不理智感受背后的原因。
而当这一切明朗之时，答案已清晰可见，我亦不需要建议了。
明白了背后原因，不理智感受也就一目了然了。
所以，请你倾听，只要听我说话就好。
如果你有话要说，请等一会儿，轮到你说话时——
我会用心倾听你的声音。

从这首诗中可以看出，我们本身就具备将“不理智”的感受抛弃的能力。原因在于，当人类遭遇强烈的感受时，我们的大脑有时候会将事实夸大以提升情绪，只要有人用心倾听，我们就可以清晰地认识并理清自己的强烈情绪。

辩护性倾听 vs 深度倾听

跟家长和孩子对话时，我问：“发生什么事了？”

家长回答：“孩子什么都不说！”

孩子反击：“爸妈根本什么都不听！”

8 TO GREAT

> 站起来说话需要勇气；坐下去倾听同样需要勇气。
>
> 温斯顿·丘吉尔

同样的对话在我跟夫妻双方同时对话时也经常发生。其实，只有在对方真正去倾听的情况下，人们才会开口说出内心真实的想法。

作为倾听者，最容易犯也最具破坏性的一个错误，就是在对话中防御性过强。不妨回想一下你曾经辩护性过强的对话，最后问题得到解决了吗？当然没有。根源在于你根本没有听到其他人究竟在说什么。你也许听到了他们的语句，但却没有听到对方迫切需要你倾听的那一部分——他们的感受。

流程之一：深度倾听的AVA公式

我们将“真诚沟通”的初始阶段称为深度倾听。引导我学会倾听的导师是研究人际关系问题的权威哈维尔·亨德里克斯（Harville Hendrix），他的诸多著作深具启发性，如《得到需要的爱》（*Getting the Love You Want*）和《保持拥有的爱》（*Keeping the Love You Have*）。读者如果使用以下介绍的AVA公式，即可显著改善各种人际关系。

何时使用AVA公式

在争吵中，反驳他人的指责总是毫无益处的。如果说他人的怒气已经达到了可能产生危险、威胁人身安全的程度，最佳的选项就是转移到安全的场所，直到对方怒气已消。但是，如果对话中只是充斥着一些愤怒的语句，那么AVA公式就可以派上用场了。

如果你的对话者使用了以下三个愤怒短语之一，你就需要使用AVA公式了，它们是："你总是……""你从不……""你怎么是这样一个……"记住，愤怒不是针对你——你只是引发火灾的那根"火柴"而已。AVA公式的具体含义包括：

A. 承认（Acknowledge，首字母A——译者注）对方的感受，适当情况下，道歉（Apologize，首字母A——译者注）。

对于那些总是说"你总是……""你从不……"的人，不妨鼓励他们说下去，即使这可能会让你心情受到影响，也不要去纠正对方口中所说的"事实"（通常是夸大的），让他知道你在倾听他的感受。可以使用以下短语，"嗯哼"，"然后呢？"，"还有吗？"，或者"能看出来你挺不高兴的"，来表示你的尊重。要承认自己之前所做的一些事情以后应该努力改正。也可以适当道歉，这对改善人际关系可能会有所帮助。

在这个阶段要避免使用的一个短语是"你这么想，我很遗憾。"这实际上是在暗指一个正常人不会那样去想问题，或者是在判定他们这种情绪反应无异于扬汤止沸。对方会感觉自己没有受到尊重，进而引发出更多的愤怒能量。时刻提醒自己，不论是家长、同事、老板、客户还是晚辈，愤怒的人最终不过是在寻求一种确认和尊重。如果他们能够感觉到你在真诚地接纳他们所分享的东西，他们会冷静下来，而且通常是立即发生的。

8 TO GREAT

我们愤怒的真正原因，自身永远体会不到。

《神迹的课程》（*A Course in Miracles*）

V. 确认（Validate，首字母V——译者注）对方的感受。

在承认对方的感受之后，你可以这样说："现在，你有这样的感受的确是有道理的。"去安慰受伤的人，令其镇定下来。我们难道没权利去拥有自己的感受吗？尽管有些情绪听起来不符合逻辑而且歪曲了事实，也不妨让其仅在此刻尽情流淌。记住，别人只是希望我们去倾听他们的感受。

A. 询问（Ask，首字母A——译者注）以下这个价值百万美元的问题："这有没有让你想起别的人或事？"

这最后一个阶段可以帮助对方接触到自己的感受——也许是那些在他们"狂怒之碗"中栖息了多年的感受。愤怒者可以触碰到自己的愤怒之根，并克服它。

"你从不……"

凯尔希（Kelsey）是我的培训顾客，她正在和凯尔（Kyle）约会，她发现凯尔有两种特质：其一，他不喜欢凯尔希在他吃饭的时候离桌；其二，他吃饭很慢，至少相对于凯尔希来说是这样的。

> 8 TO GREAT
>
> 防守乃是战争之书的第一章。
>
> 玛丽安娜·威廉姆森

有个星期二的下午，凯尔打电话说自己那天下班早，是否可以一起吃晚饭。凯尔希高兴地回复道："今晚我要开一个会，不过下午四点半时间正好！"他们选的餐厅离凯尔工作的地方和凯尔希开会的地址都很近。

坐下之后，两个人就开始聊天，丝毫没有注意到服务员没过来点菜，就这样过了二十分钟。点菜过后，他们又开始开开心心地聊，没注意到菜上齐的时候已经用了半个小时。六点十分的时候，凯尔希自己已经吃完了，可是凯尔却没有。六点二十分时，凯尔希迫不得已对凯尔说自己必须先离开。

“非常抱歉，我得去开会了——”

“我原以为你的会是晚上七点开呢！我还没吃完啊！”

“我忘了告诉你是六点半了，而且我还需要在会上做一个非常重要的报告。真对不起。今晚给我打电话吧，我们再聊，好吗？”

凯尔不做声，凯尔希就出了门。

AVA电话通话

当天晚上，凯尔希知道凯尔肯定情绪低落。她思前想后，觉得凯尔的愤怒并不是专门针对自己的。她要亲身使用AVA流程，专心聆听。恰巧电话响了，正是凯尔，她非常开心。

“我真不敢相信今天你会这样对我。”凯尔说道。

她“承认”了他的感受，说道：“我能感觉到你非常失望。跟我说说吧！”

“好吧。每次我们在一起的时候，不论是在外面吃饭还是在你家里吃饭，你总是这样。你就不能在饭桌上等着我吃完吗，这也太可笑了！”

“我听到了，接着说吧。”

他的确接着说了。接下来的五分钟里，她听到凯尔说了很多“每次……”“总是……”“从不……”这样的句子，她知道，自己不过是引燃怒火的火柴。

最后，她问道：“还有别的要说吗？”他回答说：“没了。”

现在该转移到第二步了：确认。

“我让你伤心了，我很抱歉，凯尔。你这样的感觉完全是有道理的。”她说道。而且她是真心说这些话的。

很快，谈话的基调就变了。他用柔和的声音感谢她的倾听。凯尔希决定前进到本流程的第三步也是最后一步。

她对凯尔说：“我只是感到好奇。这有没有可能让你想到别的人或事呢？”

8
TO
GREAT

我们的目的不是要变成对方那样的人。而是要去认识对方究竟是什么样的人，并予以尊重。

赫曼·海斯（Hermann Hesse，德国文学家及哲学家。——译者注）

“当然有了！”接下来的五分多钟里，他说自己小的时候经常被惩罚一个人吃饭，不得不眼睁睁地看着自己的哥哥们出去打球，自己却只能坐在那里。“这些我应该早释怀了，但我却没有。”

凯尔希谢谢他分享了这些心路历程，承诺自己以后会对此更加留意。接下来的几次约会，凯尔能清楚地感觉得到，凯尔希的确发生了不小的变化——她总是非常努力地陪伴凯尔一起把饭吃完。而且，一个月之后的一天，她虽然吃完饭就先走了，凯尔也完全没有在意。她的深度倾听，已经耗尽了凯尔“狂怒之碗”里的火油。

倾听藏在心底的感受

谢莉和唐来我这做咨询之前，两个人已经找过很多形形色色的咨询师，但却都没什么效果。他们俩在生活中一直都闷闷不乐，几乎不做任何交流，原因在于他们虽然嘴里在说话，但却没有人用心在倾听对方。以下就是他们之间比较典型的一段对话：

“亲爱的，我有个好消息要告诉你。你出去钓鱼的这几天，我把家里的旧东西都卖掉了，包括你的旧渔具。”

“你干了什么？”

“我把你那个满是锈迹的渔具卖了，卖了75美元呢！”

“你干了什么！”

“你不是说你喜欢新渔具吗，那可是我送你的生日礼物啊。你难道当时说假话？”

谢莉实际上是在做交谈中的“辩护性舞蹈”，用一个又一个的事实去支持自己头脑中的观点，但是唐根本就不在乎这些冷冰冰的事实。他的心里因为失去了能够引起旧日回忆的物品而难过。因此，当他夺门而出，怒喝着“你根本就没有在听！你从不听我说话！”的时候，他实际上指的是谢莉没有倾听到他的感受。

我教给谢莉如何应对唐强烈情绪的方法。她学会了用“继续说，我在听”这样的语句承认唐的感受；然后，她会说：“我能看出来这件事让你很生气。我非常抱歉。我不知道这件东西对你来说如此重要。”很快，他们之间的争吵就销声匿迹了。

移植的愤怒

我们能给他人的最伟大的礼物，就是允许对方说出自己的感受。有一对已经结婚十年的夫妻，在丈夫母亲去世的第二年，突然承受了情感上的冲击。丈夫开始对他母亲的酗酒感到愤怒——而酗酒本身是他自己也忍受了三十年之久的一件癖好。起初，他将这股怒火直指向了他的妻子。

妻子于是来找我咨询，对于丈夫将对母亲的愤怒转移到自己身上的做法感到非常愤怒。随着我们之间的交谈，她逐渐意识到任何愤怒都是对早期伤害表达的第一步。因此，她允许丈夫宣泄自己的愤怒，并按照“让内心强大的8个方法”的方法与丈夫交流，有效解决了他内心深处的诉求。

我们并不懂

我对那个妻子说，不要总认为“我懂了”。其实，我们并不懂，因为每个人的经历都是独一无二的。这让她逐渐意识到，“我懂了”这个短语实际上是对他人不尊重的，我们共同想出了其他一些更合适的语句：

“你很生气。”

“我能看出来你很生气。”

"我本意并不是想惹你生气。"

"你的愤怒确实完全有道理。"

"接着说，再跟我多说一点。"

"谢谢你告诉我这些事情对你的影响。这对我来说相当有好处。"

"我关心你，也关心你的感受。谢谢你跟我分享它们。"

每当别人使用愤怒短语时，都要将其视作打开他们心扉的一把钥匙。你有能力帮助他们治愈内心深处的创伤。这也是遍布全国、数以百万计的"十二步骤小组"成员每周所做之事。他们会完全直白却充满尊敬地向聆听者说出自己的故事。结果，很多成员多年的执着和心结得以烟消雾散。用我们的心去聆听吧，它具有无可替代的强大力量！

8
TO
GREAT

我们最需要朋友所具备的一个先决条件，就是愿意聆听的双耳。

玛雅·安杰卢

流程之二：分享"完全负责"的感受

在我们感到愤怒或受到伤害时，责备与抱怨是最常见的，也是最具破坏性的。与之相反，在这种情况下，我们应该学会"完全负责"，方式则是与他人沟通交流我们强烈的情绪。以下哪些语句是你最常说的：

A."你太让我生气了。"

B."我是真得生气了。"

C."现在我感到很生气，而且感到很受伤。"

D."现在，有些事引发了我心中大量的愤怒和悲伤。我想要和你谈谈。"

请注意，在上述选项中，责任感和主体性是逐渐增强的。

A选项没有承担任何责任，而且尽力地将自己所感责备到他人头上。这种受害者思想处于能量金字塔“5”的位置上，会让人陷入苦痛悲惨而不可自拔。

B选项虽然有所进步，但却告诉我们的大脑，我们就是自身所感。这种对自我概念的限制让我们无法退后一步，客观地看待自己的情绪，也意味着我们会被情绪所吞没殆尽。

C选项的进步体现在两个方面。首先，它从“我与感受是一体的”上升到了“我感到……”这为我们争取到一段距离，可以更加清楚地认识并接受自己的感受。其次，我们承认自己同时感到愤怒和悲伤，这有助于让我们冷静。（记住，悲伤会释放过度的愤怒能量。）

D选项是最具能量的交流方式。它承认我们不确定自己的情绪诱因在哪里，是“完全负责”的。它请求聆听者厘清问题原因，而不是去指责对方欺骗了自己，也因此将倾听者一味为自己辩护的可能性降至最低。

对绝大多数人来说，完全负责地交流并非天然存在的，它是一种我们需要去学习并练习的技能——由此我们与他人的争吵会变得更少、更短，这的确物有所值。

流程之三：学会说“不”

你有没有注意到，那些最健康、最幸福的人非常善于说“不”？他们通常会说：“不，我就不那样做了，但还是谢谢你的邀请”之类的话。现在，你自己试一下，大声说出这句话。难道你不喜欢这感觉吗？有时候，谈话之所以冗长，是因为你没有给自己的答案提供一个解释，而说出“不”则是结束这些啰嗦的利器。不过，如果你确实给出了解释，又可能会爆发关于这个解释的争吵。

8 TO GREAT

你们的话，是，就说“是”；不是，就说“不是”；若再多说，就是出于那恶者。

《马太福音》，第五章第73节

学会说“不”，会让一个人能量满满。但对很多人来说，这却是非常陌生的一种行为，需要做一些“热身运动”才敢说出口。如果你没做好直白地说出“不！不！”的准备，以下是一些其他备选项：

“将来我会再做考虑，但是目前，就算了吧。”

“之后再问我吧。我需要考虑一下。”

“我没办法去。那天晚上我会很忙。”（其实是忙于读书或者泡澡！）

对初学者而言，还可以说：“哎呀！我必须得走了（那是因为你不想满足对方的要求）。这个我们之后再聊吧！”这句话所争取到的时间，可以让你积攒勇气，表达自己对所谈之事并不感兴趣。

面对这个事实吧。与让其他人短暂的不舒服和失望相比，你勉强说出口的“是”要花费更高的代价。将“不”作为你的朋友，身边自然会围满“是”，包括那句最重要的话：“是的，我尊重我自己。”

同时，如果有人向你提出一些不请自来的建议，你可以用以下的语句划清界限：“谢谢你为我的事情费心。如果我采取你这个建议的话，我会再跟你谈的。”

8 TO GREAT

让人们理解以下这一点很难：我们虽然不同意他们的观点，但我们并不反对他们；我们赞成某事，但并不意味着我们同时反对其他事。

亚伯拉罕–希克斯夫妇

流程之四：主动索要自己想要之事

接下来，我将分享一个实现自己梦想的有效技巧。但是，我的学生里却只有百分之十的人愿意使用此技巧。这是为什么呢？很多人给出了自己的理由，“这太标新立异了”，“这太冒险了”或者“我怕自己做得不对。”事实却是，在那百分之十使用此技巧的学生中，百分之九十五都说它效果奇佳。

事先措施：你有几分钟的时间吗？

在当今这个快节奏的社会中，事先准备是必不可少的。我每次跟人打电话的时候，都会先问这句话，因为我实在不知道电话那头的人在忙什么。邀请别人和你坐下来一分钟，或者去散个步，表示出你需要他们完全不分心的关注。

第一步："当__________（描述一个时间点，或一个地点）……"

通常，对话开始时是这样的："当我昨天没收到你电话的时候"或者"当你刚才打断我的时候"。记住，要确保自己尽可能地冷静。另外非常重要的一点是，不要说那些"你总是……"或者"你从不……"之类的语句，也不要讽刺挖苦。还有，不要重提过去两天内让你生气的某件事，这会让自己的表达偏离主题。

第二步："我感觉（有一点）……"

人生气的时候，特别愿意说的语句都是类似于"我觉得你就是……"或者"我认为……"的话，但这两句话都不是对感受的客观叙述，而是一种主观评判。如果你想要别人保持倾听，一定不要说类似的话。在描述自己感觉的时候，加上"有一点"这个短语，可以避免你的主观臆断。比如，若你说"我感觉你犯了一个天大的错误。"事实上是你认为他们犯了错误。你应该说："对于你的决定，我感觉有一点担心。"这样，听者的耳朵和心扉才更可能一直向你敞开。

第三步："因为……"

在这一步中，你要解释清楚自己对当前情况的感知。要记住，这只是你个人的感知。最佳选项，就是要使用以下语句，如"因为目前的情况看起来……"或者"因为从我的角度来看情况是这样的"。这也能提醒你自己（以及听者），你只是在核实情况，而不是做最后评判。

8 TO GREAT

若你不争取，就注定不会有结果。

甘地

第四步："因此……"

这第四步并不总是必需的。不过，有时候我们一定要说清楚自己所认为的最佳对策。一位新婚的妻子也许会说："因此，如果你能多关注一下我做的饭菜，哪些是你喜欢的，会大大增强我的自信心。"一位家长也许会说："因此，如果你要明天晚上去看比赛的话，今天就要把所有的零活和作业做完。"

最后，要以此来结束一段对话："谢谢你的倾听。"

流程之五：建设性批评 vs 破坏性批评

批评分为两种：一种是尊敬他人的，另一种则非常缺少尊敬性；一种是建设性的，另一种则是破坏性的。

建设性批评针对的是行为；

破坏性批评针对的是人格。

破坏性批评总是不尊敬他人的。当你狂怒地喊出"你总是……""你从不……"或者"你这个人怎么……"之类的话时，这些语句永远不能准确地描述那些你所申斥之人——当别人对你说出这种话时，也同样不能准确代表你。

相对而言，建设性批评则是美妙无比的。在完成为期三个月的"十二步骤小组"之后，一位年轻的母亲会经常询问自己的儿女："有没有哪些方面是妈妈以后可以改进的呢？"孩子们通常的答案都是："没有了。"不过，她生日晚宴那天，儿女们团团围坐在桌边分享自己对母亲的感恩之情。她又提出了这个问题，六岁的女儿脱口而出："妈妈，我不太喜欢的一点是你睡觉太多了。"

女人的丈夫努力示意想让小女儿闭嘴，再说点好听的话。但是这位母亲却令人吃惊得说道："孩子说的很对。"

回味着女儿真诚的话语，母亲的眼泪顺着脸颊留下。她承认，自己确实经常通过睡觉来逃避生活中的各种责任。事后再次回溯这段经历，年轻的母亲认为，那次母女对话是她改变过程中极其重要的转折点。

对于那些在生活中赠予我建设性批评的人，我永远心存感激。这样的恩人可谓凤毛麟角，其中之一是辛迪·奥斯特洛夫（Cindy Osterloh）——附近社区一所中学的校长，是她帮助我完成了本书。我曾经在她的学校教授"让内心强大的8个方法"课程，我永远难忘当时她曾给我的一封电子邮件：

穆勒：

我有件事要和你谈一谈。昨天你在电话中对我说："你需要向市长或者相关负责人介绍一下周五集会的情况。"对我而言，你不如说"你的意见如何？"或者"你认为这样做是否合理？"昨天，我感觉自己的所作所为全凭命令。的确，在这个项目中你是专家。不过，我的优势则在于非常了解这个镇子里的人。谢谢你的倾听。

辛迪

我回复的邮件是：

辛迪：

谢谢你的坦率。我要道歉。以后如果我再讲出你介意的那些话时，请你提醒我。你对我的真诚也许是我们认识以来，你所赠予的最佳礼物。对于你能说出内心真实所想的勇气，我感到很幸福。

穆勒

她的建设性批评非常清晰，而且并不令人羞愧。她只是告诉我有哪些地方做得不对，而不是说我是错的。同时，她告诉我如何处理事情效果会更好。最后，她指出我的做法"对她而言"效果不佳，为她自己的感受完全地负了责。从这个角度讲，她是一位沟通大师。

流程之六：结束间接沟通

间接沟通（XYZ）沟通的破坏性有多大？我曾亲眼看过它摧毁了婚姻、家庭亲情、教会合唱团、生意伙伴，甚至是整座小镇！如果你曾深陷XYZ游戏，那么，你也就在不知不觉中成为了间接沟通之中的一位选手。好消息是，即使你已迫不得已地成为了一名选手，你也仍然具有退出的权利，而且在你退出之后，这游戏也就如大厦将倾、摇摇欲坠了。

在间接沟通（或称流言蜚语，或者三角交流）中，最大的误区就在于究竟谁是罪魁祸首。X对Z有意见，就去找Y诉说自己的抱怨，然后Y找到Z，说了X的想法。在这种情况下，大家都会觉得最大的麻烦制造者是Y，因为她会全力说服Z，证明X才是纷争的来源。不要相信这一套谬论。

如何避免XYZ游戏

当你发现自身处于XYZ情况之时，可以使用一些简便方法及时退出。根据你所扮演的角色不同，方法也会有所差异。

1. 如果你是X，直接去和Z沟通。可以使用“当你……”“我感到有一点……”“因为……”和“因此……”这些技巧，跟Z分享你的感受，而非你的评判。很有可能Z要比你想象的要更加坦率。

2. 如果你是Y，X来找你责备和抱怨Z所做的事，直接就告诉X：“你需要去和Z说这些话。”如果X反对，你可以说：“不，我是认真的。你的观点很有道理，我敢保证Z听了你的考虑之后对他也有好处。”当你向X清楚表明控球权掌握在他自己手中时，他就不再会向你抱怨此事了。

3. 如果你是Z，Y走过来告诉你：“你知道X都说你什么了吗？”我微笑地说：“谢谢你的提醒，不过如果X真的对这件事有意见的话，我知道她会来亲自跟我说的”或者“X跟你说这些话的时候，也许是因为她恰巧心情不好吧。我感谢你的这种顾虑，但是以后不需要再想我转达X的想法了。”

这之后我个人还愿意再加上一句话：“顺便一提，你也同意X的观点吗？”

因为，Y从来不会转达自己并不同意的消息。事实上，每次Y向你转达X对你的意见时，通常来讲都是Y自己的意见。一般而言，X只是宣泄出心中所想，第二天就忘了，Y则要比X还要热心得多。不要对Y的行为给予任何鼓励，否则他只会愈演愈烈。

8 TO GREAT

真理尚未出门，谎言已传千里。

温斯顿·丘吉尔

总而言之：如果你是X，直接去找Z，说明“当你……我感觉……”如果你是Y，鼓励Z去找X；如果你是Z，问Y：“你也同意吗？”然后你会发现Y会跳着舞，借机出门。

最后说一句：如果你是Z，不要感觉悲伤。我发现，在生活中，或者是你谈论别人，因为别人的生活更加有趣；或者是别人谈论你，因为你的生活更加有趣。如果是后者的话，难道你不高兴吗？

流程之七：停止讽刺挖苦

讽刺挖苦：为了伤害或贬低他人而说出的尖酸刻薄之语。这样的人通常认为自己是“机智诙谐”之人，然而它实际上却极端令人厌恶，会对人际关系造成永久性的伤害。

最开始遇到讽刺挖苦之时，我发现这些人能够用伶牙俐齿巧妙地攻击他人，通常还会加上嘲笑或者为对方的“愚蠢”而无可奈何地摇头，一度让我误以为他们很机智，也很聪明。随着时间的推移，我才认识到，讽刺挖苦不过是那些内心满怀恐惧的个体，不计任何代价地为了争取他人注意而使出的绝望招数。

讽刺挖苦的示例：

“对，你当时没那么说，一定是我幻听了。”

“哦，我是不是又触及你那小之又小的心灵啦？”

根据理查德·L. 威廉姆斯博士（Richard L. Williams）所言：“一个经常使用讽刺挖苦之人不过是一个言语暴力者。这群乐于讽刺的施暴者，使用言语而非身体暴力迫使他人屈服于自己。”

很可惜，使用讽刺挖苦之人打的注定是一场败仗。他们想通过自己的小聪明争取更多能量，殊不知讽刺挖苦只会消耗能量。他们想通过言语上的讥讽，把其他人踩在脚下，以显得自己在社会地位上“高人一等”。却不知作为行凶之人，他们最终必会失去身边人的羡慕和信任，同时也会损伤自身的尊严。

讽刺挖苦的“笑柄”们同样输掉了战争。面对嘲讽，如果不做反击，事后又后悔不止，会让他们感觉自己低人一等。被讥刺后，他们总是先感觉无助，然后感觉愤怒。最终，他们远离了那些行凶之人，让施暴者更加前所未有得孤单、孤独、恐惧。

和讽刺挖苦之人在一起，就如同是努力逃出战争区域。你永远不知道狙击手什么时候会从草丛中探出头来，朝你的方向开上一枪。也许，他们的目的，就是想让你愤怒地回应，让游戏继续下去。须知，人类有时候宁愿不招人喜爱，也不愿意被人视而不见。

如何停止讽刺挖苦

如果有人讽刺挖苦你，你可以将其制止。首先，要观察讽刺挖苦的形式和时间，及其让你产生的内心感受。在你清晰地掌握了对方两个讽刺挖苦的例子之后，就在两个人都特别冷静的时候坐下来聊一聊。然后使用本章已述及的“当你……我感到……”流程。

比如：

“你有几分钟的时间吗？”

“几分钟之前，当我说话的时候，你打断了我，说‘难道你现在就不能去烦别人吗？’，这让我感觉非常不舒服，因为它听起来非常刺耳，你就想一个人待一会儿。因此，我希望咱们俩之后交流的时候，你可不可以不要再用讽刺挖苦我的方式说话了。”

如果你是一个愿意使用讽刺挖苦的人，首先，要意识到自己存在乐于评判他人的倾向。譬如，你谈论他人的无能或者无才的频率是多少？在你看清了自己的所作所为之后，审视一下自己内心的感受。评判他人表面上看起来是一种自大，实际上通常都根植于低自尊。只要肯花费时间并且有足够的耐心，每一个人都可以学会如何重新爱上自己。

在重建对自身的信念的过程中，可以寻找一位咨询师、朋友或者支持者一同工作。表面上看起来无所不知的你，其实内心深处尽是不安全感，要有足够的谦虚才能承认这一点。但是，不论抛弃讽刺和评判的过程多么具有挑战性，这样做必然会让充满信任和友爱的人际关系重新回到你身边。

为什么我们不去真诚沟通

真诚沟通意味着让真实的自己去做回应，

无论其他人对你的答案反应如何。

拜伦·凯蒂

记录秘密

数年前，我曾和一位学习俄语的朋友聊天。她说在学俄语中“日志”这个词的时候，就写日志这个话题和自己的老师进行了深入的讨论。她发现英语中“记日志”一词在俄语中并无相应表达。她的导师告诉她，在俄罗斯，没有哪个人会将自己真实的思考和感受白纸黑字地写下来，这么做太危险了。

为了记录秘密，我们似乎没有举家搬迁到乌克兰的必要。其实，我还真在身边的人际关系中，看到过和俄罗斯人同样的行为模式。

◎ 一位年轻的女性深以自己酗酒的双亲为耻，为了否认这件事，她定期地打扫房间，有时甚至会劳动至凌晨。

◎ 一位妻子，在对丈夫“照顾得无微不至”的同时，却隐藏了数以百计的秘密，这段婚姻最终以离异而告终。

◎ 一位没日没夜辛苦工作的男人，对自己的老板满腔怒火，直到有一天，他起床之后马上就去辞职。事后，他反而又后悔不已。

大包大揽

我们对自身不真诚相待与“方法之三：完全负责”有关，那就是我们做出了自己无法兑现的承诺。须知，在正直的生活中，一个极度重要的因素就是言出必行，做事尽力而为。若你无法完成先前的承诺，可以通过一些手段弥补过失。（在“方法之六：宽恕过去”一章中有详细叙述。）

8 TO GREAT

我们的秘密有多病态，我们就有多病态。

嗜酒者互诫协会成员（AA Member）

这就像一个小孩子，不往餐盘里放自己也吃不下去的食物一样。如果我们发现自己大包大揽，我们需要马上停止，“完全负责”，并及时做出修正。我自己在过度承诺之后，通常会选择那些让我代价巨大的修正行为。比如，在高档餐厅里对朋友说：“下次吃饭时我请客。”或者“今天下午这个文档就包给我了。”这些修正行为所带来的痛苦能够让我警醒——也让我向自己保证：下次不可以大包大揽，必须对自己更加真诚一点。

对“认可”上瘾

人类不敢说出内心真实所想的另一个原因是害怕被拒绝。我们希望别人喜欢自己，但却忘了人类只会喜欢那些自己从内心深处尊重的人，而受尊重的又往往都是正直之人。不论我们为他人付出多少汗水，也许寥寥几次对承诺的破坏，就可以让我们声名扫地。

8 TO GREAT

> 我总是害怕失败。不论我做对什么，我总能看到自己在其中所犯的错误。无论我做什么，我总觉得自己做得不够好。我觉得上帝并不喜欢我。我被欺骗了！
>
> 乔伊斯·梅尔（Joyce Meyer，牧师、畅销作家。——译者注）

对于“认可”上瘾的另一种表现就是完美主义倾向。完美主义倾向的人有一个特点，那就是他们永远无法感受到满足和愉悦。因为在他们眼中，自己做的事情永远都不够出类拔萃，根本就不值得拥有开心的资格。最恶劣的一种情况是，完美主义者会给自己定下诸多不可能完成的目标，并通过自己的产出率和获得的赞扬多少来衡量自身价值。

因为完美主义者通常都抱着“要么功成名就，要么一文不值”的思维，他们经常将过多的努力和注意放在微小的细节上，无法着眼全局。

罗伯特·皮里格（Robert Pirig）所著的《禅与摩托车维修艺术》（*Zen and the Art of Motorcycle Maintenance*）一书中，有一个故事巧妙地对完美主义者的思维方式做出了注解。故事的名字叫作“南印第安猴的陷阱”。故事中，村民们非常想减少猴群的数量。终于有人设计出了一个困住猴子的陷阱。具体方法是将稻粒埋在一个又长又窄的洞里，洞口反而要留得比较宽一点。猴子们见到稻粒就要去拿，洞宽虽然可以容得下猴子的手臂，但是如果猴爪里握满稻粒之后，就拿不出来了。这个方法果然奏效，猴子们都被陷阱困住了。和完美主义者一样，猴子们也是为了获得一些无关紧要的的东西，反而失去了更加宝贵的事物——他们的自由。

其他关于完美主义的趣谈会在本书后面的部分详加叙述：“方法之六”（宽恕过去）和“方法之七”（感恩现在）。

好人 vs 善人

不愿跨过真诚栅栏的还有一群人，他们在自己感觉不好的时候不敢承认。他们从小到大听到的都是："逢人便说三分好话，否则就干脆什么都别说。"因为这样为人处世，他们也就失去了自己的声音。他们之所以不敢说出内心真实所想，是害怕真相也许会伤到别人，却没有意识到谎言反而更加伤人。

在"让内心强大的8个方法"课程中，我们将这些过分的"好"人成为"过度好人"。我对过度好人的理论如下：

1. 过度好人体内的激情都已耗尽。因为我过去就是这样的人，所以我一眼就能认出这类人。他们总是先要确定别人的感觉如何，才敢决定自己应该如何感觉。过度好人面临的危险之处在于，他们戴面具的时间过长，以至于他们变成了面具本身，和真实的自己失去了接触。

2. 过度好人心中充满了恐惧。即使他们内心不同意，表面上也会说他们同意你，因为他们害怕——害怕拒绝，害怕伤害别人的感受，害怕被人看出来。

3. 过度好人会不守信用。跟过度好人相处绝对不是让人愉快的事情，这只是个时间早晚的问题。正因为他们的词典里没有"不"，所以他们的"是"也就失去了意义。作为过度好人的好朋友，总是要费很大努力才能琢磨出他们究竟在想什么。这很累人，因此朋友们最终会选择放弃这段友谊，这也是其中的原因……

4. 过度好人总是形单影孤。过度好人为别人做了太多，却从不为自己争取什么。因此，别人也自然而然地认为他们根本什么都不需要，让过度好人陷入孤立无援之境地。

5. 过度好人总是满腔怒火。因为即使他们在愤怒或者受伤时，仍然强装笑颜——这种压抑总有一日要反弹出来。他们愤怒于自己的孤形吊影，愤怒于他们要将真心话统统忍住，愤怒于自己总是在不停地给予。因为他们沉默得太久，所以他们的愤怒也就一股脑全迸发出来。发泄之后，过度好人又会觉得羞愧，这又导致他们更多的不真诚，不真诚又导致他们有更多的羞愧。

8 TO GREAT

癌症患者中，大部分都是那些强迫自己既要得体又要慷慨之人，因为他们将别人的需要放在了自己需要的前面。

伯尼·西格尔医生

我发现了一个有趣的事实：那些在教会工作中最积极热心的朋友倾向于是过度好人。我不确定原因何在。事实上，耶稣就曾恶狠狠地将法利赛异教徒称作“白刷刷的坟墓”，也曾经面若冰霜地跟彼得以强烈的措辞说“你给我滚，魔鬼。”他充满激情，无所畏惧，他也会变得愤怒。

我感谢上帝赐予我这一众朋友和咨询师，他们帮助我不再继续做一个过度好人。或许，他们因此而解救了我的性命亦未可知。我知道，是他们让我找回了平静。

真诚沟通的成功案例

若我失去荣誉，我也就失去了自己。

威廉·莎士比亚

她勇敢面对了自己的恐惧

劳拉的母亲注意到自己的女儿有点不对劲。最近，从兼职下班之后，劳拉总会骂同事“愚蠢”。劳拉的母亲之前从来没有听过自己女儿这样指名道姓地责怪某人，所以她跟女儿说想要聊一聊。坐定之后，她问劳拉，这份工作已经做了一年，她也一直很喜欢自己的岗位，为什么最近总是在责备和抱怨呢？

劳拉说自己的那些同事都碌碌无为，她一个人的努力也就显得杯水车薪了。她说完之后，妈妈问道："你是否想要辞职，但却因为要向老板递交辞呈而感到于心不忍？"

劳拉思考了一分钟，然后承认了，她感到如果自己辞职会让公司上下都很失望。母女二人于是一起查询了当今世界每个人一生平均更换工作的次数，分析之后，她们都认为，学会真诚地结束一份工作是现代人必须学习的一项生活技能。第二天，劳拉就跟公司提出辞职，并给老板写了一封感谢信。

如果你总是说真话，就不需要记住任何东西。

马克·吐温

我第一次和年轻人分享这个故事的时候，他们的回应让我吃惊。四分之一的人都曾经历过相似情境！可惜，他们没有勇气承认自己思想上的矛盾和痛苦，反而刻意地因迟到和缺勤而被解雇！带着病态延续一份工作会将我们带到能量金字塔上"5"的位置，也令寻找下一份"95"的工作难上加难。有时候，我们需要付出情感和经济上的代价，方可认识到真理。

不再生活在谎言中

我永远都不会忘记一位高中学生。在一节课程结束之后的匿名反馈信，他写道："我总是撒谎。我撒的谎如此之多，以至于我都分不清自己什么时候是在撒谎了。你能帮助我吗？"

第二次上课时，我展开了那封信，向全班同学朗读。我举着这封信说："不论是你们之中的哪位同学写了这封信，你都是在讲真话。你现在一定感觉好多了。恭喜你！你已经走上了正途。"过了几节课之后，信的作者主动找到了我，感谢我带领他走向了通往更真诚、更幸福的生活之路。

8 TO GREAT

真诚是所有成功的柱石，
没有真诚，自信也就无从谈起。
玛丽·凯·艾什

说出内心真实所想的勇气

无须打开报纸，我们总能在日常生活中发现言信行果的英雄们。当年我还是第一次给高中新生讲授“让内心强大的8个方法”课程，第二节课下课前，我请同学们分享一下自己从课程中学习到了什么。

一位年轻漂亮的女生用湿润的眼睛看着我说：“我准备跟妈妈说出真心话。我现在争取到了去茱莉亚音乐学院（Julliard School）学习单簧管的奖学金，但我一直知道我的激情并不在此。我想要成为专业的吉他演奏者。我知道跟妈妈说这些话很艰难，但是‘让内心强大的8个方法’帮助我认识到，一个人必须承担真诚地对待自己、对待母亲的风险，而且这样做最终一定会有好结果。”

你能想象出这一番真心话中所蕴藏着的那位吉他手吗？

价值两万美元的错误

另外一个能够说明“真诚可以带来奖赏”的事例中，女主人公是我的一位朋友。她给一名CEO做行政助理。助理的职责很多，不少工作还涉及大量的金额。有一次，她意识到自己犯了一个价值两万美元的错误。事情过了几天，她才鼓足勇气将此事告诉老板。在CEO办公室，她痛哭流涕地说出了难过的事件经过，她说即使公司将自己开除，她也绝对能够理解。这时候，老板打断了她。

“开除你？为什么这么做？我刚刚才花了两万美元培训你啊！”

对于老板、同事、朋友和家人来说，真诚沟通的价值堪比黄金。这个方法毋庸置疑能将你带向你想要去的地方。

实践真诚沟通

如果两个人之间的真诚沟通没有扩展到“决心”与“平和”的程度，这种能量就会在另外一段人际关系中以伤痕的形式出现。

玛丽安娜·威廉姆斯

真诚的锻炼

和一位新朋友聊天时，她说：“我希望这次能够成功。”她指的是自己的新恋情。

事实是，我们的每一段恋情都会成功。它们让我们的头脑和心灵来了一次无与伦比的锻炼。锻炼目标并不是要“赢得”男人或者是要防止“失去”女人，而是要去做真正的亲密和爱的锻炼——正直。

正直，就是我们要与其他人分享真实的自己；就是从内到外，表里如一。这是一种需要大智大勇的冒险，一旦克服了心中的抗拒之后，就能发挥出强大的治愈效果。也许在爱情中保持正直的最美好的一点在于，它的成功率与他人对我们的回应没有半点关系。

身体上拥抱着一个人，内心深处却对其有所隐瞒，这不是爱。很多人从来没有在他人面前做到情绪上的完全透明，这是因为他们从没有对自己完全真诚。好消息是：我们能够学会如何去摆脱对他人回应的羁绊。这样做之后，他人也就能真正地“走近我，看清我。”

人类都在某种程度上害怕被抛弃，不过，正如玛丽安娜·威廉姆斯所说，没有人能够“离开”任何人。在这块我们称之为“生活”的操场上，我们都是一个人，共同组成了永恒。想要欺骗自己，即使是再短的时间，也不可能——真实的想法总会在你最意想不到的时刻呼啸而出。

三个问题

量子学习网络（Quantum Learning Network）坐落于加利福尼亚州洋边市（Oceanside），是一家教育与培训公司。我从这家机构学习到了一套优秀的敞开心扉的流程。为了达到良好的学习效果，首先要选择一位搭档共同练习。然后，你要问搭档以下三个问题，每次问一道，等对方回答完上一个问题之后，再问下一道。

1. 跟我说一些关于你我并不知道的事。

2. 跟我说一下你喜欢我的哪些方面。

3. 跟我说一些我们俩个人观点一致的事。

然后你和对方互换角色，让对方问你以上问题。在我和儿子相聚时间不多时，我俩就曾使用过这个方法。另外，我还跟新老朋友和数千对伴侣分享过这套流程。敞开心扉地关注他人，其治愈效果让人惊叹。它能够在人类内心的最深处“制造”爱。今天你说了关于爱的真心话了吗?

因为这让我感觉不好

也许对于“为什么要说真话”这一问题最好的答案就是：与其他行为相比，它让人感觉更好——无与伦比得好。如果说“当我们感觉不错时，好事就会发生”，那么很明显，当我们感觉不好时，我们也会吸引并且经历自己不想要的事。说谎让人感觉很糟糕，而且谎言总会催生更多谎言。除非有重大变故，否则这种恶性循环就会无穷无尽。

如果你想打破这种循环，我推荐你观看电影《尽善尽美》（*As Good As It Gets*）。杰克·尼科尔森（Jack Nicholson）所饰演的男主角几十年来对自己、对女人都不能真诚相待。起初，他根本难以想象去寻找新生，因为这需要自己做出太大的改变。然而，在经历过一场严重的心脏病，并和一位完全真诚的女士共度美妙一周之后，他决定面对现实，去找寻平和与幸福。如他一样，你会发现：真诚，就是“尽善尽美”的。

我曾给一群成瘾达十二年之久的人教授恢复课程，看着男男女女仅仅通过说出内心真实所想，就能走出绝望的深渊，踏进充满阳光的生命，我深感恩惠。这些人首先要面对的第一句真心话，就是他们心中感到非常愤怒。一旦他们发现自己并没有因为说出痛苦的感受而受到伤害，就会毫不掩饰地说出更多真实的想法，并对自己的天赋异禀、无限潜能和生活的极度美好坦诚相待。

最近有位好朋友告诉我说，人类根本不去测量寒冷，只测量热量的丧失。之后有一位演讲者提醒我们说，房间中根本不存在“黑暗开关”，只有一个打开光亮的开关。在我写出以下文字时，我欣慰于你我根本无须去和生活中的寒冷和黑暗战斗，相反，我们可以选择让自己的温暖和光明闪耀云霄。

如果说不存在寒冷，只有热量的缺失；

不存在黑暗，只有光明的缺失；

不存在失望，只有希望的缺失，

那么，也就不存在愤恨，只有爱的缺失。

笔力压倒剑锋

如果你还没有发现给自己的伴侣、朋友、子女或者兄弟姐妹写信的神奇功效，让我再做最后一次推荐吧。如果你和亲朋好友在沟通中出现了困难，无论何时何地，给他们写一封信吧，告诉他们你脑中所想；告诉他们你对他们的感恩；和他们分享自己的梦想。他们通常都会给你回信，即使不回，通向更多正直与亲密之门也已打开。

“我没有参加不良帮会的原因是我的老师。”一位年轻的拉丁裔高中生上完“让内心强大的8个方法”的课程之后说。他的老师名字叫德纳莉（Danelle），是一位出类拔萃之人。起初，她曾给学生布置写日志的作业。当时大多数学生都会分享自己内心最深层次的思想和感受，不过她能看得出来，还是有部分同学有所保留。

“所以，有一天我想到，自己能阅读到学生们分享的东西，学生们却无从读到我的思想和感受，这是不公平的。我就开始在黑板上写下自己的日记。一开始这不大容易，因为那段时间刚好临近我父亲去世的纪念日。不过我知道，坦率和真诚是我能赠予给孩子们的最佳礼物。”

曾有数百位老师告诉我，学生们通常会在纸面上写出一些绝对不会说出口的话。

◎“我的父母都死于艾滋病。我是他们的独生子。这件事我还从没跟任何人说过……”

◎“周五的时候妈妈和我被赶出了家门，我们现在还不知道该住在哪儿……”

◎“我的爷爷就要去世了，晚上家里就只有我一个人照顾他。我害怕……”

我请求每一位教师、家长或者青年牧师：每周给你的学生们半张纸，配上一些纯音乐，让他们用五分钟的时间写一些东西。如果我们不知道孩子们的需要，何谈满足他们的需要？写日志能帮助我们倾听他们的呼唤，然后寻找方法去满足他们。

同样，一些优秀的相关组织，如世界婚姻关系恳谈会（World Wide Marriage Encounter，WWME）曾报道：如果夫妻双方每天用十分钟时间的写作来表达他们对彼此的爱和关心，离婚率就会降低至小于百分之五。写作是打破阻碍、加强联结的一种积极有效的方式。

我最后要说一下自己从惨痛经历中学习到的教训。写信和写电子邮件非常不同。写电邮时，有一条老的经验法则务必牢记：私下（建设性地）批评人，公开赞扬人。也就是说：可以通过电子邮件表扬人，但绝不要用其批评人。

我曾经在电子邮件中对一名团队成员提出了一些个人的改进意见。虽然信件内容通篇没有出现“你总是……”或者“你从不……”这样的字眼，但即使是建设性的批评意见，在互联网上还是让人感觉怒气腾腾。之后再见到那个人时，他眼中的痛苦让我幡然警醒。从此之后我再没有犯过类似错误。

真正的感恩

让我用私人故事结束这一节。在我写作本章的同时，我的儿子正决定实践自己的梦想。他决定真诚地面对自己的不真诚，而我却强硬地阻止了他。这导致他强烈的愤怒和悲伤。他学会了如何与我沟通，而我也反省自身，尽力而为地去处理好自己浓烈的情绪。

> 8 TO GREAT
>
> 信者，吾信之；不信者，吾亦信之；德信。
>
> 老子

我亲眼看着他做出了追随梦想的决定，我知道本书的内容要求家长少些干预子女，但我内心深处还是会害怕，有时候还为了他的人身安全而担忧。同时我意识到，每个人都必须面对自己的恐惧，以探寻更伟大的启迪。就我而言，我已经竭尽全力去对他保持坦率与真诚，即使在他没有回应之时仍然如此。

在最难度过的几个月中，我们能够在处理自己感受的同时，保持对话与倾听，也终于坚持了下来。如今我们的生活更加丰富，我们的关系也更加深化，他之前的那些爱好也无足轻重了。我真诚地感恩于自己和儿子能够通过一种新方式重温了本章所讲授的内容——也感恩于“真诚沟通”所具有的能量。

Q&A

真诚沟通问与答

问：我想要改善一下跟母亲的关系，但是她不相信我，因为我过去总是撒谎。我该怎么做？

和任何人都坦诚相待，你会进入最好的圈子。

匿名

答：你用谎言给自己挖了一个深坑，亲爱的孩子。现在，你必须要重新赢得她的信任。她暂时对你的不信任可以理解——因为你没有改过自新。你已经对过往的错误进行修正了吗？如果没有，首先要做的，就是讲出自己的心里话，表达出自己对于之前所作所为的万分抱歉。你也可以给她写一封致歉信，主动提出要改变自己，释放出你的诚意。也许你们母子无法马上就重新回到最开始的美好状态，但只要你动手去做，就会发现说出内心所想的感觉是多么美好！

问：我想要参军，但是家长却希望我尽快上大学。如果完成服役，部队会支付我的学费、书费和实验室费用。我已经使用“真诚沟通”和父母就自己所思所想进行了交流。我应该忽略他们的看法，去做自己想做之事吗？

答：让我们看看“你想要做的”究竟是什么。我一贯鼓励年轻人要追随自己的梦想，但是我没有看出你的梦想到底是什么。我只听到了你对于没有足够金钱完成大学学业的恐惧。如果有人帮助你支付学费、书费和实验室费用，你还会为了参军入伍而感到激动吗？

我还记得一位二十二岁的年轻人，他在从事神职还是和爱人结婚之间犹豫不决。当我问他“这两个选项里吸引力最大的要素是什么”时，

• Q&A •

他回答说“他不知道自己去哪里还能找到一个牧师岗位”。换句话说，神职人员的生活具有更高的工作稳定性！

这个例子充分说明了如何分辨“直面风险”还是“逃避风险”。部队和神职这两个岗位都在寻找着那些追寻内心呼唤的男女。你最终会做什么样的决定呢？

问：类似于总统候选人约翰·爱德华（John Edwards）婚外情一类的传言，经常令我感觉丧失了希望。为什么这么多的领导人都要撒谎呢？

答：我曾经见过绝对道德之人，也见过完全不伦之辈。通常来讲，一个领导人事业越成功，他们也就能够感觉到更多“失败的代价”。他们开始畏惧自己被视作人类，所以，有些人为了摆脱这种束缚而开始勇敢冒险，其中就包括说出真话的风险。

8 TO GREAT

与其说真诚是一种信誉，毋宁说是为公众服务的一个绝对的先决条件。一个人如果不诚实，我们就无权让他继续插手公共事务；不论他的能力有多么出色。

泰迪·罗斯福（Teddy Roosevelt，美国第二十六任总统。——译者注）

如果说“人的所思所想会最终成真”，那么我们就应该将注意力转移到那些勇敢地说出真相的人们。如果说“我们关注什么，就会得到什么”，那么每次我们伸出一根指头斥责别人为骗子时，另外还有三根手指也就同时指向了我们自己。当一个人头脑逐渐明朗，意识到自己也曾撒过谎时，毒牙也就失去了它的毒液。

2008年总统大选中，有一个事件虽然没有登上报纸首页，但却值

Q&A

得每一个人深思。事件主角是马克·麦金农（Mark McKinnon），共和党总统候选人约翰·麦凯恩（John McCain）的首席策略师。当奥巴马作为民主党总统候选人的消息尘埃落定之时，马克宣布从竞选团队中主动退出了。

在一次采访中，麦金农说自己的政治观点虽然与奥巴马有所差异，并且认为麦凯恩才是总统宝座上最适合的人，不过，“我只是不想和奥巴马这样的候选人针锋相对而已。我相信他是真诚的。奥巴马如能获选，会给整个国家和世界释放出伟大的信息”。

马克·麦金农，如此一位享誉全国的政治智囊，视他人格的正直高于一切，这样的讯息是令人鼓舞的。他在那个竞选季拒绝了五百万美元的收入，这是他为了对自己保持真诚心甘情愿付出的代价。还有数千名像麦金农一样有着崇高美德的政治家，是绝对值得民众赠予其无限荣耀的。

问：我经常感到没有归属感。这是因为我不懂得如何交流吗？其他人有时候也会有这种感觉吗？

答：我所接触过的每一个团体的成员都告诉我自己经常有类似的感觉。我们感觉没有归属感，是因为我们只看到了他人的外在，却没有看到其内在本质。虽然有很多人试图用宗教、种族、金钱、权势、年龄和智商将社会民众分成三六九等，但人类的本性却是互相联结的。这也是2001年“9·11”事件所传达出来的讯息，当双子塔上的灰尘降落在每一个人头顶时，不论是高层经理还是污水工，他们都是一样的人。

• Q&A •

如果你在自身之外寻找真相，真相只会越行越远。

巴乐马·佩莱兹（Paloma Pelaez）

你感觉不到归属感，另外的一个原因可能是你没有和其他人分享真实的自己，又或者没有认真地倾听他人。正如你能够问出这个问题一样，勇敢地去挑战更多风险，你会发现，我们之间是多么相似。

问：知道朋友有麻烦时，如何让他们敞开心扉？

答：人类和罐头不同，我们无法随心所欲地开启它们。首先，你必须赢得他们的信任。时刻提醒朋友：你是关心他们的，他们可以在很多事情上依靠你。考虑一下是否应该写一封信，说明你已经注意到了他们所经历的棘手事件，邀请他们回信。或者如果他们条件允许的话，两个人随时可以坐下聊一聊。如果对方没有回应，就继续做朋友应该做的——尊重他的选择。

问：最近有位老朋友邀请我吃午饭，本来说的是单纯地聚一聚、聊聊天。结果她却借机向我推销好多产品，我感到非常震惊，也觉得非常不受尊重。我应该打电话或者写信告诉她吗？

答：听起来这是你第一次经历这种事。好消息是你很快吸取了个中教训。对这件事，你要完全负责，因为你并没有详细问清楚此次午餐的目的。顺其自然吧，就把这件事当作人生的一堂课。下次再有朋友邀请你喝咖啡或者吃午餐时，问清他们的目的，再做决定。

问：如果说别人总是批评我，以至于影响了我的生活，我该怎么办？

答：首先，要记住，所有跟你就任何事进行交流的人，无非在表

• Q&A •

达以下两种情况之一："我喜欢你"，或者"我感到害怕而且受伤，请帮助我。"认识到这一点，你会对他人怀有更多的同情心。

其次，要记住，他人并没有凌驾于你之上的权利。绝对没有。我们就像是《绿野仙踪》里的多萝茜，出于恐惧一直在躲避邪恶的巫婆。如果我们转过身勇敢地面对恐惧，就会发现那些表面看起来越尖酸刻薄之人，内心深处就越绝望而孤独。

我还记得儿子十一岁那年，他的一个朋友来我家玩儿。当时我在镇里做演讲，儿子就要一个人照顾那个小朋友。回家的时候，我想安慰一下儿子这个"小保姆"，却发现他正在哭泣。

"他跟我说了很多不好的话，妈妈。他甚至还说了关于你的坏话——他说你是个坏妈妈。"

"亲爱的，你要明白他真正想说的是谁，"我一边说一边拥抱儿子："他一直和奶奶住在一起，已经有很多年都没有亲眼看过自己的妈妈了。"

之后，我儿子才能够用双眼真正地审视那位朋友。

最后，要意识到，他人之所以不断批评你，就是因为批评能够让你黯然心伤，而这恰恰是他们想要的效果。我鼓励你去掌控自己的能量。我们总认为出口的（或未出口的）言语会造成致命的打击，可实际上它们不会。不要让闲言碎语打扰了自己的心情，我们的胸怀可要比言语宽广得多。

你是伟大的灵魂。可悲、不安、自我放纵，皆与你的身份不符。

《薄伽梵歌》（*Bhagavad Gita*，印度史诗。——译者注）

8 TO GREAT

FGH

世界上最简单的积极态度公式

FGH

The World's Simplest Positive Attitude Formula

8 TO GREAT

【方法之六】

宽恕过去

放开的能量

HIGH-WAY 6

FGH-Forgiveness of the Past-The Power of Release

宽恕过去

斤斤计较就如同自己喝下毒药，却幻想着让其他人死。

匿名

如欲消除那些让我们痛苦之事，宽恕是终极的不二法门。正如玛丽安娜·威廉姆斯所说：“实践[1]宽恕，是我们治愈世界所能做出的最大贡献。”在这句铿锵有力的话语中，蕴藏着另一事实：如同其他“让内心强大的方法”一样，“宽恕过去”也是一种技能，可以通过练习而习得。“宽恕”的一个简单定义是：

宽恕就是放下后悔、怨恨以及复仇的欲望。

放下怨恨

宽恕一词在亚拉姆语（Aramaic）中的词根是：“释放”。宽恕并不意味着承认他人所作所为全部是可以接受的。它是一种决策，是一个人决定放下怨

1 英文中的“practice”一词既有“实践”，也有“练习”之意。

恨的重担和报复的欲望。

如果人不懂得宽恕，世界会是什么样子呢？2008年，柬埔寨一对结婚已逾四十年之久的夫妻决定分开，而且是实打实的“分开”：丈夫将家里的房子切成了两半，将自己的一半运到了他父母的家中。如果我们死抓住怨恨不放，怨恨也会产生生命，就如同恐怖电影里的魔鬼一般，终有一天会将我们吞噬殆尽。

我们为何宽恕

每个人都有过以下类似经历。因为被欺骗或者不受尊重，我们变得愤怒，受到伤害。起初，我们有些迷惑。接着，在最初的震惊消退之后，我们面临两种选择：或者是走进内心，寻找自身的平和；或者是走出身外，心生怨恨，认为宽恕只会“轻易地放过他人”。不幸的是，如果选择后者，真正被麻烦纠缠的只是我们自己，因为复仇心理已经将我们吞没。

另外一个选择就是“放下”，就是宽恕他人，这么做是为了我们自己的福祉，而并非他人的福祉。其他人的确给我们造成了伤害，可是如果我们每天纠结于自己的仇恨，这种自我攻击所带来的伤害要比外人带来的严重得多。有些人身心疲惫地生活在过去的阴影中，有些人无法处理好当下的生活，无论哪种情况，唯一一个承担不宽恕的代价的人就只有你自己，而这代价，则是生活的能量。

8 TO GREAT

阻碍我们前行的，从来都不是过去我们没有感受到的爱，而是当下我们不愿去拓展爱。

玛丽安娜·威廉姆斯

面对每一天的生活，我们的思想和能量都是有限的。假如说，一个人将这宝贵资源的40%投入到后悔（“我本该……”）或怨恨（“他们本该……”）中去，那么他就会低沉疲倦，缺乏足够的能量去构筑未来。

正如心怀怨恨不会对别人造成一丝一毫伤害一样，宽恕同样不能给其他人带来好处。别人基本上早都已经忘记了那些伤害你的事，有些人甚至不会承认那些事曾经发生过。正因为他们的感觉完全不受你的控制，你唯一能做的（正如“方法之三：完全负责”所要求的）就是管好自己的事，宽恕他人。

你“自己的事”就是要保持心情愉悦。这就要求你让过去的事情全都过去，如此方能领悟到当下所具有的能量。

如何宽恕

“好吧，”一位女性客户问我，“我想要宽恕他几年前对我的所做所为，但具体来讲我该怎么做呢”？

我推荐从以下这个简单的公式开始：

宽恕公式

我们过去的所作所为，都是在当时所能掌握之信息的前提下，做出的最佳选择。

我们如何判断，当时是否做出了最好的选择呢？不妨回想一件让你后悔的事情。然后，问问自己：“如果当时我就知道现在我才会知道的一些事情，那时我还会那样做吗？”当然不会。并不是说当时你是一个坏人而现在你是一个好人。不论过去现在你都是同样一个人。你只是需要更多的信息而已。读者阅读这本书的目的，归根结底也就是寻找更多的信息。你已经走上了正途。

宽恕谁人

当我问听众：“谁是我们最难宽恕的那个人？”他们都异口同声地回答：“我们自己。”

我们可以更进一步地说，唯一需要宽恕的人就只有我们自己。正如读者在“方法之三”所看到的，我们对他人的鄙视实际上是在鄙视我们自己。他人身上让我们伤心的任何东西，不过是我们自身没有被宽恕的那部分事物的倒影。接受了“完全负责”，也就更容易将宽恕转移到“唯我”——我们自己身上。对这条普世真理理解得越为透彻，其光芒就越会灿烂地闪耀于我们黯黑的记忆之上。

和你们一样，我之前也被欺骗过、被背叛过，但我总是能退回一步，客观地认识到真正的症结在于我之前已经否认过现实，已经欺骗、背叛了自己。须知，每一个人都并非生活的受害者。领悟到这一点，并加以亲身实践，我们就能登上能量金字塔更高的位置，在生活中吸引到截然不同的人和经历。

我们已经遇到了敌人，那就是我们自己。

普格（Pogo）

还有哪些人是你需要去宽恕的呢？不妨考虑一下你最难宽恕的一个或者一群人（无论是生是死）。对我自己而言，很多年难以原谅的一个群体就是那些视学生成绩重于一切的教师。在我状态好的时候，我认识到，那些教师自己也如同学生们一样害怕受伤，我对他们充满了同情之心。但是，在我状态不好的时候，我意识到，自己需要使用宽恕流程了。

为何宽恕？玛丽·瑞德（Mary Read）的故事

玛丽·瑞德于1988年出生于韩国。他的父亲是已退休的空军中校皮特·瑞德（Peter Read），母亲是张英贤（Yon Son Zhang），两人都来自于新泽西帕里萨伊德公园市（Palisades Park），与瑞德中校在当地服役时相识相恋。玛丽当时是一个“特别可爱的十九岁少女”，刚从高中毕业，在校期间她曾在乐队中演奏单簧管，是长曲棍球队队员，而且学习成绩非常优异。

2007年，玛丽的阿姨向《华盛顿邮报》讲述了关于这位少女的往事：

“上次我见她是一年前的感恩节，就在我家里。家人总是见不到她人影。

最后我实在忍不住了，就问她‘玛丽，你一直在干什么呢？是不是在看什么好书，或者偷偷干别的事呢？’原来，她在织一条漂亮的围巾——女孩子戴的那种毛茸茸、五颜六色的围巾——要送给奶奶，作为圣诞节的礼物。我妈妈到现在还总戴着这条围巾。玛丽总是做这些细致入微的事情。”

2007年4月15日晚上，玛丽坐在宿舍里，拿出一个红色笔记本，写下了她对生活的感悟。

在她记录自己喜爱的名言警句一栏，她写道："当内心深处受到巨大伤害之时，唯有恕己及人，方可霍然而愈。"

第二天，在弗吉尼亚理工大学（Virginia Tech）的教室里，玛丽被歹徒无情地枪杀了，同时遇害的还有另外三十一人。

我们爱的越多，在爱被夺走时恨的欲望也就越强烈——但是玛丽却提醒我们：人类必须要宽恕他人，因为恨会杀死爱。正是恨，杀死了玛丽·瑞德。唯有宽恕，才是找到平和的途径。

关于"宽恕"的研究

根据斯坦福大学"宽恕研究项目组"的弗雷德·卢思金（Fred Luskin）博士的研究结果，宽恕具有诸多益处，其中很多都有利于我们的身体健康和幸福生活。

◎ 宽恕能让你从过去解脱出来，进而纵情享受当下。

◎ 宽恕能让你更加专注于自己的工作或学业。

◎ 宽恕能帮你区别出自己的情绪：究竟是对陈年旧事的怨恨和愤怒，抑或是对当前事件的愤怒和悲伤。

◎ 宽恕能帮助你做出更佳决策（勇敢面对，而非逃避）。

◎ 宽恕能增进你与其他人之间的人际关系。

◎ 宽恕可以恢复那些被怨恨和愤怒耗干的能量，进而帮助你尽快实现目标和梦想。

同时，卢思金博士还写到，那些定期实践“宽恕”的个体，身体健康情况亦会得到有效改善，包括：

◎ 心脏病发病率更低。

◎ 睡眠质量更佳。

◎ 癌症发病率更低。

◎ 血压更低。

◎ 免疫系统得到增强。

◎ 肌肉紧张度降低，发病率——如颞下颌关节症——更低。

研究者一致认为：不论你在生活中失去了什么，只要你勇于宽恕，那么找回那些失去之物的进度也就更加一日千里。

宽恕是我们所有人为了增进健康都能够采取的一种百治百效的行动。

乔恩・波斯森克医生（Joan Borysenko）

何时宽恕

宽恕的时机，亦即让良好感觉流淌进你生命的时机，永远是在当下。如果有以下迹象在读者身上出现，表明还有一些人、一些事需要你去宽恕。包括：

◎ 你因为小事也会大发雷霆。

◎ 你不愿意参加家庭聚会。

◎ 你会警告别人不要相信他人。

◎ 你大部分时间都感觉到抑郁或者焦虑。

◎ 你使用食物、药物或吸烟来平复情绪上的痛苦。

宽恕所具有的能量

她的真名不是卢西儿（Lucille），不过我就姑且这样称呼她。卢西儿来做咨询的时候嘴上说事情“还好”，不过她的身体语言却出卖了自己。我让她说出自己感恩的事情，她脱口而出的是：“我感恩自己一周只需要工作四天！”

随着她的思想逐渐显露，我发现了她对寻找一份新工作的热情。但是，我仍然要提醒她，以她现在在能量金字塔上的位置，很难找到一份能够让自己满意的工作。我邀请她说出一件针对当前状况她可能会感恩的事情。在长久的沉默之后，她回答说：“我还真的想不出来有什么事。”

8 TO GREAT

> 如果你没有经历过痛苦，你的人生就没有深度，
> 你也无法体验到虚怀若谷与恻隐之心。
> 埃克哈特·托利

“固定的薪水也不足以让你感恩吗？”

“不能。我这个人很喜欢存钱，所以我并不是很需要固定的工资。正因为如此，这不足以让我感恩。”

“那你为什么不辞职呢？”

“哦，那是因为我父亲从来都没跟我谈过辞职的事。”

我问她，称呼自己的爸爸为“父亲”，是否说明两人之间的关系缺少温情。这位年轻的女士回答说，两人之间的父女关系简直可以说是等级森严。

我越听她的故事，就越感到好奇。“你有没有想过他为什么要给你那么多建议？”我问道。她摇了摇头。我说：“也许是因为他觉得你还没长大，没办法掌控自己的生活。”

“这倒是真的。”

“那么，如果你坚持自己的立场，勇敢地直视他的双眼，坦白告诉他，无

论他怎么想，你都要辞职，那会怎么样？”

她不敢想象自己竟会做那样的事。为了打开她的心结，我拿出了一些纸和信封。首先让她坐下来，用自己能够想象到的最强硬的语言，给父亲写了一封表达自己强烈不满情绪的信件。写好之后，我们将信放到信封里，烧掉了。

“现在我邀请你写一封宽恕之信。”在信中，她宽恕了自己的父亲，即使他没有做到女儿梦想中的那种爸爸。她一边写，眼泪一边流。在她封好信件，走向火炉的时候，她的身姿焕然一新。第二周，她就将自己的人生计划告诉了父亲，也从上一份工作中吸取到了宝贵的经验和教训。

想要宽恕

很重要的一点，是一定要将宽恕某事和否定某事区分开来。在人生旅途中，我们会忘记一些事情，破坏一些事情，偶遇一些事情，这些东西并不需要宽恕。譬如说家里来客人的时候，婴儿吐奶了，这样的事当然并不需要宽恕，只要接受就好。

“但是，从另一个角度来看，难道就没有我不应该去宽恕的事情吗？”总有人问我这个问题。大多数发问者都是那些第三者插足家庭的妻子。我带领她们回顾了前三个“让内心强大的方法”：首先，我要她们“知我所想”，明白自己想要什么样的生活；其次，我问她们如果没有丝毫恐惧，她们会怎么做；最后，我请她们按照拜伦·凯蒂(www.thework.com)提供的方法去“完全负责”。

这几步做完之后，她们的问题也就自然而然地得到了解答。

8 TO GREAT

只有一件东西不能从人类身上夺走：那就是每个人所拥有的最后一种自由——无论在什么情况之下，都拥有主动选择自己的思想、选择自己行为方式的自由。

维克特·弗兰克尔

挑战宽恕

恭喜你！你已经在“让内心强大的方法”之路上走到了今天。既然已经到了宽恕的时间，就无须再去担心“这太难了”或者“我无法做到”。你是这世界上最富能量之人。掌控这份伟大的能量，挺过这关键的转折阶段，加入到正在感恩彼岸数以千计的我们吧！

宽恕过去之流程：面对它，感受它，宽恕它

人人以眼还眼，则全世界皆会目盲。

甘地

在家庭暴力庇护所的那段时间，有一天，我的咨询师靠过来问我："为什么你在笑？你明明在讲痛苦的事情，可是你却面露笑容？"

"我在笑吗？"带着无限的纯真和幼稚，我问道："一定是我已经原谅了他吧！"

"实际上你还没有！"她答道："你甚至还没有面对发生在自己身上的事情。也就必然还没做好去宽恕它的准备。我希望你回房间之后，写下过去这六年来每一次你受到的殴打经历，明天拿给我看。"

写了十一页半之后，我再也笑不出来了。我开始面对自己的感受，感受它们，并最终，宽恕了它们。

宽恕三部曲

就在那时，我发现，"宽恕"的流程包括截然不同的三个步骤：

1. 面对它
2. 感受它

3. 宽恕它

前两个步骤通常都被大多数人逃避过去。“宽恕”是一种冒险，如果我们不愿正视它，就会不断地主动制造出新的生活危机，借以逃避当下的感受，不去治疗心中真正的创伤。

不幸的是，如果我们不去面对并感受它，就无法宽恕它。如同FGH公式一样，宽恕是一种“心灵工作”，无法仅在头脑中完成。这也就解释了为什么“宽恕过去”之前的“方法之四”是：感我所感。我们必须要接触自己的感受，才能真正地宽恕他人。

如果你还没有面对自己的痛苦，没有花费时间去细细体味过去事件带给你的愤怒和悲伤，重新复习一下“方法之四”。很快你就会发现：对于“宽恕三部曲”的实践越多，对于新近痛苦经历的处理也就越发迅速。

“宽恕过去”之原理

“宽恕过去”不仅将我们从过去解放出来，也能切断我们和其他人之间不健康的联系。互联网上时不时地都流行着以下这句小诗：“生活中，有些人的到来上天注定，有些人的停留却不超过一天。”宽恕了某个人，你也就来去自由。一秒钟不宽恕，那个人就纠缠你一秒钟。你难道愿意和曾经伤害过自己的人紧紧束缚在一起吗？

8 TO GREAT

所谓领悟，就是放下负担，而非背负负担。

皮特·麦克威廉姆斯（Peter McWilliams，美国作家。——译者注）

切记，“宽恕”的目标，是要达到一种“出离爱、放下恨”的境界。描述这种境界的另外一种说法是：即使某人没有按照我们想要的方式处事，我们仍然原谅他，这将带领我们获得“宽恕过去”流程终点处的“平和”。

如何判断你是否已经原谅某人

多年来我用作判断自己是否已经原谅某人的标准如下：

当好事发生在他们身上时，你欢呼雀跃；当坏事发生在他们身上时，你心生怜悯，这说明你已经宽恕了他们。

当坏事发生在他们身上时，你欢呼雀跃，说明你还没有宽恕它们。

我不赞成“时间可以治愈一切创伤”这句习语，因为我看到过太多人因为一句无心恶语或者痛苦孤独之事，而怨恨、后悔长达数十年之久。我坚信，唯有宽恕能够治愈创伤。这种经历我在生活中体验了数百次，我的学生中也有诸多这样的实例。你自己也可以亲身体验一下。如果你还需要去宽恕他人，本章会教授给你具体方法。

合适的愧疚感 vs 不合适的愧疚感

我相信，做错事之后感到不安或者愧疚是正常的。你有自己的道德观吗？当然有。想象着你坐在地上，以自己为圆心画一个四英尺半径的圆。这个圆就是你的“道德边境”。一旦踏出这个圆，产生懊悔之情是再正常不过的事情。

我的儿子上中学的时候有偷东西的恶习。我最大的担忧在于，他并没有对自己的行为有羞愧或者懊悔之感。如此一来，他对我或者对任何人的道歉都显得那样浅薄。

直到有一天，他主动找到我，痛哭流涕。他清楚地知道了自己想成为怎样的一个人，想过怎样的生活，他感到自己之前的行为十分卑劣。那是儿子开启“完美”生活的第一天，也让他彻底摒弃了偷窃的陋习。这才是健康的愧疚感。

有时我会因自己“天主教徒般”的罪恶感而自嘲，但事实是，我确实发现一层又一层的罪恶感不断地捆绑在我的身上，逼迫我不停地去放下悔恨。每当愧疚感降临时，我总要提醒自己，相比“愧疚”而言，“愤怒”是一种更好的感受（在能量金字塔上的位置更高）。我要努力去找人发怒，以便将心中的责备散发开来。

8 TO GREAT

表面上看起来宽恕针对的是他人所做之事，
其实不然。宽恕，意味着让你做回真实的自我。
亚伯拉罕–希克斯夫妇

猛然间，我灵光一闪。既然人类会吸引到自己的生活经历，那么也意味着，如果我忘记给某人发电邮告诉他排练时间表，说明那个人本身的某些特质“吸引”到了这次失误。我只是恰巧成为了这出戏里的一个演员罢了。这的确是一种思考方式上的解放。在你做过“宽恕他人”的其他练习之后，就要练习“我们彼此都对事件负有责任”的这种思维方式，以便将自己从残存的愧疚感之中解脱出来。

为什么我们无法宽恕过去

当幸福的一扇门关上时，另外一扇就会打开。可大多数时候，
我们却因为过久地凝望那扇紧闭的门，而忽视了为我们新敞开的那扇。
亚历山大·格雷厄姆·贝尔（Alexander Graham Bell，电话发明者。——译者注）

多年来，我曾听过一长串琐碎的关于“为什么不能宽恕”他人的原因。我将其称作：

宽恕谬误

不能原谅他人的原因包括：

◎ 那个人还没有道歉，或者根本没有愧疚之情。

◎ 如果我们原谅他的话，那个人就“赢了”。

◎ 那个人已经去世了。

◎ 正义必须得到彰显。

◎ 如果得到宽恕他们还会我行我素。

◎ 宽恕是软弱的标志。

◎ 必须让他们明白这一切为什么会发生。

◎ 想要原谅，必须先停止伤害。

◎ 他们造成的伤害要比别人来得更加严重。

◎ 有太多需要宽恕的事情，我不可能一次原谅所有。

这些都是让我们陷入苦闷的借口。我们应该将其替换为：无论什么时候，我们都乐于拥抱……

宽恕真相

◎ 宽恕是你为自己所做的事，并非为了他人。

◎ 宽恕是一种积极决策，能够让你重获能量。

◎ 宽恕就是拒绝活在过去。

◎ 宽恕是一种你能够习得的技巧。

◎ 宽恕能将你从过往的负担中解放出来。

◎ 宽恕就是拒绝罪人再次拥有控制我们当下生活的能量。

◎ 宽恕是一种选择。

◎ 宽恕是勇于面对，而非一味逃避。

◎ 宽恕就是专注关心于自己的生活品质，而非他人的。

◎ 宽恕是一种过程。一旦你开始宽恕，接下来的事情就会越来越简单。

当你没有做好宽恕他人的准备时

我曾给康复中心的年轻女孩们授课。十六岁的肖恩娜（Shawna）一直闷闷不乐，很抗拒我的课程。当我们讲到“宽恕过去”这一部分时，她的情绪终于得以爆发出来。

8 TO GREAT

怨恨如同癌症，它会慢慢吞噬宿主。
愤怒与宽恕却如同火焰，它们能清理一切。
玛雅・安杰卢

“我不可能原谅他！”她坚定地说，“他一句话都没说就抛弃了我们。我们失去了房子，我妈和他也离了婚！他以前还总打我妈，总是醉气熏天。我不可能原谅他”！

她的泪水流到了桌子上。我蹲下来，感谢她所做的真诚分享。然后我提醒她：她无须现在就原谅他，她的所有感受完全合情合理。显然，肖恩娜正在实践“方法之四：感我所感”，以及“方法之五：真诚沟通”，这些都是她应该产生的心理状态。当天下午，我要求其他女孩要写宽恕之信。但是要求肖恩娜要写一封给父亲的信，说清楚自己的感受。尽管这封信没有被寄出去，但对她而言却是一种大彻大悟的解脱。最终，她完成了“让内心强大的8个方法”全部课程，接受了自己父母双亲所做的选择。

你的痛苦并不异于他人

无家可归者庇护所里的一位中年妇女，让我知道每一个人的痛苦从来都并不是特殊的。在完成了自己的恢复课程之后，她站起来跟大家说：

“当我走进这个庇护所的时候，我认为没有人受到的伤害像我这样严重。因此，我强行吞下自己的苦痛，不断地回味咀嚼。谢谢大家，你们让我最终领悟到，我的痛苦并不特殊。”

当我们放下借口时，也就解脱了自身。

宽恕过去的成功案例

宽恕不是偶然的行为，而是一贯的态度。

小马丁·路德·金博士

学会了宽恕，生活就会变得更加轻松自在。我们的梦想会实现得更快，因为人生能量更多地集中在了当下。我们会更多地处于“95”的状态，正所谓“善有善报”，善报也来得更加及时。很多教师在陪着学生来参加“让内心强大的8个方法”培训时，会惊异于自己在课程中所感受到的治愈效果。

8 TO GREAT

幸福就是好身体和坏记性。

艾伯特·史怀哲

她宽恕了前夫

在教授过“让内心强大的8个方法”课程的一个周末，我收到了一封邮件，完美地诠释了“宽恕过去”所具有的力量：

穆勒女士：

这周的课程您讲得非常好，我个人也有一些关于宽恕的经历想要和您分享。这么多年来，我都无法释怀于一笔债务（多年以来前夫应付的孩子抚养费）。如今我的两个孩子已经长大了，也都建立了自己的家庭，因此我感觉自己应该宽恕过去，继续生活，但我却没能够做到。上过周末的课程之后，我才知道，如果我放下对过去的执着，自己会是一个更加幸福的人。所以，我给他写了一封宽恕之信，然后烧掉了。之后我又办理了相应的法律文件。

第二天，摆脱过去重负（不仅是经济上的）的我不禁感觉很幸福，而且写信之后还不到二十四小时，我的（第二任）丈夫和我就收到了1500美元遗产，比我们的债务加利息还多！和你说的一样，宽恕让我们回到了生活的正轨！这周末能上“让内心强大的8个方法”这门课程真的让我非常感恩！

詹妮思（Janice）

疲惫的双胞胎

我曾给一个智穷计尽的中年农夫做辅导。虽然他在之前的生活中一直经济富足，最近几年却江河日下，无法扭转颓势。听过他的担心之后，我问他的人际关系怎么样，发现他多年以来都非常怨恨自己的双胞胎姐姐，因为某几件事情一直无法原谅她。

我让他实践了“感我所感”，不过成效不大。因此我就让他关注于“宽恕”，但他却不能回答我提出的任何问题。于是我建议他去做一个肌肉测试。[该测试名为神经情感疗法（Neuro Emotional Technique，NET），类似于测谎仪，能搜集到身体康复状况的信息。]

他虽然满腹狐疑，但是鉴于情感和经济上的苦闷，还是找了附近社区一位女医生预约做检查。医生通过测试结果，马上做出结论，认为他必须及时宽恕姐姐。资料显示这对双胞胎出生的时候体重大致相同，说明在子宫里的时候两个人就开始激烈地争夺资源了，这些纷争也顺延到了姐弟俩后来的生活之中。

做完检查之后，他和医生一起给我打了电话。他一直在啜泣，说自己从来没有感到如此自由。他终于原谅了姐姐，也原谅了自己多年来的怨恨——在那之后不久，他的财运就又回来了。

如果我们总能发现别人虐待我们的原因，那不是很好吗？然而，现实情形是这种完美状况少之又少。这就留给我们两个选择：或者在查明“他们为什么这么做”之前绝不原谅——或者直接选择宽恕。

8
TO
GREAT

不要审判，免得你们受审判。

《马太福音》，第七章第 1 节

他人的罪行

我有位朋友是天主教神父，他在旅行的时候一般都不穿牧师衣装。有一次，他坐飞机的时候，邻座是一位著名的广播评论员。评论员偶然之间提到了天主教作家安德鲁·格雷利（Andrew Greeley），他最后说："也就只有格雷利神父还算个好人，完全不像其他那些只会猥亵儿童的牧师。"

我朋友后来说："接下来的两天，我都认定那句话的目标针对的就是我。不论做什么，我的思想都会回想到那句评判，感觉他是针对我才说的。我意识到我必须宽恕那个男人，才能获得自身的平和。"

8
TO
GREAT

如果她的过去就是你的过去，她的痛苦就是你的痛苦，她的认识层次就是你的认识层次，你也会像她一样地去思考、去处事。明白了这一点，也就能够感到宽恕、同情、平和。

埃克哈特·托利

"宽恕"的力量有多强大？在回家的飞机上，我的朋友居然马上就有了一段焕然一新的经历。飞机飞行过程中，一位女士从过道走来，在他面前停下。

"不好意思打扰了，刚才我不经意间听到您说自己是一位天主教牧师。"

他回答说自己确实是牧师。那位女士马上说，自己从小就在天主教学校接受了非常良好的教育。从那之后，她就发誓，以后只要遇到神父和修女，都要找机会表达出自己的谢意。

实际上，很多人没有意识到这一点：几个世纪以来，罗马天主教会的确在很多方面需要得到民众的原谅，尽管如此，她同时也是“宽恕他人”的绝佳典范。1984年，教宗约翰·保罗（John Paul）来到罗马市郊的瑞比比亚（Rebibbia）监狱，探望几个月前试图刺杀他的凶犯穆罕默德·阿里·阿克查（Mehmet Ali Agca）。教宗握住了那曾经向自己心脏射出致命子弹的双手，宽恕了阿克查。

几年之后，当教宗逝世的讯息传来之时，有报道说阿克查曾经潸然落泪。

“教宗去监狱探望他时，两人结下了兄弟之谊，”阿克查的兄弟阿德南·阿克查就1984年的会面感慨道：“教宗是穆罕默德的兄弟，哪个人失去自己的兄弟不会感到伤心呢？”

我的父亲

我的父亲是一个好人。他工作努力，热爱家庭，能够坦诚面对自己的错误，对待每一个人都慷慨大方。但是，“宽恕”对于他这样一个大好人来说也并非一件易事。我就记得他会对有些人心怀怨恨达数年之久，连话都不说一句。他跟自己的父亲就长达十五年的时间没有一言一语的交谈。在我们家里这种情况“向来如此”，没有谁敢对此提出异议。

父亲七十岁那年，查出了肺癌，生命只剩下几个月的光景了。我们家人全都心如刀割。因为他住在佛罗里达州，几个孩子散落在全美各地，我们就轮流着飞到佛罗里达去陪他。

我第二次飞去佛罗里达时，父亲已经住院了。我还清楚记得特别难熬的那一天。他咳嗽得异常厉害，咳的时间也很长。我就不停地叫护士来帮忙。护士最后实在忍不住，把我拉到一边，告诉我说父亲的肺里全是液体，所以咳嗽才如此严重，她也非常遗憾，但却无能为力。听完她的一席话，父亲再咳嗽的时候，我就只是用双臂紧紧拥住他。

终于咳完了，父亲抬起头看着我，问道：“我今天是不是要死了？”

“我不知道，爸，”我答道，“我也不了解这个病，但今天是你的大日子，你应该已经准备好了，我也会一直陪伴着你”。

就在那个时候电话响了，是我住在北加利福尼亚州的姐姐，想和父亲聊聊天。

我把电话放到父亲耳边，他能说出的话就只是："爸爸爱你，爸爸爱你，爸爸爱你。"

8 TO GREAT

没有哪种复仇方式像宽恕这样彻底。

乔希・比林斯（Josh Billings，19 世纪的一位幽默作家。——译者注）

刚挂电话，铃声又响了。这次是我住在西雅图的哥哥。他和父亲的对话又非常简短，父亲也只是不停地说“爸爸爱你”。之后电话又响了——是我住在爱荷华州的哥哥。

父亲一边不停地说："爸爸爱你”，一边留下了两行热泪。

挂上电话之后，我知道还有一通电话必须要打——打给父亲多年没有说过话的那个人——而且我知道这电话号码只有我来拨。

听出电话那头是谁之后，父亲开始哭泣："非常对不起，请原谅我。我爱您，我爱您，我爱您。"

打过那通电话,父亲平静了一会儿,接着问我说:“为什么你要这么做呢？”

“爸，您还记得《圣诞颂歌》里的雅各布・马雷（Jacob Marley）吧？他总是吃力地拖曳着身上一条又长又粗的锁链。对你来说，已经不再需要拽着那条锁链了。”

父亲感谢了我，又哭了一会儿。这一次，是解脱的哭泣。从那天开始，他的心灵获得了全新的平静。

一个月后，父亲去世了。我却永远无法忘记他在生命最后阶段教给我的东西。“宽恕”解放了我们，让我们自由地去爱与被爱。虽然他的身体没有痊愈，但我相信他的精神已经愈合。我知道，自己也是一样。

你想要的还有“宽恕”所不能给予的吗?
你想要平和吗?宽恕能带来平和。
你想要幸福吗,想要平静的心灵吗,
想要明确的目标吗,
想要一种超脱俗世的价值感与美感吗?
你想要关心、安全、温暖、保护一直陪伴在你身边吗?
你想要无法被打破的平静吗,
无法被伤害的儒雅吗,
深切持久的安慰吗,无法被颠倒的完美宁静吗?
宽恕能给你所有这一切。
只有完全地宽恕,寻找平和的你才能最终如愿。
《神迹的课程》

实践宽恕过去

想获得长寿而丰厚的人生,
一个秘诀是:每天上床之前宽恕所有人、所有事。
安·兰德丝(Ann Landers,美国著名专栏作家。——译者注)

本章开头,我们将“宽恕”定义为放下后悔、怨恨以及复仇的欲望。

如同我们在“方法之二:勇于冒险”一章中会问:“如果你没有丝毫恐惧,你会怎么做?”一样。本章中,我们要问:“如果你没有一丝后悔和怨恨,你会怎么做?”

宽恕之信

如果你切实想要开始去宽恕某人,拿出日记本,写出那些你还没有宽恕的人——包括你自己、上帝或者任何人，是生是死均可。然后，选择其中一个人，向他写出自己的第一封宽恕之信。

你无须寄出这封信。这个仪式是为了你而举办的，并非为了别人。写好之后，烧掉它，代表你已经放下了这个人和这件事，可以自由自在地过好当下的生活。写信的过程中可以播放一些轻音乐。

1. 花一些时间，想出自己尚未宽恕的一些事情。

2. 准备好了之后，就开始撰写你的“宽恕之信”或者说“放开之信”。可以写如下的语句 ：“我不知道为什么你要那样做，也许永远都不会知道。但我不在乎。我已经放下了过去，继续自己的生活。”

3. 写好之后，署名，叠好，放进信封中，然后封印。

4. 在封好的信封上写下一个“谅”字，代表着 ：“我面对了这件事，感受了它，宽恕了它，最终也要烧掉它，如此，我已获得了自由。”

5. 烧掉这封信，感受一下“放下”的感觉。

在课堂上，学生们问我最多的一个问题是 ：“如果我宽恕了他们，我会不会忘了他们？”答案是 ：既会，也不会。不会，是因为不会马上就忘，但是随着你越来越自然地“宽恕过去”，痛苦的思想就会渐行渐远，为当下更加愉悦而幸福的感受腾出空间。偶然的回忆时不时地仍会浮现，但是它们对你的能量与平和不会具有太多破坏作用。写下宽恕之信几周甚或几月之后，如果痛苦的回忆还是会来袭，那你也许要考虑再写一封感恩之信了。

“谢谢你宽恕我……”

宽恕他人所带来的一个好处在于，很多人会对那些之前带给它们痛苦的事情予以感恩。每次挫折背后都有经验可以吸取，而宽恕解放了我的心灵，让我们能正视这些教训。牧师迈克尔·柏克维斯（Michael Beckwith）曾说 ：“谢谢你宽恕了我，让我成功把握住成长的机遇。”

8 TO GREAT

人际关系本身不是痛苦和不幸的原因。
他们只是引发出了我们体内的痛苦和不幸。

埃克哈特·托利

我们也可以这样说："多谢你做我的镜子。"他人对待我们的方式，恰是我们心中认为自己应该被对待的方式。要承认这一点很难，但却很有治愈效果。在我们能够对自己的生活完全负责之后，我们宽恕的语调就会有更多自我意识、自我宽恕以及对自己的爱。

对每一个事件，我们都能够感恩。每一次挑战，都帮助我们变成了今天这样一个明智（WISE）之人：

才能杰出（Wonderful，首字母W）；

有洞察力（Insightful，首字母I）；

意志坚强（Strong，首字母S）；

精力充沛（Empowered，首字母E）。

一位女士的光芒

如果你从没经历过挫折，你还会捧起这本书吗？我还记得在讲座中遇到过一位明智的女士，她用自身的光芒照亮了整个房间。

我看到她向我走来，还没等她开口，我就问道："你的秘诀是什么？你看起来光彩四射。我感受到的究竟是什么呢？"

"很多人都像你这样说，"她回答道："我猜想，这一切都起始于我失去双胞胎孩子的那一年。"

8 TO GREAT

万事互相效力……

《罗马书》，第五章第73节

她说自己唯有的两个孩子，被一群醉酒驾驶的年轻人开车撞死了。两个小生命一眨眼的工夫即烟消云散。

“然后呢？”我在那拥挤的房间中问她。

“我不断地哭啊哭，哭了几周，哭了几个月。之后有一天，我望向窗外，发现太阳再度冉冉升起了。我走出房间，去寻找生活的新目的。现在，我和丈夫设立了一个大型机构，专门为失去孩子的家长服务。两个孩子永远活在我俩心里，也活在我们的事业之中。能做他们几年时间的父母，我已感恩不尽了。”

四封结束恋情的信件

浪漫的感情永不终结——但它们经常会发生变化。当爱情支离破碎时，注定要产生痛苦，或者在分手前，或者在分手后。不过，仅仅因为我们自己受到伤害就去让对方受伤，是完全没有必要的。不论是哪方提出分手，结束一段恋情都是最为痛苦的事件，但是，写下四封信，你就能更快地平复心情，大步前行。每写完一封信之后，都要烧掉。

1. 一封是愤怒之信。

2. 一封是悲伤之信。

3. 一封是宽恕对方和你自己之信（通常要写两封信）。

4. 最后一封是对过往美好时光的感恩之信，可以寄出，也可焚毁，视情况而定（通常这也是最长的一封信）。

当我的学员看到这四封信件的清单时，有时候会问：“第四封信会不会让我想要和对方重修于好？”确实有可能这样，但是，对大多数人来说，这封信不过是一个提醒，说明过去确实曾经有过美好的时光，而且恋爱的双方当时都不是傻瓜而已。

“我控制欲太强了”

当我发现自己爱指使人、控制欲强时，我总是无法宽恕自己。有一天，我问一个好朋友：“为什么有时候我要事无巨细地颐指气使，有时候却和正常人别无二致呢？”

她的回答无比精准地描绘出了我的内心活动：“也许童年时期的你曾经有过几次措手不及的经历。从那之后，你的‘警报’打开了，你决定，自己必须万事都小心翼翼，你认为这样就能够阻止灾难的发生。因此，当事情不在你的掌控范围之内时，你就进入了暴走模式。其实我们其他人在这种情况下也会如此。”

“可是你说的这些我之前都听过啊！”我抗议道。

“那时候你只能够成功处理其中的一部分，但是种子已经种下了。现在它们已经长成参天大树，上升到了新的意识层面了。”

她温柔的话语，道出了我一直无法宽恕的自己的那一部分，对我帮助极大。

评判的代价

这些年来，我看过很多女性为了多年前的堕胎而伤悲不已。她们的经历几乎都是同一种情况：未婚怀孕，所以必须堕胎，原因在于他们认为未婚先孕的事实是如此不堪，会“杀掉”她们的父母，会“杀掉”她们的恋情，又或者，父母们在发现这件事之后会“杀死”她们。这种种评判的后果，就是让女性们觉得自己手中掌握着很多条生命，她们必须要在这些生命之间做出选择。想要宽恕自己，她们就必须意识到，在当时所掌握信息的前提下，堕胎是自己所能做出的最佳选择。她们的这种思想转变过程，是我亲眼见证过的最富力量的经历之一。

原谅跟踪我女儿的人

几年前的一个下午，当时我十二岁的女儿正在放学回家的路上，一个陌生人突然让她上车，说要送她回家。女儿边哭边跑回了家。我们马上报警，也给学校打了电话，希望这种事件不要再次发生。事与愿违，三个月之后，那个男人又出现了。

这次事件是灾难性的——不论是对女儿还是对整个家庭来说。那一整周的时间，我感觉自己整个人都麻木了——一点主意都没有。我根本无法实践“让内心强大的8个方法”，变成了一个只会“要么战斗要么逃跑”[1]的行尸走肉。

“我们该搬家吗？”“警察怎么什么都不做啊？”“我本该……”“……都是我的错。”“要是……就好了。”我陷入了一种消极的、基于恐惧的旋转木马式思维。

之后的第五天，我终于看清楚了当前的情况，从旋转木马上跳了下来。我找回了自己的感恩之心。那天我听一个笑话的时候甚至还笑了出来。虽然跟踪者还没找到，但我意识到即使周围纷纷扰扰，我还可以从自身内部寻找平和。

我提醒自己，所谓的“平和”，并非没有战争，而是没有恐惧。当我放下了对当前情况的臆断之后，方可做到“完全负责”，接受“如今事情的状况”。我宽恕了这令人痛苦的环境。我重回到FGH公式上，为了负责女儿案件的警察、为了她的安全、为了她的勇气而感恩。我重新找到了对未来的希望。

8 TO GREAT

宽恕是打开自由之门的钥匙。

汉娜·阿伦特（Hannah Arendt，美国学者。——译者注）

1　心理学术语，原指对于有威胁的境况的本能生理反应。后用来指一个人的抉择：要么勉强抵抗；要么战斗、逃跑还是原地不动。——译者注该学期结束的前一天，警方联系我说："我们认为明天嫌犯会现身。我们会在沿途秘密布置六名武装警员——但是你女儿必须要自己一个人走向学校。"

那天早上，看着女儿孤身一人走出家门，是我身为母亲所做的最难过的一件事。种种经历，至今依然历历在目。之前一天的晚上，女儿跟我说她希望那个男人被抓到，结束当前的混乱局面。我对她的勇敢充满敬意。

家里离学校共有五个街区。女儿走过两个街区的时候，如警方所料，那个人出现了。警察将其控制之后，发现其身上携带着上膛的枪支。

8 TO GREAT

不要认为所有事情都是针对自己的。

认识到这一点，也就不再有愤怒、嫉妒、羡慕甚至悲伤。

唐・米高・鲁伊兹（Don Miguel Ruiz，心灵治疗师。——译者注）

我和一位朋友一起参加了庭审。我们知晓了听证会日期，也第一次看到了那个男人的脸。短暂的诉讼过后，人群陆续走出法庭，我注意到嫌疑人在被警察带走时冲着一对夫妇瞥了一眼。

出去到走廊后，我找到了那对夫妇，主动介绍了自己："我是乔安娜的妈妈。我只是想让二位知道我们并非有意要伤害他。我们只是想让大家每一个人都安安全全的。"

那女人泪水夺眶而出，瘫倒在丈夫怀中。

"我很抱歉。我们非常、非常抱歉。请原谅他。也请原谅我们。"

她接着大声哭泣，那男人解释说："嫌犯是她的哥哥，从小到大都和父母一起居住，因为他是一个极端害羞的人。从现在这个结果来看，让他一直和父母同住的确是个错误。他的父母去年都去世了，他现在完全是形单影只的一个人。我们之前看过他几次，当时看到过他在擦自己的枪。但我们从来都没料到他竟然会有想法做出这样的事情。给您的家庭带来了这么多痛苦，我们深感歉意。”

六个月之后，法官给我打来电话，跟我说现在需要决定用什么罪名起诉嫌犯，是“重罪”还是“行为不端”——决定权在我手里。

我问：“监禁的这段期间他表现怎么样？”

法官说嫌犯的表现特别出色。听完他介绍的情况，我推荐以“行为不端”的罪名起诉——之后我们就再没有联系过。宽恕解放了每一个人。

保持石板的清洁

写过宽恕之信后，石板已经得到了清理，下一步，就是要保持其清洁如新。有三种方法。

1. 不要认为事情是针对自己的

尽管发生在我们身上的事情是由我们自己吸引过来的，这却并不意味着他人施予我们的痛苦行动和恶毒言语是理所应当的。它们的到来只是一个提醒，说明我们可以将其治愈。

2. 让过去的事过去

真正不开心的人，写给我的信件中总是罗列出一大堆他们生活中的遭遇。最近，有封寄给我的信件，开头就写道：“我试了一下你的课程，但是根本不管用。我的生活太糟糕了。我觉得我必须跟你详细说说自己的遭遇。”

以下是我的回复：

“我对你的建议是这样的：让一切都过去吧！不要再讲述这些事了。让过去的事情烟消云散吧！如果一个人反复诉说自己的灾祸和不幸，我同样也想不出如何让他摆脱地狱的方法。”

8 TO GREAT

僵硬的道歉无异于第二次伤害……受伤的一方并不因为自己被冤枉而需要补偿；他们需要的是治愈自己那颗被伤痛的心。

吉尔伯特·K. 切斯特顿（Gilbert K. Chesterton，英国著名作家。——译者注）

我建议她读一下拜伦·凯蒂的书，《抛下过去的那些故事，你又会是谁？》（*Who Would You Be Without Your Story?*）。然后每天坚持列一张感恩清单，在上面写三件事。不过，那之后她再也没有联系过我。

如果你已经厌倦了自己的不幸，就将过去像一件旧衣服那样扔掉吧，再也别穿了。你拥有这样做的自由。

3. 根据需要写宽恕之信

如果一件事让你无法释怀，又或者你发现自己不断地在评判他人，对他人屈尊、讽刺和臆断，那就要另写一封感恩之信。多年以来，这种工具我多次使用，效果总是很好。

请求宽恕

正如你可以通过写作宽恕他人一样，你也可以当面或者通过写作请求他人的宽恕。你的信件或者电子邮件可以非常简明扼要，如："非常抱歉。我本意不想伤害你。请原谅我。"这些简单的语句能够推倒几个月甚至几年建立起来的块垒。它们是亲朋好友之间人际关系的黏合剂。

求得逝去之人的谅解同样是能够做到的。这样做能够敞开你的内心，给予那些在世之人更多的爱。

我们唯一需要宽恕之事

写作本章内容之时，我读到了亚伯拉罕-希克斯夫妇所写的一段文字：

“你不喜欢它们的唯一原因，在于你将它们作为自己心情不好的借口。”这让我警醒，我们可以作如下改写：“你需要宽恕它们的唯一原因，在于一开始你就赋予了它们足以控制你感受的能量。”

让我们重新回顾一下“方法之三”，温习“完全负责”。一旦我们意识到一开始是我们自己放弃了能量，授人以柄，我们就能够上升到一个新境界，重新意识到自身所具备的能量，对于曾经的遗忘和放弃，也就可以一笑置之了。

Q&A

宽恕过去问与答

一天结束了，就让它过去吧！你已经尽己所能了。
无疑，难免会有一些错误与荒谬；尽快忘掉它们吧！
明天又是新的一日；满意、安详地去迎接它。

拉尔夫·瓦尔多·艾默生

问：原谅我自己之后，如何不让他人及其评判再来骚扰我？

答：如果你能确实地不再去评判自己，他人自然也就不会再评判你。这就是生活的规律。同时，你想让他人怎样聆听你，就怎样用心地去聆听他人。类似于“你有一几分钟时间坐下来聊聊吗？”，“我知道你是希望我更好”这样的语句也许会有帮助。

问：我发现自己总是在跟别人道歉。这种行为健康吗？

答：之前我一直不明白为什么那些最圣洁之人——甘地、特蕾莎修女、教宗约翰·保罗二世——看起来动作很迟缓，说话也很审慎。现在我认为自己找到了答案，那就是：这样做更容易保持神志清醒。

Q&A

几年之前，我也意识到自己总是在跟别人道歉——有时候一周要五六次。我就暗下决心，接下来的一周之内我再也不做需要自己去道歉的事情了。这就需要凡事都要慎之又慎，慢慢来。道几次歉本身其实无伤大雅，但它表明我们对自己目前的生活状态并不满意。或者改变你现在的生活方式，或者努力接受现在的自己。不论怎样，都会让你感觉更好。

问：我刚做了一些卑鄙而且愚蠢之事。我该如何宽恕自己？

答：我们不妨说你做的事情很“有趣”吧！就像是你告诉一个孩子不要碰火炉，他却偏偏碰了一下一样。这种叛逆的原因在于，当妈妈说火炉很危险的时候，孩子并不真心相信。每一次挫折对人的影响无非两种：要么痛苦不堪，要么痛快达观。你这次是哪种情况呢？

8 TO GREAT

我从来还没有见到过比我自身更伟大的奇迹。

蒙田（Montaigne，法国思想家、散文家。——译者注）

至于你所谓的“卑鄙”，不如说是“受恐惧所驱使”。没有哪个人早上一睁开眼睛就想：“我迫不及待要去伤害某某人的感情。”我们只是有可能会琢磨：“我必须要保护自己，不让某某人伤害到我。”在保护自身不受痛苦的过程中，我们往往会造成更多伤害。以上几句话蕴含的寓意在于，人并不是刻意要做卑鄙之事的，只是想确保自身的安全。明白了这一点，我们也就获得了安全，任何卑劣之行也都不见了踪影。

问：我想要宽恕，可是，我如何熬过他人的死亡呢？

答：谢谢你提出这个很有勇气的问题。我的建议是：第一，允许自己哭泣，尽情哭泣，不论时间多长；第二，当你准备好之后，给他

Q&A

们写一封道别信，然后在特殊的场所烧毁它，将余烬挥散。

在我的哀悼思维中，死亡并非对生命的威胁。这让我承受住了父亲的逝去之痛。我希望你也能在自己的哀悼中找到宁静。

问：人有没有可能会宽恕过头呢？

答：不会，但是人却可能对自己毫无爱心。

在我不确定自己是否过多地容忍了他人时，我会问："在这种情况下，我会希望自己的女儿怎么做呢？"

8 TO GREAT

神啊，我感恩于自己今天没有缺乏耐心、脾气古怪、暴躁易怒，也没有忌妒眼红、粗鲁无礼、妄加评判于他人，没有面露不悦、满腹牢骚、唠叨不休。但是，神啊，很快我又将迎来新的一天，所以，我真得非常需要你的帮助。

匿名

允许愤怒能量不断积累，它也许正在谋划重要的一课。这一课也许是"主动要求升职"，或者是"跟房东对质"。如果什么事情伤害了你，首先要面对它、感受它（这通常会催生出健康的行为方式），然后，你将能够宽恕它。

问：过去发生的事让我无比悲伤，我不知道怎么改变这一情况。

答：我曾经迫不得已要去家庭暴力庇护所；我最好的朋友虽然已婚却怀了别人的孩子；著名主持人奥普拉小的时候曾被家人性侵。我们每个人都有"借口"将余生困在愧疚与罪恶感的泥潭里。不过，请你现在按照我所说的想象以下情景：

假设说，你最好的朋友昨天给你写信，告诉你她自己生活中那些

• Q&A •

堕落而恶俗的经历——恰巧这些事情也都发生在你的生活之中!

现在，再假设朋友在信的结尾处写道："现在你知道了我这么多事情，你还会喜欢我吗？"

你的答案是什么？当然，你还是会喜欢她的。现在，也允许自己喜欢自己吧!

问：为什么我们不将宽恕之信寄出去？

答：这个问题说明你还是有试图改变他人的欲望。当我们能够从对他人的爱中抽离出来时，宽恕的效果才会最好。把信寄出去，只会掀开对方早已忘却的陈年旧事，或者让我们不停地追问对方是否会回复。将信烧毁是一种很有力量的仪式，绝大多数人都认为这样做非常具有治愈效果。

问：如果一个人已经逝去，你如何赞叹于他的成功，又如何同情于他的遭遇呢？

答：当你想到他时，你就会发现心里的矛盾和疑虑会逐渐解开，被"平和"所取代。

宽恕如同儿童脑海中那些"奇迹的梦想"：

破碎了的重新变得完整无缺，被污染了的重新变得清澈干净。

达格·哈马舍尔德（Dag Hammarskjold，励志书籍作家。——译者注）

8

TO

GREAT

【方法之七】

感恩现在

感激的能量

HIGH-WAY 7

FGH-Gratitude for the Present-The Power of Appreciation

感恩现在

如果一个人不懂感恩，那么他或她的人性就是不完整的。

一个人对于感恩的态度，很大程度上决定了他是一个什么样的人。

埃利·威塞尔（Elie Wiesel，诺贝尔和平奖得主，

大屠杀文学最有代表性的人物，德国犹太裔作家。——译者注）

那些拥有众多爱、支持、健康和财富之人，总是非常懂得感恩之人。注意到这一点了吗？你认为何者为因、何者为果呢，是成功，还是感恩？

最新的积极心理学研究发现：幸福并不是感恩的原因，相反，它是感恩的结果。基本上在任何情况下，感恩都发生于幸福之前。

很多成年人都将感恩视作日常生活中的“锦上添花”。他们原本认为，生活的“主体”就是要努力工作，结交有用的人，或者每天坚持去做那些其他人认为他们“应该”做的事。现在，真理已经一目了然，通往幸福快乐、身心健康、充实生活的钥匙，是要主动去选择那些让自己心情愉快的想法。这其中，最轻而易举的无疑就属“感恩”了。

字典上对于“感恩”的简单定义是：“对其他人或其他事怀有的感激之情。”同其他情绪一样，它始于人类的大脑，并可唤起我们的感觉。成语“感激不尽”就恰当地描绘出我们在接受礼物之后眼中溢出喜悦之泪的体验。如同一位高中学生曾经说过的：“真是超级、超级开心”。

我自己怀有的最高程度的感恩包括两个来源：一方面，我感谢收到的礼物；另一方面，我也感谢礼物的赠予者，不论她是一个人，是自然界，还是上帝。从这个角度来说，感恩和爱的感觉非常相似——都是尽善尽美的。

8 TO GREAT

享受今天吧：生活可不是一场彩排哦！
冰箱磁帖

为何要感恩？

“感恩”具有很多好处——当然最主要的原因是它让人心情愉快。就像是拉开窗帘，让阳光射进屋子里，它温暖了我们的心灵，开放了我们的思想。同时，因为它能带给你幸福，你身边的人也就受到了保佑。我永远不会忘记八岁的儿子曾经问我，在做过几周清晨感恩之后我有什么变化。我问他为什么要提这个问题，他说：“因为您看起来特别幸福呀！”

研究者也同意这一观点。根据最近五年来的研究结果显示：感恩基本上对生活每一个领域都有积极作用。迈克尔·麦卡洛夫（Michael McCullough）博士及其迈阿密大学的同事共同主持了“感恩与答谢研究项目”，他们发现，那些每天写感恩笔记或者定期做感恩治疗的成年人（无论长幼）具有一些共通特点，包括：

◎ 他们更加具有能量和活力。

◎ 他们更加乐观。

◎ 他们更容易在追求个人目标方面取得进步。

◎ 他们更加机警、有热情、意志坚决，且注意力集中。

◎ 他们更愿意帮助他人，给予他人以情感支持。

◎ 他们的生活满意度更高。

◎ 他们更加慷慨大方。

◎ 他们更能看清生活中的因果联系。

◎ 他们更加有责任感，更加坚定而忠诚。

◎ 他们不以经济条件为标准去妄自评判他人。

◎ 他们主观报告说自己的心理健康状态更好。

该项目研究结果显示："对于那些定期以口头或写作方式表达感恩的实验参与者而言，他们的配偶甚至都能注意到这些人大幅提高的身心状态。"麦卡洛夫博士还指出：感恩之人并非否认生活中存在消极面，他们只是不纠结于那些阴暗的事情而已。我的很多学生也注意到，在做过感恩功课之后，观看新闻节目的时间都大幅减少了。因为将注意力关注在过去二十四小时之内地球上发生了什么坏事，实在和他们在能量金字塔上所处的位置不相匹配。

终极"转换器"

"感恩"的极端有力主要体现在它能对我们的态度即刻产生转换效果。无论是什么情景，"感恩"都是那种能在数分钟内让事态峰回路转的"转换器"。如果说我们仅满足于不去思考那些痛苦的想法，那么结果只能吸引到更多的消极思想。"感恩"则能顺应生命大潮，为我们提供一个全新的关注点。"你为什么感恩？"这个问题的答案甚至可以简单到如"我为了自己选择了感恩而感恩。"

作为一个家长，我最大的失望并不在于我的孩子，而是我自己。我是典型A型人格[1]，总是抑制不住地没有耐心。（还好我还有"方法之六：宽恕过去"。）

1 具有A型人格之人通常较具进取心、侵略性、自信心、成就感，并且容易紧张。A型人格者总愿意从事高强度的竞争活动，不断驱动自己要在最短的时间里干最多的事，并对阻碍自己努力的其他人或其他事进行攻击。——译者注有时候，我会请求孩子们原谅我刻薄粗暴的言语，可即使他们的宽恕也无法让我重返到“95”的状态。一旦我将注意力转到我对孩子们的感恩之处，马上就觉得神清气爽。有一天下午，我批评儿子总是把东西乱放在房间四处，我们俩发生了激烈的争吵。之后，我请求他原谅我，他答应了。我又说：“实在太好了，你读了我给你买的那本书吧！你能尝试着去读这本书真让我高兴。”

8 TO GREAT

问题不在于你看了什么，而是你看到了什么。

亨利·大卫·梭罗

十五分钟之后，我看到他从洗衣房走出来，就对他说：“乖儿子，这周末你这么早就把衣服都洗了，真让妈妈开心。”

吃晚饭的时候，我又说：“你知道有时候我最喜欢你哪一点吗？”他看着我，期待我继续说下去。“就是今天，你找了两个朋友要去看电影，但是他俩都不愿意去。所以你就又找来一个朋友，因为你的努力，几个人晚上玩得特别开心。”

他真诚地说了一句：“谢谢你，妈妈。”我俩聊得特别起劲儿。这对我来说，就是最丰厚的奖赏。

感恩与职场

汤姆·拉斯（Tom Rath）和唐纳德·克里夫顿（Donald Clifton）合著的小书《你的水桶有多满》（*How Full is Your Bucket*）非常精彩，里面有很多故事证明了“赞扬”所具有的能量。盖洛普公司于2003年做的一项调查也显示“65%的美国人报告说，在过去的一年里，他们没有因为优异的工作而受到赞赏。”这项调查同时列举了那些定期受到赞赏和表扬的员工具有哪些特点：

◎ 个人生产率提升。

◎ 社会交往度上升。

◎ 工作寿命延长。

◎ 工作事故率下降。

除此之外，该调查中也许最让人吃惊的一个数据就是：员工离职的首要原因就是他们觉得自己不受赞赏。拍一下员工的后背、开会的时候给予表扬，这些简单的行为，看来大有裨益。

感恩与健康

当你在生活中处处感恩的时候，几乎万事皆会开始顺意——甚至包括你的身心健康。最近几年，麦卡洛夫和埃蒙斯（Emmons）研究了感恩对于心理和生理健康的作用。他们要求某几组实验参与者每天都列出自己感恩的清单，另几组参与者则每周列一次。

8 TO GREAT

如果你已不会感觉惊讶，说明你开始老了。

梅丽·布朗（Merry Browne）

之后，研究者会追踪记录实验参与者自我报告的情绪与身体状态。两位研究伙伴惊奇地发现：即使是那些每周列一次感恩清单的实验参与者，不仅更加乐于助人、幸福快乐，而且会花更多的时间锻炼身体，睡眠质量更加优良，身体患病概率亦大幅降低；那些每天列感恩清单的参与者，身体健康的上升程度则更加明显。再次证明，当人类将注意力集中在那些令我们心情愉悦的感觉时，我们的健康程度将会大幅改善。

8 TO GREAT

不感恩之人必定不幸福，而感恩之人必定幸福。

金格·金克拉

能量金字塔之顶端

感恩不仅仅是反复说“谢谢你”。如果我们允许感激之情尽情流淌，它将改变我们内在的核心。正如本书在“方法之四：感我所感”中所言，感恩同“愉悦”“热情”和“爱”一样，共同处于能量金字塔之顶端。

对于那些想要登顶幸福、健康和成功的潜能之峰的人来说，感恩是终极的“电梯”。踏上感恩这条大路，事情自然就会朝更顺利的方向发展。在“知我所想”时，我们要主动提出要求，并且相信；在感恩现在时，我们要真诚表示感谢，并且接受！

乘坐电梯上升到95层

解释感恩的原理时，我最喜欢拿一座美丽的九十五层楼作比喻。这座楼代表着生活的能量金字塔。

现在，请想象：

昨天，你的精神高涨，满怀希望。你良好的感觉带你登上了“态度之厦”的顶层。在那里，你能更加清晰地认识生活，感觉自己“处于世界之巅”。马上，你就开始幻想着要获得人际关系、健康、事业、假期等一切的“顶级”状态。这时候，你看到直升飞机已从停机坪起飞，准备带你去理想的地方。

一切都很顺利，直到昨天深夜，你在极度焦躁中等待着货物运上来，越来越不耐心，不禁开始回想起之前那些令自己失望的情况。你很奇怪为什么最近自己的要求没有得到满足。毕竟，“请求”和“接受”都是很简单的事情，你也一直为了自己的目标在刻苦工作。你开始说服自己，要为最坏的情况做打算，也开始琢磨如果自己的要求无法得到满足要如何应对。

不知不觉间，你在努力工作和忧心忡忡中下降到了45楼。到那之后，你的注意力转移到了桌角上的一张报纸，大标题讲的是一些悲惨的事。你情绪低落，一不小心上错了电梯，马上降到了25楼。那一层的人们过去一周有很多伤心事，哭着喊着要跟你倾诉，你聆听着他们的不幸，完全忘记了自己之前满怀期待的那些货物——它们其实已经在深夜送至95楼了。

不幸的是，由于无人签收，货物被退回到了发送者那里。

这个故事的寓意在于：如果你想要“95”状态的爱人、工作或者其他经历，你就要保持在“95”的情绪状态，以便梦想成真！

感恩是自然而然之事

对于原始部落的研究表明：“感恩”也许是随着人类心理的发展与生俱来的。这个结果十分吸引人。如果你曾经跟和平部队的工作人员有过交流，就会发现，他们的故事一般都会包含对驻扎地居民的深切感恩。在描述他们的经历时，这些志愿者时刻提醒着我们，那些在物质上一文不名之人，往往却是他们遇到过的最幸福之人。

8
TO
GREAT

我在吉尔吉斯坦的家，没有自来水，没有电视，没有汽车，没有很多我在美国这边拥有的东西，但在那里我却极其幸福。作为一个美国和平部队的志愿者，你可能会觉得自己要去另外一个更艰苦、贫穷的国家，去帮助那里的人民。的确，那里大多数人很穷，但是我现在将其称之为朋友的这些人在品格上却非常富有，以至于我从没质疑过他们在物质上有多么贫穷。

莱斯利·瓦库里克（Leslie Wakulich，和平部队志愿者）

对物质的占有并不能够带来幸福，对于所拥有之物的感恩之心则可以。黛波拉·诺维尔（Deborah Norville）所著的《谢谢你，能量》（*Thank You Power*）一书中，就援引了诸多研究结果，证明在基本要求得到满足之后，普通人的幸福程度并没有随着收入的增加而增长。我们不需要拥有更多的财富才能更多地感恩，不过，一旦我们更加感恩，就一定会拥有更多的财富。

8 TO GREAT

你必须学会去理解感恩的秘诀。它可绝不仅仅是所谓的“美德”。它经常以一种神秘的存在法则出现在你面前。要遵循其规律，我们必须完成自己的使命。

艾伯特・史怀哲

旷野的声音

作家、物理学家、前堪萨斯州选美冠军马洛・摩根（Marlo Morgan）在其著作《旷野的声音》（*Mutant Message Down Under*）中，描述了自己与土著人长途跋涉于沙漠之中几个月的经历。那群土著人自称为“真正之人”。

“（在旅途中）我发现，他们从不将寻找到食物看成是理所当然之事。他们总是要做出请求，祈祷食物出现，然后食物的确出现了。这时，他们就会给出最真诚的感恩之心。

“（一天晚上）‘真正之人’对我说，看到西方传教士要求孩子们在吃饭之前双手合拢进行感恩，他们感觉十分荒唐。他们每一个人从早上起床之后就一直处于心怀感恩的状态！不论哪一天，他们都不会将生活的赠予视作理所应当。如果说连感恩这种人类与生俱来的品质，都需要传教士费神去教孩子如何去做，那么这个社会就极需严肃而全面地审视自身了。也许，真正需要帮助的是你们西方人。”

感恩的海洋

想理解我们与生俱来的“感恩”本质，另外一种方法就是观察动物。很多人都知道，主人带小狗出去玩的时候，小狗都会特别感恩。那么，能推论说所有的哺乳动物都会感恩吗？

据《旧金山纪事报》2005年12月14日刊登的一篇文章记载，一些捕蟹渔民发现，有一头母座头鲸搁浅在近海处，浑身缠满了渔民们用来连接捕蟹陷阱所用的尼龙绳。捕蟹陷阱都很沉，所以座头鲸必须尽量上升至水面，以保持能够呼吸到空气。专家估测了当时的情况，认为唯一的方法就是：营救人员与座头鲸共同下水，将绳子一根一根剪断。虽然这头五十吨重的巨物任何一次拍打都会置人于死地，不过救援组成员认为还是要冒一下这个风险。

> 8 TO GREAT
>
> 当我们树立了关于同情和感恩的正确态度之后，
> 也就在解决个人和国际难题的道路上前进了一大步。
>
> 匿名

潜水员之一，詹姆斯·莫斯基多（James Moskito）说，在救生队员剪掉绳子的一小时左右的时间里，座头鲸都非常平和。剪完绳子后，座头鲸意识到自己已经自由了，就开始转着圈地游泳。

“给我的感觉是它在感谢我们，它知道自己自由了，是我们救了它。”莫斯基多说。但那还不是全部，转圈之后，“它在离我们一英尺之外的地方停下，轻轻地推我们，玩得很开心。”

他说鲸鱼和他接触了一会儿之后，又和其他营救人员玩了一段时间。

好好教育孩子

动物和孩子都是伟大的导师，她们了解“感恩”的最纯净精髓，也懂得要享受当下所具备的能量。那么，这种自然而生的“敬畏”与“惊奇”，是从什么时候开始演化成“空虚”和“无聊”的呢？扎克四岁的时候，他爸爸给我买了一束漂亮的玫瑰花。放进花瓶的那一天，它正含苞待放。第二天早上，我起床时发现，色彩艳丽的花瓣正在照耀着厨房里的桌子。扎克醒来的时候我指给他看。

他的回答是：“怎么了？妈，昨天我就看过了啊！”

不知是用哪种方式，我们给他传递的信息是：树“不过就是一棵树”，花也“不过就是一朵花”。我感恩于自己及时发现了教育中存在的问题，时至今日，十七岁的扎克经常会打电话，让我去欣赏窗外美丽的日落。

感恩之保证

每天花两分钟的时间，写下你的感恩之事。这不仅会给你带来新福祉，也会解决你面临的棘手难题。将你眼前面对的苦难想象成一场森林火灾。站在火舌的中央，必然束手无策。有感恩作支撑，你能“上升得更高”，超越无助或者恐慌的感觉，可以更加清晰地看到自己所拥有的选择。

“感恩”并不能纠正你昨天所犯的错误，可是，后悔或者担忧同样也不能做到这一点。“感恩”所将能做到的，是让今天更好——让当下更好。这难道还不够吗？一旦你理解了感恩，就会明白你所有的能量和愉悦从来都只能从当下获得。

感恩之保证：

如果你感恩，就会心情愉悦。

如果你心情愉悦，好事就会发生！

感恩现在之流程：每日感恩

感恩充实了我们的人生。它将我们所拥有的变得更丰富、更充实。

它能将平平无奇的一餐饭变成一场豪门盛宴，

将一间房子变成一个温馨的家，将一位陌生人变成生死之交。

感恩让我们的过去有了意义，让我们的现在有了平和，

也为我们的将来创造了愿景。

梅洛迪·贝蒂（Melody Beattie，美国通俗心理学畅销作家。——译者注）

每次演讲之前，我都会提问以下问题："请问，广大的听众之中，有没有一些事情是你们想要抱怨或者担心的？如果有，请举手。"

绝大多数人都举起了手。

然后我又问："请问，广大的听众之中，有没有一些事情是你们想要去感恩的？如果有，请举手。"

所有人都举起了手。

我小结说："这两种事情哪一种在你生活中占得比重更大呢？对这个问题的回答，代表了你最近的生活状态。"

所谓"感恩的流程"，不过就是去选择关注自己的感激之情。你可以每天定时做，比如说在你起床时或者每餐饭之前，也可以随时让你的思想汇入感恩的洪流。感激之情就是如此简单，也是如此强大。

8 TO GREAT

你知道吗？我总是在自我检查，"我有没有对这件事感恩"？如果我不感激的话，为什么不感激。我会将自己拉回到当下所发生的事情上、此时此刻所发生的事情上。

金·凯利

在"方法之一"中，我们说信念就是要"不断去思考，直到你能够真切地感觉到它。"同理，如果只是思考感激之情，而没有去亲身感受它良好的感觉，就会像是播下了种子，却不浇水一样。只有你谦虚地去感谢生命赠予的礼物，才能收获感恩的果实，这是世界上最好的感觉之一！

每日灵修

每天都要让自己心存感恩之情。方法很简单，只需写下过去二十四小时之内让你感恩的三件事即可。然后每天坚持，但是不能写重复的事。如果说你已经没什么可写的，就不妨想一想，生活中哪些东西如果失去了会让你十分想念，譬如说每天跟你道早安的同事，又譬如说你可以在网上购买单首歌曲而不需要去线下购买整张CD，等等。你在感恩之路上一点微小的努力，也能收获丰硕的果实。

8 TO GREAT

享受生活中的小事吧！当有一天你再回首时，
会发现那些其实是很重大的事。
匿名

烦恼“橡皮擦”

如果说有人跟我倾诉说他终日烦恼，我绝对不会建议他停止烦恼。那只会让他们为了自己的烦恼而烦恼。相反，我会建议他们要心存感恩，活在当下，不要纠结于未来。

如果说烦恼已经不可遏制。我会邀请他们玩外星人游戏（Alien Game）。就像电影《第六感生死缘》（*Meet Joe Black*）中布拉德·皮特（Brad Pitt）饰演的角色所玩过的游戏那样，我们假装自己是外星人，来到地球之后，进入到了他人的躯壳之中。作为天外来客，地球上所有的东西都让我们备感好奇——不是恐惧的好奇，而是愉快的好奇。

用心玩这个游戏的人（和自己内心深处的“外星人”取得联系），会惊讶于牙膏的形状，惊讶于孩子们的爽朗笑声，惊讶于月夜下波光粼粼的雪花，惊讶于家制面包配上热气腾腾的黄油是多么诱人。

当我们没有过去也没有未来时（因为我们要在一周之后将躯壳还给地球人），最重要的就是此时此刻。我们对现在有了全新的认识，能够友好地去拥抱生活。有了这焕然一新的眼光，我们会情不自禁地爱上生活。

活在当下

真诚的感恩能够帮助我们活在当下，它能让生活的节奏更加舒缓，让时间开始无限延展。假如世人对于上天赠予之物毫无感激之情，那这绚烂世界又有何意义呢？这就好比购买了一张音乐CD却从不去听它一样！感恩，就是“停下来，去闻一闻玫瑰香”，去尽情享受我们梦想中的花卉与果实。

花点时间来做一个小实验吧，读完指导语之后，你要放下手头中所有东西，包括这本书。现在，跟随着自己的呼吸，开始感觉皮肤下是否有轻微的麻刺感，也许在你的手上或者脚上。有点像瘙痒，对吧？（我儿子就是这样描述的。）就是这样。你已经回家了。

这又意味着什么呢？活在当下，意味着你无须对过去悔恨，也无须对未来担忧。没有了后悔和怨恨，过去无法纠缠于你；没有了焦虑和恐惧，未来也不足以令你顾虑。

如何回到当下？有很多种方法：闻一闻花香，抱一下小婴儿，冥想，做爱，爬山。所有这些都是完全活在当下的方法。爬山的时候，你总没有精力去担心你的工作或者懊恼于过去的投资了吧。

> 8 TO GREAT
>
> 烦恼和时间成反比例关系。你拥有其中一方越多，另一方就越少。然而令人感兴趣的是，当你活在当下时，两者都停止了。
>
> 迈克·多利

所以，下次如果再有人问你：“最近好不好？”你可以回答：“当下。当下是最好的。”此时此刻，睁开双眼，“刷新”心灵，享受一种“前所未有”的体验。正是在此时此刻，我们方可体会到自己的感受，尝出可口的事物，闻到咖啡的香气，看到孩子美丽的双眼。正是现时现在，全新的世界已经敞开——同时也敞开了我们自己。这的确是独一无二的体验。这是真正的自由——而且人人皆可自由享受。

为什么我们无法感恩现在

清晨起床之时，感激你所拥有的光明、生命与力量。

感激你的食物不虞匮乏，并能享受活着的喜悦。

假如你找不到任何值得感激的理由，那是你自己的问题。

印第安肖尼部落酋长：特库姆塞（Shawnee Chief Tecumseh，北美原住民领袖，曾率领部众反抗欧洲移民的占领。——译者注）

如果说“感恩”如此辉煌灿烂，为什么还有那么多人虽然读了本书，却从没有列过自己的每日感恩清单呢？借口有很多种。有些人心中充满了怨恨，因为他们从不宽恕（方法之六）；有些人害怕感恩会让自己泪水涟涟（方法之四）；有些人终日汲汲营营，总是逃避（方法之二）；还有些人只知忌妒他人，不知道自己也可以提出要求，更不知道只要信念坚定，自己也拥有梦想成真的能力（方法之一）。所幸，学习“让内心强大的8个方法”，能够让我们重新找到自己的感恩天赋。

8 TO GREAT

生活中的真正美好并不取决于你拥有什么，

而是你对所拥有事物的珍视与感激之情。

拉尔夫·马斯顿

我们都在等待着当头棒喝

1989年旧金山大地震，有一张照片流传很广。画面上，一辆车横跨在奥克兰海湾大桥的边缘，摇摇欲坠。很少有人知道的是，该车车主在“9·11”事件发生时恰巧也在双子塔里！

接受采访时，这位先生说旧金山大地震并没有给他多大触动，但是第二次又遭遇致命事件却深深震撼了他，他说：“现在我的生活完全改变了，我非常感恩自己还有第二次活命的机会。”

对于我们其他人来说，需要什么事情才能最终让我们学会感恩呢？你也许已经经历过当头棒喝了。在跟数千名个体交流之后，我就发现，这世界上最为感恩的有三个群体：

1. 那些曾经差点承受巨大损失之人

2. 那些曾经承受过巨大损失之人

3. 那些知道即将面临巨大损失之人

第三种人让我想起了被确诊罹患癌症之后的父亲。在他生命中最后的几个月，每次日落，每声鸟鸣，都变得那样宝贵。看着父亲那样的转变，我暗暗发誓，自己不会再坐视时间虚度，不会到生命即将终结之际才懂得感恩。正如乡村歌手蒂姆·麦格劳（Tim McGraw）所写的美丽歌词那样，我想要“像自己马上就要死去一样地去生活。”

能让你建立起感恩态度的催化剂又是什么呢？是智慧，还是苦难？

“如果……我会很感恩”

我们总认为，只有生活中的挫折和不顺完全消失，人才能有感恩之心。但是，伟大的导师却告诉我们这种观点并不正确。我最喜欢的逆境之中仍然感恩的故事，来自于荷兰籍女士彭柯丽（Corrie ten Boom）所著的《隐匿之所》（*The Hiding Place*），书中记载，“二战”期间，作者和她的姐姐贝斯蒂（Betsy），虽然身处纳粹赖文斯卜鲁克（Ravensbruck）女子集中营，仍然坚持每晚为狱友诵读一本小《圣经》。

8 TO GREAT

凡事谢恩。

《给帖撒罗尼迦人的二封信函之一》，第五章第 18 节

有天晚上，贝斯蒂读到了《给帖撒罗尼迦人的二封信函》的第一封信，并坚持说他们应该为了一切事物向上帝谢恩——甚至包括那些寄宿在她们牢房内的虱子。彭柯丽刚开始不同意，之后还是照做了。再之后，她们发现，正是因为纳粹军人很讨厌虱子，所以晚上才都懒得进牢房拷打她们。如此一来，她们就能在夜里做祷告了。

工作让我们憔悴

我曾经调查过全国各类商业组织的人员，研究目标是发现他们认为工作单位有什么可以改进之处。有一个答案被提到的次数最多，但并不是“更多的薪酬”和“更多的休假”。职员们最发自内心渴望的，是“更多的欣赏与赞扬”。我们的配偶和子女可能也会给出相同的答案。有些老板会按照员工所愿加以改进。结果呢？员工的幸福感更强，生产率更高，家庭幸福感更高，争端减少，对未来更加抱有希望，健康程度也显著提高。

不过，仍有一些雇主不愿意在开会或者年终评定的时候赞扬属下。原因是什么呢？“如果我赞扬一个人的话，那我所有人都得赞扬！”

8 TO GREAT

人性中最深刻的原则，就是希望别人对自己加以赏识。

威廉·莎士比亚

也许我们可以温柔地提醒他，作为老板，他也需要给每一个人都发工资啊！如果不发工资，那么员工会跳槽。如果老板不懂得鼓励下属，那么营业额的下跌也不可避免。可能只有到了那个时候他才会幡然悔悟吧！

我们是不是贪心不足？

贪心不足蛇吞象吗？为了回答这个问题，我们不妨关注一下很多女性心仪的一个事物——电视剧《欲望都市》（*Sex and the City*）中的角色凯莉（Carrie）曾经说，一心要得到某双鞋子——之后终于得到了它——非常让女人兴奋。不过，如果说编剧让她在某一集中，看到从大卡车上一股脑运下来的各式各样的莫罗·伯拉尼克（Manolo Blahnik，时装界的传奇人物，并被誉为“世界上最伟大的鞋匠”。——译者注）设计的高跟鞋，她的愉悦程度会有什么变化呢？一定是大幅降低的。

如果说你察觉到孩子们最近不太懂得感恩，考虑一下是否带他们去野营，到当地庇护所里当志愿者或者去第三世界国家来个短期旅游。让他们看看世界上有多少人正在无尽的痛苦中挣扎，也许，他们终会明白：能够实现我们梦想的一部分——而非全部——才是人之常情，而且，这已经足以值得我们去感恩戴德了。

我们的忌妒之心

不愿感恩的另一个蹩脚的借口，就是说别人拥有我们想要的东西，所以我们没有什么值得感恩的。我还记得自己有一次等飞机的时候，身边坐着特别吵闹的一家四口人——父母和两个孩子。他们是那种不招人烦的吵闹——一家人团坐在一起，大笑，互相戳着玩——基本上根本注意不到身边的人。我看得入了迷，后来还换了一个新座位，方便“偷看”这一家子。

那对夫妻尤其让我着迷。丈夫不时地用肢体动作来表达自己对妻子的爱，妻子看着丈夫时双眼之中也闪烁着爱意的光芒。当时的我还是单身一个，我不由得闭上双眼，把自己想象成那个妻子，体会着爱情的感觉。她成功地帮助我“知我所想”，而且几个月之后，我同样也找到了自己美满的爱情！

我们害怕失控

我曾给一家非常成功的公司里的销售人员授课。历时一天的课程之中，很多人都分享了自己独到的见解。课程要结束的时候，我心血来潮，想要冒一个小险。我问他们，有没有人愿意站出来大声说出自己的感恩，对自己的团队，对自己的老板，或者对曾经帮助过自己的那些人，均可。房间沉寂了，虽然我能看出有不少人四处张望，摩拳擦掌地想要发言。

最后，我打破了沉默，问道："你们不愿意大声说出感恩，是不是害怕控制不住自己的情绪？"

"说对了！"第一排那个最大块头的男人喊道。

8 TO GREAT

播下的种子总会开花结果，年复一年，我们有时会忘了这丰收从何而来。这就是大自然的神奇之处，她总是能够穿透并温暖我们的心灵……

亚伯拉罕·林肯

其他人都笑了。这笑声说明大家都和这个男人一样，害怕当众"丢脸"。笑声过后，我鼓励他们花几分钟写封致谢信，致谢对象可以是任何人。他们都照做了，有几个还勇敢地上台当众读出了自己的信。

如果你也害怕流泪，就给那些你喜爱和敬佩的人写一封致谢信吧，这是给他们的礼物——也是给你自己的。

全身心地去感恩

有一天我停下来问自己，为什么我那么着迷于教授感恩。我知道，教得越好，就越说明我的需要最为迫切。这让我逐渐认识到，全身心地投入到感恩中后，它治愈了我的痛苦。

我曾经提过自己喜欢去控制事情和他人。像我这种控制者，非常喜欢“给予”，但是却不懂得如何“接受”。我们总是抱有“我不需要任何人”的思想，就像是全副武装的盔甲，防止我们（再次）受到伤害。可是这副铠甲也让“爱”和“生活”无法走进我们。

8 TO GREAT

不懂得接受，我们也就无法和他人亲近。

劳拉·多莉（Laura Doyle，美国畅销书作家。——译者注）

我们每个人都需要彼此。没有树木为自然界清洁空气，所有生物都会死亡。感恩就是让我们像孩童那样，勇敢地去接受生活的美好。我们不需要花钱购买生活的富足，它们是免费赠送的礼物。

“免费的礼物”“无须靠自己挣钱得来”的这种概念在有些文化中显得尤为陌生。比如，中国人就有句话说“你让我一尺，我让你一丈。”所以，在中国，如果你送人礼物，对方经常会再三推托，他们对于免费接收他人的赠送总觉得心中有愧。其实，很多美国人亦有类似的行为。

也许我们觉得“接受”会将我们置于较弱势的位置。其实，如果感恩地去接受，我们反而变成了给予者。因为“接受”和“感恩”本身就是我们能赠予他人的最佳礼物。

在受孕的神奇过程中，男人给予，而女人接受。正是由于女性的乐于接受，才有新生命的诞生。感恩地接受，能让我们接触到自己母性的一面。也再次印证了人类都是互相联结、互相依靠的。我们每次说出“感谢”或者接受感谢，都会孕育出新生命，吸引到更多的爱与平和。

我们害怕自己会忘记

就像系安全带一样，感恩也是一种习惯。起初，想养成这种习惯看起来绝不可能、痛苦不堪，尤其是在我们处于人生低谷之时。不过，正如使用除臭剂和刷牙一样，刚开始这些行为也许略觉诡异，时间一长，我们反而会为了这些健康的习惯而感到开心。

8 TO GREAT

> 感恩的核心，在于我们不再茕茕孑立，而是接受给予者和受赠者之间“给予和接受”的过程。“好的，我接受”，短短的一句话意味着我们承认了人们之间的互相依靠，彰显了我们的归属感，也彰显了我们的爱。
>
> 戴维·斯坦德尔·拉斯特兄弟（Brother David Steindl Rast）

如果你因为担心自己无法坚持而不去每日感恩，我可以向你保证，在这过程中你必然有时候会忘记，甚至几周、几个月都忘记了。但是，如本章开头所说，你可以选择FGH：宽恕自己的遗忘，感恩自己还能记起来，希冀自己将来能够坚持得更好。这样你就能坚持得越来越好。相信我。

我们害怕自己会没什么可感恩之事

不再感恩的另外一个原因，是因为我们对其感觉无聊了。正因如此，“让内心强大的8个方法”中每日感恩才会有一个要求是“不得重复”。这会让感恩变得更加趣味盎然。一开始，我们可能只是笼统地写为谁感恩、为何感恩，再之后我们可能就要细致到我们感恩于某人的哪些方面。

稍加思考，就会发现，我们总会想到感恩之事。我曾经列过“101种让会议参加者保持清醒的方式”的清单，会议组织者可以用它来将听众的注意力转移到感恩之事上面。比如说：

◎ 你的工作地点的优美环境。

◎ 你左边的那位同事。

◎ 你的忠诚顾客。

◎ 你带到工作地点的小礼物。

牢狱中的自由

我曾在内布拉斯加州最大的女子监狱授课。上台之前，监狱长走到我身后，向我提出了一些让人意外的要求。

“穆勒女士，有两件事我必须跟你说一下。”

我不禁凝神倾听。

“第一，不要碰她们。我知道你平时与人接触很多。但是，请不要向她们伸手，也别拥抱她们。不要以任何方式触碰她们。”

“那她们平时有人触碰吗？”

“没有。”

（那次授课之后，我找到了六个按摩治疗师。她们都愿意去监狱服务，但却没有得到允许。）

“第二，就是我不希望你谈论与感恩相关的话题。这些女人根本没有什么值得感恩的事情，所以我不想……”

我转过身，走上了台。

8 TO GREAT

思考当下的福祉，我们每个人都有很多；
不要扼腕过去的不幸，我们每个人都只有一点。
查尔斯·狄更斯

“早上好！”我高声喊道，听众给了我热情的回应。

“我的名字是MK·穆勒，很多人称我是感恩大师。也许这世界有人认为你们没有什么可以感激的事情。但我知道你们对这个问题更有发言权。如果你想说出自己感恩的事，请举手示意我。”

马上，就有五六个人举手。其中一位二十多岁的年轻又漂亮的女生举得最快，我就让她先发言。她话还没说就开始哭泣。我们都耐心地等她。

“绿草上的露珠……看起来真像折射着日光的钻石啊！”她终于说出了自己想要表达的话。

她话语中的感激之情，让我们不禁沉默了一会。然后我问她，她是如何注意到这美好的天赋之物的。

“我只是不再感到孤独而已。”

那天，我的演讲收到了我开始职业生涯以来时间最长的起立鼓掌，还有最多的致谢信。这些犯人没有将钱用来买烟或者买糖，相反，他们购买了信纸、信封和邮票以便给我写信，这让我更加感动。

感恩现在的成功案例

感恩的言语是谦逊的，令人愉悦；
感恩的行为是慷慨的，无比高尚；
感恩地生活，你就会触碰到天堂。

约翰内斯·A. 盖特纳

（Johannes A. Gaertner，艺术史教授、神学家、诗人。——译者注）

在实践“让内心强大的8个方法”的过程中，我们总能碰到那些纯净而简洁地实现自己人生价值之人。很荣幸，我的姐夫——空军上校布鲁斯·赫德（Bruce Hurd）就是这样的一个人。下面这封信，是他在佐治亚州鲁宾斯空军基地完成任务后不久写就的。

空军上校的故事

亲爱的MK：

你写信过来，询问我如何为会议定下良好、积极、高效的基调，我很乐于分享自己的经验，希望对你有所帮助。我的很多观点都并非原创，都是我作为空军军官二十年来不断对思想和技术进行“吸收和选择”的结果。

（一）每次组织会议之前，我都会让随军牧师做公开祷告，以便给会议定下良好的基调，且有助于我们抓住重点。

（二）会议的第一项内容，就是我为部队中表现优异者颁发“战队指挥官纪念章”。指挥官纪念章是我为自己的部队特殊定制的。只有工作表现优异的官兵方有资格获得。比如说，外单位表彰我部某官兵表现优异，则我会给该官兵发放纪念章；又比如，某官兵在飞行训练中成绩突出，我也会给他颁发纪念章。我相信这个仪式可以为会议营造出一种喜庆、向上的氛围，也能让广大官兵认识到我们部队所培育的杰出分子。

（三）我每周还要做的一项工作就是要表彰士兵（通常是刚入伍的战士），授予他们“本周优秀士兵”的称号。获得奖项的士兵可以参加我们的高层会议，由他的指挥官引荐给与会者，并介绍他们的优秀事迹。这不仅会让获奖士兵感受到荣耀，也让他们有机会得到中队长一级别领导的重视。

（四）会议行将结束时，我会询问与会者是否还有需要补充说明的内容。再之后，我会宣布在上一周中取得进步或者荣获奖项的个人或者单位。

（五）最后，我会表达出自己对于全体官兵辛勤工作的感恩之情——尤其是那些参加会议的领导们。这可以让会议在积极的氛围中结束，让参加者有一个良好的自我感觉，并且向那些取得荣誉的同事致以祝贺。

以上我说到的这些事大概会占用每周例会的5~10分钟时间，但我觉得这时间花得非常值得。很多人采取的类似于“棍棒出孝子”的领导方式也许短期尚可奏效，长期来看，对于部队及其成员的健康和状态反而都有不利影响。

感激会带来感激

在为了欢送布鲁斯离开佐治亚州而举办的聚会上，他告诉我很多人给他写了致谢信，说了很多感激的话。也许对他来说最好的礼物就是：他毕生恪守的感恩态度，如今也被他的下属所认可。聚会结束之前他们玩了一个游戏——他们给这个游戏起名叫“布鲁斯·赫德说”。

以下是布鲁斯对这个游戏的描述：

游戏很简单，就是在一张纸上画好格子，格子里写上我平时愿意说的话。当我上台讲话的时候，他们就拿出这张纸。我在发言中说了哪句话，他们就在那句话的格子旁边画个叉。讲话之后，我再看那些纸，基本上我说的最多的都是积极的话，比如说“谢谢你们”，“非常感谢你们”，“不同凡响”，“相当出色”，“很棒”，“非常好”之类的。这游戏挺有趣，而且我平时确实总是在说这些话。

聚会结束后，我手下一名表现优异的中队长评价我说：“赫德上校用他的实际经历证明了一句话，那就是好人最先领悟生命的真谛！”

我觉得这是能从我所尊敬的军官嘴里得到的最高评价了。我的心里非常充实，以前是，现在也是。

作业

有一天我收拾桌子的时候，看到了女儿乔安娜打开的笔记本。她当时上高中一年级，班里的英语老师要求每个学生都给其他同学写一封短信。

大部分作业的开头都是：“嘿，小乔，最近可好啊？”短暂的寒暄过后，就是结尾：“祝你天天开心”。但是，一个叫皮尔（Pearl）所写的信与众不同。他开头就写：“乔安娜，你是一束美丽的阳光，照亮了你身边每一个人的生活。”

我的眼泪流了下来，因为这些文字确实描述的就是我的女儿。皮尔接着写道：“因为你的存在，这个世界是幸运的。因为你的高尚，这个宇宙更加得均衡。今天的风和日丽，只是为了你而美好。你应该走出去尽情玩乐，因为世界就是为你而存在的。在温和的日光下享受温暖，躺在草地上，尽情微笑吧。今天属于你。”

皮尔具有绝佳的天赋，她能看出我们每个人体内所蕴藏的华美壮丽、英雄气概和完美无缺。她给我女儿写的这封美妙的信件，让我深深感恩。我还要感谢布置这份作业的杰出教师，因为她懂得感恩的力量，也愿意用自己的课程教会孩子们心存感恩之情。

挺过儿女的考验

女儿上高中二年级那年，突然就不跟我说话了。也没什么特别的原因。我们俩既不吵架，也没有什么“我喜欢你”之类的话。我看到的永远是她的后脑勺，听到的总是她关卧室门的声音。我不愿意将这一切都认为是在针对自己，所以我就努力地从“让内心强大的8个方法”那里搜寻答案。我决定：坐下来，给她写一封信。

> 8 TO GREAT
>
> **想要逗逗你的家长吗？你就走到他面前，**
> **伸出双臂拥抱他一下，说声“谢谢您”，然后走开。**
>
> 克里斯·加德纳（Chris Gardner，
> 电影《当幸福来敲门》男主角的原型人物。——译者注）

亲爱的乔安娜：

写这封信的目的，就是告诉你，妈妈爱你。你马上就要长成一个大姑娘了，妈妈为此很骄傲。即使你对我心存质疑，那也只是你寻找自己人生之路的一种方式而已。

这之后我写了满满一页纸，对于我们之间的分歧只字未提，只是说我喜欢她的哪些方面。然后我将这封信装入信封，放到了她枕头底下。

第二天，我惊奇地发现她给我回信了。而且不止写了一页，足足有三页。信中倾诉了她对我的爱，说她以我是她的母亲为傲。我泪眼婆娑地读完了这封信，又将其复印了二十份，在卧室的每个抽屉里都放上一份，这样我就能时时回味女儿心中那感恩怀德的精神了！

善有善报

儿科医生金吉儿·赛斯曼（Ginger Senseman）来自于堪萨斯州盐湖城，她因为一封感谢信，而有幸超近距离地见证了一个历史性时刻。2008年10月，这位母亲发现自己罹患了乳腺癌。为了不影响化疗，她和丈夫取消了去夏威夷的家庭旅行。他们的两个儿子威廉姆（William，十岁）和萨姆（Sam，七岁）为此都感到非常失望。

到12月的时候，她的化疗一切顺利，两个孩子最支持的总统候选人巴拉克·奥巴马也成功获选。为了弥补取消假期给孩子们带来的失望，金吉儿联系了堪萨斯州的两位参议员，希望能申请到华盛顿总统就职典礼的门票。

两位参议员都回复了她，共给了她五张蓝区票和五张银区票。除去四个家人，她准备将其余的票给了两个亲戚和一位帮助她化疗的医生。

去参议员布朗博克（Brownback）办公室领票的那天，她排了一个小时的队。轮到她的时候，她递给了工作人员一封手写的感谢信。取好票后，正要离开，参议员的办公室主任追了上来。

"金吉儿，金吉儿，等等！"他喊道。走到金吉儿面前，他说："布朗博克女士无法出席就职大典。你想要她的票吗？是一张金区票。"

"当然了，我想要她的票！"金吉儿边说边拥抱了他。

就职大典当天的早上五点，有人通知她去布朗博克的办公室。她的家人和朋友要跟人挤地铁，还要忍受几小时的瑟瑟寒风。她却在舒适的办公室中优雅地喝了两个小时的咖啡，给"她能想到的所有人都打了电话"。

在办公室的时候，她问工作人员为什么自己有这样好的运气能拿到布朗博克参议员的票。一位秘书跟她说，当时办公室的工作人员都已经发了两天的票了，领票的民众大多数都不怎么领情，有些人还特别多事。这么多民众里就只有金吉儿写了一封感谢信。所以大家马上都同意她应该拿到金区票。就这样，金吉儿就坐在宣誓台五十英尺外，见证了美国历史上第一位非裔总统的诞生。

8
TO
GREAT

除非你对自己现在的状态心存感恩，
生活才会有新起色。
迈克尔·柏克维斯牧师

最好的时代还是最坏的时代？

金吉儿身患癌症，却仍然心怀感恩地生活。总有一些人抱怨说他们的困难让自己无法感恩，我对此不敢苟同，因为类似于金吉儿这样的故事有太多太多。我自己总结出了一个公式，不妨称之为ADAM：

A——挫折（Adversity，首字母A）。挫折对我们来说是一种磨炼。生活有时就像碰碰车，撞墙之后，有些人愤愤不平、哭天抢地；有些人则能换个方向，继续前行。

D——愿望（Desire，首字母D）。在与困难的不断碰撞之中，我们更加清楚自己想要什么、自己会为什么而激动，同时也逐渐明白自己不想要什么。

A——接受（Acceptance，首字母A）。接受现实，是我们要做的下一步。我们必须宽恕挫折，为了自己拥有的愿望而感恩，然后，期待着我们的美梦终将成真。

M——美梦成真（Manifestation，首字母M）。美梦必将成真，而且，如果我们没有遭遇挫折，这梦想也不会如此华丽！

ADAM公式也让我们明白，为什么那些成大事之人总要经历无穷的挫折方才梦想成真。挫折也许已经将你打翻在地，既然如此，不妨就躺在地上观赏一下美丽的星空吧！

实践感恩现在

若你心存感恩，你就可变成一个伟大之人，最终也能做出伟大之事。

柏拉图

她的名字叫达娜（Dana）。几年前，我在一个儿童保健会议上做讲座，结束之后，她走过来说："我很欣赏您刚才介绍的感恩搭档这个概念，不过我住在一个小镇里，我觉得可能很困难，如果要想找到……"

"你可以给我发电子邮件，"我说："每天发一封——写上三到五件感恩之事。如果条件允许的话，我肯定会回复给你我自己的感恩清单。"

她绝对是一个有毅力的人。接下来的七年间，她一直给我发来一封封充满喜悦的感恩清单，比如：

我感恩于：

我能打哈欠；

老公开车到家时发动机的声音；

我的前刘海；

教会女儿们按照菜谱做菜；

我的纽扣。

你的朋友，

达娜

达娜说，这么多年坚持下来的感恩之心让她身体非常健康、"日托"生意红火、婚姻幸福美满。我知道，她也让我的生活变得更加明亮起来。

8 TO GREAT

心存感恩，也就不再感觉有压力。

匿名

感恩仪式

每天你的感恩作业如下：写下三到五条感恩之事，不要重复。达娜每天早上写五条，你也可以这么做——不论如何，不得重复。

你可以为了哪些事情感恩呢？所有那些如果失去了你会怀念之事。比如说，你可以写下每天早上吃早餐之前自己做的那件事。当你心情愉悦时，好事就会发生。就是这么简单。

如果说读了本章之后读者仍然犹豫不决。不妨这么想一下吧：

问：这么做你会失去什么？

答：每天用去两分钟。

问：这么做你将得到什么？

答：有生之年的所有愿望和美梦都将成真。

我知道——要抉择很“难”对吧。

还记得参加我培训的一位先生喃喃自语说：“我实在等不及，今天晚上回家就要使用感恩了。”等他回过神来，我们都哈哈大笑。感恩只能让我们在当下感到幸福。活在当下，能让你更加感恩。心存感恩，也能助你活在当下。感恩，让此时此刻如此美好。

8 TO GREAT

如果你感觉生活失衡、心碎不已。

我保证，写下感恩日记能够改变你的生活，我保证绝对会这样。

奥普拉·温弗瑞

何时说“谢谢”

有三个重要的时间点必须要说“感谢”，这就是一切事情发生之前、发生之中和发生之后！

之前：按照“让内心强大的8个方法”的原理，在一件事情发生之前，就表达出自己的感恩之情，是让其顺利实现的最快速的方法。

之中：有过做饭经历的人都知道，在烹饪的过程中，别人走过来尝一下并且给出赞扬，是最让人享受的一种情况。有一次度假的时候，儿子扎克跟我说：“妈妈，为了避免我过后忘了，现在我就要跟你说声谢谢。”这是我对假期最美好的一段记忆。

之后：作为合唱团的领队，每周排练结束之后，我都要给队员发送电子邮件，表扬他们，比如说“新歌唱得非常棒！”等。有不少成员在离队的时候，都会说这些邮件对他们而言意义非常重大。

三十天养成感恩习惯

就像所有的健康活动一样，感恩也是一种习惯。我们大多数人都习惯于去抱怨别人，而不是去赞扬他人。这种行为模式用几周的时间就可加以改变。

给自己设定一个目标——用三十天养成感恩习惯。以下是四种养成感恩习惯的有趣方法。你可以挑选一种最适合自己实际情况的进行练习。

1. 制作一个“感恩日历”，日期下方要有空白处，每天在上面写上你的感恩之事。把日历挂在家庭成员都能看得到的地方，对他们来说也增加了生活的情趣。

2. 寻找一位“感恩搭档”，两人之间可以通过电话或者电子邮件相联系，每天早晨互相交换三条感恩之事（每周做五次）。也可以和自己的配偶每天早上或者晚上分享感恩之事。

3. 购买我的感恩CD，内含四十多种感恩方法，每周选择一个进行练习。或者购买《让内心强大的8个方法》感恩手册，内含对四十种行为的教案。详情请点击www. 8togreat. com。

4. 每周参加“感恩小组”，连续坚持参加八周。

曾有一位母亲跟我说她想让自己十岁的女儿明白感恩的重要性。所以他们每天吃晚饭时会分享各自的感恩之情。两周之后，她给我发来了电子邮件：

“穆勒女士，我想跟你聊一下。昨天晚上我们在路上堵车的时候，阿曼达（Amanda）对我说‘妈妈，我们来分享感恩的事情吧。’然后我们就做了！她现在已经能够做到无论在什么情况下，都能掌控自己的态度。我真得特别开心。”

身边的感恩

在你列出感恩清单时，要确保自己每周至少要上榜一次。同时，要让那些与你最亲近的人多多上榜。就像做梦一样，有小梦，有中梦，有大梦。心怀感恩时，不妨从“小我”开始，继而扩展到“你”，最后再扩展到“大家”。

这也就是所谓的为自己感恩——从你身上找到值得感恩之处吧。比如“今天婴儿又哭又闹的时候，我的情绪仍然很冷静”，或者“我特别擅长将身边的人都感染成乐天派。”

> 8 TO GREAT
>
> 你们说饭前需要祷告。但我说听音乐会和歌剧之前要祷告，戏剧、舞剧开演前要祷告，打开一本书之前要祷告，素描、写生、油画、游泳、击剑、拳击、走路、玩耍、跳舞之前要祷告，蘸墨写字之前同样要祷告。
>
> G. K. 切斯特顿（G.K. Chesterton）

做一回“情圣”

刚开始和他人分享自己的感恩之事可能会有些许尴尬，要承认我们对自己的欣赏和赞扬就更加令人害羞了。接下来的这封信是我写给自己的。把它公之于众确实让我非常难为情，但我还是这样做了，因为我知道它具有治愈创伤的功效，可以让我们做好去爱他人的准备。

亲爱的MK：

请允许我先介绍一下自己。我仰慕你已经很多年了。虽然我现在还没做好说出自己名字的准备，但是我想说的是我非常愿意和你有深入的交往。

其实，我已经关注你很多年了。我知道，这十多年来，你把教堂的合唱团打理得井井有条，而且在恰当的时机优雅地退位让贤。我还知道，你养育了两个出色的孩子，虽然有时候周遭环境并不理想，但不论他们做了什么，你都一如既往地爱着他们。

我知道有很多人向你泼冷水，但你还是实现了自己的梦想，开辟了自己的电视节目和广播节目，举办了儿童歌唱比赛和感恩聚会。现在你又写出了这样一本好书。你实在是不可思议。谢谢你做了这么多工作。

MK，我知道给你写这样的信让人感觉有点奇怪，而且我也没做好挑明自己身份的准备。不妨将我想象成你最喜欢的文学人物（我很了解你）——你的“大鼻子情圣”吧，我会在远方持续地仰慕你。相信我，我不会像他在美女罗莎琳面前将自己身份保密得那么久的。

说到“美女”，今天你看起来很漂亮嘛。我喜欢你的穿戴。你的打扮真的与众不同！我希望你能允许我再次给你写信。那样我会非常高兴的。

安睡吧，我最亲爱的。

大鼻子情圣

你也冒个小险，去寻找自己内心的“情圣”吧。给自己写一封示爱信。我保证，我不会说出去！

8 TO GREAT

对自己和他人的感激之情，
最能接近于宇宙中的神圣能量。

亚伯拉罕—希克斯夫妇

感恩与心灰意冷之人

在阅读过相关研究之后，很少有人会质疑感恩所具有的效能。不过，总会有人仍然怀疑自己是否能够每天想出三条感恩之事。如果心有疑虑，不妨写一些简单的条目，比如说“我感恩于这支笔好用”，或者“我还记得要写感恩之事”，又或者“我早上按时起床了。”准备好鞋子，方能行万里路。同理，准备好一个小笔记本和一支笔，放在你的床头，邀请你的配偶或者子女分享他们每天的感恩之事。这样，你也能在幸福的大道上高歌前行。

有些家庭会把写有感恩之事的纸片放在纸巾盒里，每周日晚上家庭聚会的时候就拿出来，大家一起诵读。多年以来，我愈加认识到，要表达出自己的感恩之情，非得从内心深处笃定意志不可。所以说，如果没有清晰而强烈的意愿，类似于“你知道你哪点让我感恩吗？”这样的话就根本不可能说出口。

感恩游戏

认识到感恩所带来的愉悦心情之后，你也许想要通过一些游戏来普及它。多年来，我已经为家庭、办公室和课堂设计了数十个游戏。

在“让内心强大的8个方法”课堂中，最受学生欢迎的一个游戏是“感恩电钻”。主持人首先请五到六名参与者走上前来，站成一个大圆。然后，从头发最长的那个人开始，每个人必须要在2.5秒之内说出自己感恩的一件事，否则，他就要“鸣锣出局”，返回自己的座位。

还有别的规则吗？那就是不得重复。如果说你右边的人说了“家人”，你仍然可以说“哥哥”或者“妈妈”。但是，如果你也用了“家人”这个词，那么你就要出局了。可以给参与游戏的人适当奖赏。青少年尤其擅长玩这个游戏。

我最喜欢的一个游戏是“哦，看啊！”在这个游戏里，你要假装昨天还不好用的一个东西今天突然就好用了。挑选一些好用的东西做道具，然后假装它昨天坏了，再为了它今天居然好用了而激动。比如，你可以说“哦，看啊！挡风玻璃刷又好用了！”或者“哦，看啊！又有邮政工人投递邮件了！”又或者说我个人最喜欢的一句话：“哦，看啊！太阳又照常升起了！”这游戏看起来很傻，但是确实很有趣！

我曾经跟我儿子扎克玩过这个游戏，他当时才十二岁。

“哦，看啊！”我叫道：“扎克，你又能听见东西了！”

小机灵鬼回答说：“啊？你说什么？”

8 TO GREAT

为了自己现在所拥有的而感恩，你会拥有更多。
如果你关注于自己没有什么，那么你将永远、永远得不到满足。
奥普拉·温弗瑞

• Q&A •

感恩现在问与答

感恩在所有美德中是最伟大的，而且是其他美德之祖。

西塞罗（Cicero，古罗马政治家、雄辩家、著作家。——译者注）

问：我重新开始工作了。老公和孩子们为我的工作做出了很多牺牲。跟他们在一起的时候，我如何让他们知道我对家人的感恩之情呢？

答：加里·斯莫利（Gary Smalley）在他所写的杰出著作《爱的五种语言》（*The Five Languages of Love*）一书中指出：在表达爱和感激这方面，每个人都有自己独特的方式。问问你的家人，他们最欣赏哪种方式，是你的言语、你的陪伴、你的照顾、你的抚摸还是你的礼物。这个问题本身就会让他们感到很开心。之后，你就可以用他们一定能清晰感受到的方式表达自己的感激！

问：我怎样让自己的孩子写致谢信呢？

答：我有两个孩子，在感恩这方面，他们两个人各有不同。两个孩子的成长过程中，我都曾亲身教导他们感恩的重要性，但是他们的表达方式却大相径庭。我的女儿擅长在事后或者收到礼物后写出贴心的卡片或者电子邮件，但是她很少口头表示感谢。

8 TO GREAT

我们可以抱怨玫瑰上有刺；

也可以感恩于刺上长有玫瑰。

匿名

另外，我的儿子平均每天却要说上十多次“谢谢，妈。”但要想让他写封感谢信可比登天还难。我现在鼓励他用打电话的方式表达感恩，

Q&A

目前看起来效果还不错。

如果说你的孩子年龄还小，可以让他们画画，再写上“谢谢你”之类的词语，寄给他们想要感谢的人。同时，不论他们多么年幼，你应该给他们（还有你的配偶）写致谢纸条。你的言传身教，将会让他们也去努力地帮助他人。

问：我工作的地方，总是有客户打电话抱怨。如何跟这些不感恩的客户打交道呢？

答：现在的情况其实是这样的，他们固然不对你感恩，你也没有对他们感恩。如果想要改变这种关系，你必须使用FGH。首先，你要对客户所做的那些正确之事予以感恩。其次，每天列出你的三条感恩清单，比如：

我感恩于：

1. 我的电话和电子邮件工作正常。

2. 我让客户时刻对我有最高的期待。

3. 我已经学会了不让别人掌控我的态度。

我有位学生最近写了一条：“我为自己正在学习‘让内心强大的8个方法’而感恩，趁现在教给我的子女这些知识还来得及。”

8 TO GREAT

如果你算上自己的全部资产，你就总是盈利的。

罗伯特·奎林（Robert Quillen，美国记者和幽默作家。——译者注）

问：看起来特别小的孩子应该不需要学习感恩。那么从什么年龄开始需要我们感恩呢？

答：不存在明显的界限。在你高声说出自己的感恩时（比如每次

Q&A

你上车的时候），小孩子都能听到你的话，耳濡目染，这样感恩也就自然成为他们百玩不厌的游戏了！我也赞成家长们不需要强行“要求”特别小的孩子感恩；但是我们可以熏陶、鼓励孩子。你甚至可以计算一下家庭成员每月说“谢谢”的次数，然后每个月将数字提高一点点。一定要保持教育的趣味性！

有位年轻的母亲曾经给我讲过她四岁儿子的故事。

诺亚（Noah）刚到可以一个人在外面玩的年纪。小阳春里的一天，天空特别蓝，我打开窗户，偷偷看他。他正在我们家最大的那棵树下面，伸出小手抓树，脑袋朝后仰着，边跳边唱。唱的是什么我听不太懂——他自己看着天在编歌呢。我知道如果我打扰他，就把这画面全破坏了，所以也只能注视着他，真希望自己手头有个相机把一切拍下来。他玩完之后，我打开了门，问他刚才干什么了。

“我对着天唱歌呢。”

“那歌怎么唱啊，小宝贝？”

“已经唱完了。”

让我们像个孩子般生活吧，怀揣感恩，拥抱当下，趁此刻逝去之前。

生活无法用我们呼吸的次数来度量，

而是要看一呼一吸之间流淌的时刻。

匿名

8
TO
GREAT

【方法之八】

希冀未来

投入的能量

HIGH-WAY 8

FGH-Hope for the Future-The Power of Surrender

希冀未来

不要担心世界今日终结……澳大利亚那边已经是明天了。

查尔斯·舒兹（Charles Schultz，美国漫画家。——译者注）

刚开始教授“让内心强大的8个方法”时，我将“希冀未来”定义为：积极的期待。不过，我很快发现，这个定义并不全面，而且它跟“方法之一：知我所想”的含义也太过于接近了。于是，我接着苦苦思考这两个方法之间的差异之处，我知道终有一天会灵光闪现。

果不其然。有一阶段，我手头上的几个项目进展不如预期，我每天忙前忙后地“解决”事情。我开始觉得自己已经冻结在了恐惧之中。我可以列每天的感恩清单，因为我有孩子、朋友、家庭、信仰、健康和“让内心强大的8个方法”；我仍然在勇于冒险；我没有任何责备和抱怨；我用心体会每一个感受，可我仍然感到自己已经失去了希望。

让我吃惊的是，那段时间无论我怎么做“方法之一”的“形象化练习”，心情还是不能变得愉悦。我不想有什么大梦想。我已筋疲力尽。

另外，很多善良的朋友都给我提出了各种建议。可惜的是，他们那些话徒增我内心的喧闹。我需要的不是意见——而是希望。终于，有天早上，一通甜蜜的电话让我如了愿：

“你会成功的，亲爱的。你瞧，之前你已经做了这么多正确的事了啊！你的项目一定会获得巨大成功的。”重写这句话，仍能让我回味起当时朋友鼓励的话语给我带来的解脱之感，泪水不禁夺眶而出。她对我了解得简直可以说是一清二楚了——不论是我过去的辉煌，还是我现在的挫折。她的话打消了我的妄自菲薄。每次重温，我的呼吸都会变得沉重。

8 TO GREAT

今天的待办事项：吸气，呼气。

大学宿舍布告牌

我终于想明白了这个问题，如拨云见日。我开始认识到，“知我所想”和“希冀未来”都有积极期待的意味，两者的差异在于：“希冀未来”还包括一个只有大梦想家（宏大、创新、瑰丽的梦想）才需要的品质，如果让我用一个词来表达的话，那就是“诚服”（surrender）——不纠结于结果的成败。

大梦想家

每一位英雄，无论古今，都曾经历过他们人生中的暗夜。

我们可以接受有限的失望，但绝不放弃无限的希望。

小马丁·路德·金博士

寒冬之中，我才发现，我体内一直存在着战无不胜的盛夏。

艾伯特·加缪（Albert Camus，存在主义学者。——译者注）

有人警告我们不要引导民众做不实在的希望。只是，在美国，这一切都不一样了。这块土地上的人们从未怀疑过希望的力量。

巴拉克·奥巴马

伟人的事迹告诉我们：那些追求“目标”之人，并不需要“希望”，他们清楚地知道何时、何地、如何实现目的；只有那些大梦想家们，经常在寻找乐土的过程中失去方向，唯有依靠希望才能抵御绝望。

所以，在这个方法中，我们不会讨论如何处理抑郁和忧愁，这属于“方法之四：感我所感”的范畴。因为抑郁是心灵和头脑层面的，而绝望则属于精神和灵魂层面。

只有在我们追逐自己最宏大的梦想、积极期待逐渐耗干之际，绝望之感才会油然而生。如果我们疑问于：“这会实现吗？”，或者哭喊出对自我的怀疑：“我究竟哪里做错了？”，这恰恰是我们彼时彼刻应有的状态。

“希冀未来”与“知我所想”

为了更好地理解这两种方法之间的差异，应该认识到：

方法之一：知我所想接近于……

积极期待——为了将要发生的好事而感到激动。

信心——确信宇宙的真理必然会应验。

形象化——想象最终的结果。

想象——假装我们所要求之事皆已得到实现。

8 TO GREAT

欲铸就辉煌人生，必须拥有人类最伟大的品质之一——那就是急流勇退、退位让贤的谦虚……

黛比·福特（Debbie Ford，纽约时报畅销书作家第一名。——译者注）

方法之八：希冀未来接近于……

信念——要坚信答案必将出现，即使当前其并不明朗。

诚服——服从某人、某更高能量或流程的指导。

坦率——放松于当下，坐观事态万千。

暂停——暂时停止作为，重组思绪并刷新思路。

让梦想找到你

心绪不宁，原因在于我的“积极期待”一直在让我做无谓的挣扎。我需要放松，坦率地等待生活中新的可能性。当我们在追求梦想的道路上感觉痛苦不堪、茫然不知所措时，只需要停下来，让答案主动来寻找我们。

希冀未来之流程：
积极期待并且学会心悦诚服，放弃无谓的挣扎

若你只剩希望，则希望本身即已足够。

匿名

想要“希冀未来”，必须坦率地接受生活中新的可能性。为了形象解释这句话，现在，不妨设想你用一只手的拇指和食指组成一个“○”形，你的任务是要接收一个西瓜，但是西瓜必须要从“○”中穿过。很显然，以现在的姿势是不可能成功的。

现在，将你两只手互相抓住，组成一个新“○”形（大小应该与篮球相似。）这时候如果你还想要西瓜会怎么样呢？显然，它会轻松地走进你的生活。这也是“希冀未来”所赠予给你的天赋，要成为大梦想家，必须要拓宽心胸，开放头脑，足够耐心，等待着雄心壮志的实现。

方法之一：知我所想——要求，并且坚信不疑

回顾一下，“知我所想”就是要学着去相信——思考一个想法，直到我们能真切地体会到它实现时的感觉。这是一种主动的步骤，要求我们花时间去形象化，去憧憬美梦成真的场景。

8 TO GREAT

心悦诚服并不消极。它是我们在任何时刻所能采取的最积极、警觉、有创造性、明智的回应。

丹·米尔曼（Dan Millman，欧美顶尖身心灵导师、前世界级蹦床锦标选手、斯坦福大学体操教练。——译者注）

某年办公室的年会上，我宣布自己希望做一个广播节目。同事们和我就此讨论了五分钟，结束的时候，我异常兴奋。午饭过后，全美最大的广播电台就给我打来电话，询问我是否愿意主持一档每周播出一次的电话广播节目。在这件事中，我提出要求，我坚信不疑，我也马上实现了目标。这是“知我所想”的能量。

方法之八：希冀未来——要求，然后顺其自然

若我们最宏大的梦想没有实现时，我们会感到极端受挫。为了不让自己陷入绝望之地，我们需要“希冀未来”，放下自己控制一切的欲望以及对于结果的执着。希冀未来，就是解放自己的梦想，恰如放开一个气球，松手的一刻，你会发现，自己也获得了自由。

所谓的“诚服”，并不是屈从于我们想要什么以及为什么我们想要，而是不再纠结于如何、何时、何地以及何人。一个人懂得了如何释怀，就会睡得更香，笑得更甜，更能充实地享受当下。

去兜风吧

所谓“希冀未来”，就是你让那些比你伟大的人、神或者自然规律去掌控事情的走向。拿定主意之后，你就不妨将注意力从梦想上移开，别再紧抓着方向盘，坐到车子后排，欣赏窗外美丽的风景吧！

譬如很多“努力想怀孩子”的夫妻，折腾了一段时间仍毫无结果。就在要马上放弃的时候，却惊奇地发现竟然怀孕了。同样的道理也适用于人生其他方面，如果说对压力的关注让你压力倍增，那就索性停止关注，出去兜个风吧，感恩当下的拥有。

“诚服”示例

“诚服”有很多种形式。我曾亲自使用或者曾目睹他人成功使用的有以下四种：

1. 停下来，重调焦点
2. 信任某人或某流程
3. 轻装上阵
4. 安静下来

1. 停下来，重调焦点

有时候，虽然你已全力以赴，却还是不得其所，在这种情况下，你需要停下来。勉力而为只会让自己心灰意冷、雪上加霜。想要“诚服”于自己的梦想，就要将自己的精力转移到其他道路上，又或者像电视明星托尼·索普蓝诺（Tony Soprano）所说：“还是算了吧。”

通过重调焦点而获得惊人成功的例子，在新近的美国历史上就能找到实例。

有位政治家已年逾四十，他曾就当时自己的心理状态回顾说：“我那时的感觉，也许就像是一些运动员和艺人，多年以来不断挥洒着汗水与泪水。可是，直到现在，曾经的梦想仍然触不可及。也许是因为我的能力已经达到极限，也许是我的命运注定如此。理想已经不可能实现了，如今面临的只是一个痛苦的选择，是接受事实……还是否定现实，最后孤苦而终。

“我把精力从工作上转移开来。我花更多的时间陪伴家人，尤其是我贤惠的妻子。我也积极锻炼身体，阅读小说。我想，正是这种对于现实的接受，才让我做出了去竞选参议员的看似荒唐的决定。我将其作为对自己思想最后一次彻底的考验，如果失败，我也会更加冷静、安稳地生活。”

这位政治家不再执着于“何地”“何时”以及“如何”实现自己的梦想，反而让他焕发出新的活力。尽管参与者寥寥，他仍然坚持召开记者会；尽管只有两三个民众迎接，他也驾车数小时去探访各小城镇。他从没气馁，他所做的就是要求、相信，然后顺其自然。一系列看似不相干的努力之后，他终于获选为当年的参议员。比这更辉煌的政治梦想最后也终于找到了他，他的名字是：巴拉克·奥巴马。

8
TO
GREAT

有创造力的行为方式在于“放下”，而非“控制”。

茱莉亚·卡梅隆（Julia Cameron，美国知名艺术创作者。——译者注）

2. 信任某人或某流程

另外一种对于结果的“诚服”，就是要信任他人的指导。这么多年来，我看到很多戒酒者都对他们的导师心悦诚服。有时候，导师会告诉他们：“不要和他约会，你还没准备好”或者“现在就接受这份工作。”戒酒者对这些命令尽皆心服口服。这样的“诚服”也让我深受启发。

我有生以来第一次参加心理辅导时，老师上课后第一句话就是：“你们愿意接受我的指导吗？”我内心深处知道自己的答案就是要接受指导。我也知道学习的过程中我必然会有抗拒，必须要面对“是继续接受指导还是中途退出”的选择。心中的左顾右盼，在我说出“愿意”之后，反而烟消云散。我感到了安全感和平和感。这就是信任的力量。

同理，信任某个流程，也能照亮我们的生命。虽然有时我们会心存怀疑，觉得“这套玩意肯定没用”，不过，遵照流程本身其实就是一种“诚服”。

8 TO GREAT

有时候，坚持让人强大；有时候，让人强大的是放弃。

西尔维亚·罗宾逊（Sylvia Robinson）

无论哪种减肥方法都会有效，前提是你必须要坚持不懈。其实，对于任何流程的坚持——不论是为了挣更多的钱，找到真爱还是塑造身形，都能让你更加能接受新的可能性，原因在于你将不再胡乱预测自己的将来。要信任自己的教练、指导老师、医生、工作项目。在成功之路上，这种信任与他们所给你的建议，同样重要。“放弃”是失去希望，自怨自艾。“放下”，则是重拾希望，只要你懂得“诚服”，就会收获愉悦心情。

我的牛仔教学课程

我几乎从没感到过抑郁，但却不止一次地经历绝望。我还清楚地记得一个下午，当时我感到无比挫折，我觉得别人什么意见都没有用！激动之下我将手里的《奥普拉杂志》（*Oprah Magazine*）扔到一边，恰好展开到一页报道怀亚特·韦伯的文章。文章介绍说韦伯在图森市拥有一家米拉沃胜地（Miraval Resort），在那里，他通过驯马来教育弟子。这种思想吸引了我，第二天我就报名参加了他的培训班。

到米拉沃的第一天，怀亚特让我们每人挑选一匹马。

“记住，”他嗓音嘶哑，似乎经历了许多生活困苦，他慢吞吞地说到：“不论你们遇到什么困难，都跟马无关。”

我当时一共上了三节课。我的同学里有好莱坞电影制片人、纽约城市芭蕾团的舞蹈演员、屠夫、秘书，甚至还有兽医。每次同学都有不同，但相同的是大家对教练的信任，以及对当下的专注。如果不这么做，那匹重达1200磅的动物根本不会听我们指挥，更别说允许我们给它们清理马蹄了。

每个人领会到的体悟都各有不同。有位男人无法让自己的马抬腿，说明他惧怕那些比自己“大”的事物。克服了这种恐惧之后，马就开始合作了。

芭蕾舞女演员的心结则在于害怕“自己搞错（清理马蹄的）步骤”，担心自己看起来像个傻瓜。马温顺地让她清理了自己，激发出了她的勇气。

对我来说，问题在于我想让马喜欢我，我不想惹它不高兴，或者弄得它不舒服。看清了这一点，我对自己也更加喜欢，工作也马上完成了。

8
TO
GREAT

> 那些想要真正了解自己之人，总是必须要在未知的领域里穿行。这种“一无所知”的体验是可怕的，不过只有这样，才能有所收获。
>
> 怀亚特·韦伯（Wyatt Webb）

我们最大的挑战不在于动物——而是要“诚服”于怀亚特的指导。只有用自己的安全和心灵去信任他，才能获得感悟和焕然一新的希望。

怀亚特的第一本书《与马无关》（*It's Not About the Horse*）中，有一篇我最喜欢的故事。主人公是一位愤怒的年轻人，他恨自己的马——一如他憎恨自己的生活。有一天，他花了半个多小时，也没把马拉出马棚半步。年轻人放弃了，他独自走开，开始哭泣。这时候，马自己走了过去，来到他的身后，轻蹭他的脖子。

3. 轻装上阵

“希望”能够让我们放松，“反正没什么可输的，为什么不去争取赢一把”？即使我们心存疑虑，只要不放弃信仰，梦想终会实现。

有时候我和朋友们会让自己轻松一下。我们将梦想装在一个想象中的粉红气球里，把它吹到窗外，然后就不再去挂念它。有的时候我们则会把梦想写在纸条上，再扔到熊熊烈火之中。这种拿梦想做的游戏非常有趣，更让人吃惊的，是它往往能让这些美梦很快成真。

8 TO GREAT

乐观者和悲观者的区别在于：

乐观者笑着笑着就忘记了烦恼；悲观者却连怎么笑都忘记了。

汤姆·伯迪特（Tom Bodett，美国作家。——译者注）

美好的想法会如愿，烦恼的想法也会成真。所以要抛下消极的思想，欢乐地见证自己的梦想照进现实吧！

4. 安静下来

“诚服”的另外一种形式就是安静下来——不再给予，不再说话，不再做任何事——只是静静地等待生活的馈赠。“安静”不仅仅是躯体动作的静止，它更富挑战性的内涵，在于要停止思想中的纷纷扰扰。要达到这一点，不要强求自己不去想任何事，而是要将注意力集中在那些极端放松或者极端无聊的事情上，让大脑得到休息。譬如，关注我们的呼吸、烛火、颂歌，或者一串已有几十年历史的念珠。

8 TO GREAT

绝大多数人都认为衰老不可遏制，其实，我们体内存在着逆转衰老的机制，可通过锻炼、瑜伽、呼吸技术和冥想予以调动。

迪帕克·乔布拉（Deepak Chopra，医科医生，精神学畅销书籍的作者。——译者注）

越来越多的研究表明：处于冥想状态的个体衰老速度明显放缓，免疫机能有效增强，心率降低，头脑也处于一种绝佳的放松状态。这还只是生理层面的。心理层面上，冥想的个体如同一根软木，在爱与福的海洋上漂流，自然而然地漂到顶峰。不妨去看一下新生儿的双眼吧，你会发现，所有人类自出生之时起就是受到祝福的。

放弃 vs 放下

还记得《旧约》中亚伯拉罕（Abraham）和撒拉（Sarah）的故事吧？他们年龄已老，已不奢求再有孩子了，但是心中还充满希冀。终于，在他们九十岁的时候，撒拉怀孕并剩下一个儿子，取名叫以撒（Issac）。

时光飞逝，以撒长成为一名魁梧的小伙子。有一天，在梦里，神晓谕亚伯拉罕，令他杀掉自己的儿子奉献给上帝。亚伯拉罕带着沉重的心情，和儿子登上了一座山顶。在那里，他准备好了祭坛，要牺牲自己挚爱的骨肉。就在亚伯拉罕举刀之时，天使出现了，并阻止了他。

父子二人欣喜异常，毫发无损地下了山（不过估计以撒之后会对刀子特别恐惧）。

这个故事跟你有什么关系呢？假设说你有一个梦想——很宏大的梦想——宏大到你不愿意跟任何人说，担心受到他们的耻笑。之后，有一天你发现，那梦想实现了一部分，你开始暗自琢磨："这简直太棒了。现在我就能做这个，那个，拥有这些，那些，还有……"

再然后，突然之间梦想又与你渐行渐远——看上去几乎已经束手无策了。这时候，你有两种选择——"放弃"，或者"放下"。选择了后者，你就不会再因一时一事打扰到自己的幸福与宁静。

8
TO
GREAT

耶和华说：我知道我向你们所怀的意念是赐平安的意念，不是降灾祸的意念，要叫你们末后有指望。

《杰里迈亚书》，第二十九章第11节

即使原来的梦想破灭，你仍能够淡定自若，那么，你就可以实现比之前丰厚十倍的理想。就亚伯拉罕而言，那就是他的后代“像天空中的繁星一样、沙漠中的沙粒一样众多。”

“诚服”vs“屈服”

“屈服”是放弃，只会带来伤心的泪水。“诚服”则是放下，通常会带来释然的泪水。

年轻的时候，我不懂得诚服，只知道做无谓的挣扎。我执着于要“弄清楚”上帝的旨意究竟是什么，这样我才能对其衷心遵从。我基本上去了所有地方寻找答案，直到24岁那年，我来到一家女修道院的门前。开门的修女是我的朋友，弄清我的来意之后，她哈哈大笑，说我“不是当修女的料。”（那些更熟悉我的人会加上一句：“这你能怪她吗？”）

我只知道苦苦地寻求答案，却不懂得给予认可。从那天起，我放弃了无谓的努力。我并没有放弃自己的梦想，只是我知道，必须让自己的执着诚服于我最高的理想，终有一天，她自己就会找到我。

不要将“诚服”误认为是“屈服”。我年轻时的想法，就是要为了修道而放弃剧院、音乐和大舞台，这实际上是对上帝的屈服。如今，我知道，造物主对我的要求是要心情愉悦。诚服于这一要求之后，我不再做无谓的挣扎，而是让自己的心灵“静如止水”。当下，我将生命奉献给自己的事业——授课——同时，在大舞台上享受戏剧和音乐带来的乐趣。

希望与最黑暗的夜

“希望”，就是即使在最黑暗的夜晚，仍然知道会有光明出现。有位朋友的儿子才五岁，他问妈妈：“为什么要有夜晚？”

他明智的妈妈答道：“这样我们就能开始全新的一天啦。”

我喜欢她的答案，我还要加上几句：这样我们就能在“无为”中得到安宁，相信太阳注定会再度升起，同时，欣赏那美丽的星空。

懂得心悦诚服，才能体会到福祉。

斯里·萨西亚·赛·巴巴

（Sri Sathya Sai Baba，印度灵性大师。——译者注）

为什么我们无法希冀未来

对于任何生命体而言，希望都是与生俱来的，

它产生最早，也最为不可缺少。

埃里克·H. 艾里克森（Erik H. Erikson，著名发展心理学家。——译者注）

基本上所有人在生活中都曾丧失过希望。原因有很多。

我们担忧

我曾和一位学校管理人员交谈。我问他有什么梦想，他答道："要是我每天都没有什么担忧就好了。"担忧已经吞噬了他，从他的角度看来，他是带着爱心去处理学生的各种事情。其实，唯一需要处理的就只是他思想中的关注点而已。

担忧是恐惧的一种形式，而恐惧在能量金字塔上处于最底端。按照《情商》（*Emotional Intelligence*）一书作者丹尼尔·高尔曼（Daniel Goleman）的观点，很多人都将担忧视作"护身符"，他们认为只要担忧一件事，那件事就不会发生了——这简直大错特错。担忧只会让我们的问题雪上加霜。

那么我们到底都在担忧些什么呢？

◎ 账单

◎ 工作行情的改变

◎ 孩子的安全

◎ 自己的身体健康状况

◎ 天气

◎ 他人对自己的看法

◎ 时间不够充裕

按照“吸引力法则”的观点，担忧这些事情实际上是在运用“知我所想”，将不好的事情吸引到我们身边！不仅我们担忧的那些事情会让人心情压抑，担忧本身也同样令人心烦。

担忧之人，总是要比自己所担忧之事更加糟糕。

亚伯拉罕－希克斯夫妇

我们该怎么做？回答是：使用FGH公式，让自己心存感恩。把注意力从那些心烦之事上移走，关注一下自己感恩的那些事。除了担忧你还能关注什么呢？答案有很多：和自己的宠物狗玩，买一个宠物，听听自己最喜欢的歌，穿上自己最喜欢的衣服，给朋友打电话，打广播节目的热线电话，打个盹，远足旅行，换个电视频道，改变一下发型，吃一个苹果，喝一杯热茶，到慈善机构当志愿者，去医院做护工，参加跑步比赛，参加竞选，打高尔夫球，打鼓，写一首歌，给编辑写信，拥抱自己的孩子，拥抱一棵大树……

换言之，关注所有那些让你心情愉快的事吧！

金格·金克拉总是问他的听众：“你对自己担忧的那些事能控制多少呢？”他的答案是6%！这种投资可不值得我们选择。

无忧无虑的家长

很多人误认为我们担忧的程度越强，说明我们更加在乎一件事。这种看法没有丝毫好处，只会阻碍我们实现自己的目标。不妨想一下你认识的那些无忧无虑的人，你觉得他们人品如何，是不负责任而自私吗？还是轻松而幸福的?

我有一位心理咨询师朋友，在他八岁那年，从父亲那里学到了不再忧虑的妙招。当时他听到父亲和邻居在饲料库里聊天。

邻居问 :“我说，你就不担心吗? ”

“当然不了。跟我没关系。”他父亲答道。

“那跟谁有关系啊? ”

“我雇了一个人做这事。我给他钱，让他担忧我所有的事。我可没时间去杞人忧天。”

我的朋友一直记着这段对话，在他的咨询师事业中，他仍然在使用父亲的聪明智慧。

8
TO
GREAT

再也没有比怀疑的习惯更可怕的了。

怀疑是激怒与伤人的荆棘;它是杀人的利刃。

佛陀

我们怀疑自己

不会憧憬未来的另外一个原因，是我们怀疑自己。情况通常是这样的 :刚开始我们的目标都得到了实现。

然后有一天，我们发现自己的愿望都没有实现。

于是我们开始怀疑自己。

于是我们在能量金字塔上的位置下移。

于是我们的愿望实现得更加困难。

于是我们有了更多怀疑自己的理由。

于是我们在能量金字塔上的位置下移……依此类推。

问问自己 :“怀疑自己能给我什么帮助呢? ”

答案是："和担忧一样——毫无帮助。"如果说担忧就是包裹着围巾的恐惧，那怀疑就是打着保护伞的恐惧。我曾听过一句话："疑则不做，做则不疑。"我会说：如果你一定要怀疑，那就怀疑自己的怀疑吧！

我们不理解失败/反馈

有时候我们将生意或者感情上的失败作为怀疑自己的理由。在这种情况下，我们需要重新认识失败。成功和幸福的人不会使用"失败"这个字眼，他们乐于称其为"反馈"。在面对失败/反馈时，我们有四种选择：

◎ 我们可以抱怨、责备，将我们的失败/反馈归咎于他人身上。

◎ 我们可以通过汲汲营营来逃避（忽略）失败/反馈。

◎ 我们可以因为愧疚而停滞不前，感觉自己"有错"。

◎ 我们可以对失败/反馈"完全负责"，从中吸取教训，将其作为继续前行的跳板。

只有最后一种选择才能让反馈真正地给我们以馈赠。只有将失败视作"免费的指导"，我们方可为之激动、为之感恩。

首席执行官萨拉（Sara）

萨拉·布莱克利（Sara Blakeley）在很多方面都称不上突出。年轻的时候，她想做一名律师，但是却没有通过法学院入学考试。她决定参加工作，挨家挨户地去推销复印机，五年之后，她已有丰厚的收入。那时，她又有了开一家新公司的想法。虽然她没有上过一节商学院课程，但是她懂得如何处理失败/反馈。

8 TO GREAT

> 我的生活充满了连续不断的危机……
> 但是绝大多数的危机从来就没发生。
> 马克·吐温

从小到大，她的父亲都特别鼓励自己的孩子们冒险。每天晚餐时，父亲会问：“你们今天都怎么失败了？”如果孩子们说没有的话，父亲就会很失望。

“如果我回家，告诉爸爸我尝试了一些事，却以极度失败而告终的话，我爸甚至会跟我击掌庆祝。”萨拉在2008年的一次访谈中说。

萨拉追随了自己的梦想，她的公司为女性顾客生产出了一种全新类型的服装。如今，Spanx公司（美国知名内衣品牌，总部位于亚特兰大。——译者注）已成为一家资产值数百万美元的内衣企业，而萨拉正是这家公司的CEO。

“如果当时我没有在法学院入学考试中失败，我现在一定是个律师，也就不存在Spanx公司了。”萨拉微笑着说：“现在，我相信失败不过是生活推动你前进的一种方式而已。我认为失败无关乎结果的好坏，一个人真正的失败是他不再努力尝试。对我来说这种态度解放了我。很多人认为失败就是事情没做好、别人看不起自己。跟他们不同，我对失败的观点，则是对自己的回应。”

当被问到她是否曾经有过放弃的想法时，萨拉答道：“刚开始建立Spanx的两年时间中，没有一个人跟我说这是一个可行的方案。有时我也会因为气馁而停滞不前。但是，我却一直坚信，自己的创业思路是一个好想法。”

和所有成功的大梦想家一样，她有时会迷失方向，却从未丢失希望。

我们不承认自己的气馁

如今，萨拉已经能够在脱口秀节目上坦然地说出自己过去的气馁。大梦想家都知道：在前进的道路上，气馁无可避免。就像是正在生孩子的妇女，跟她说别再疼了，只会让她更加痛苦。气馁是通向诚服的进身之石。不要否认它，要接受它，就像我们接受自己全部的感受一样。

不耐烦与希望

肯定有很多读者在好奇，我究竟什么时候才会谈论如何处理“不耐烦”？尤其是那些容易不耐烦的读者。每个人时不时地都会变得不耐烦，它在能量金字塔上处于较低的位置。切记，“好”和“快”通常不可兼得。

8 TO GREAT

> 最蠢笨的那些人在终点线一码线前放弃，在距离比赛胜利的触地得分只有一英尺的最后时刻放弃。
>
> 罗斯·佩罗（Ross Perot，最大独立计算机服务公司EDS创始人、佩罗系统公司创始人、董事会主席。——译者注）

我曾经阅读过一篇文章，介绍了电影《星球大战》（*Star Wars*）上映日期是如何一再延后、预算如何一再增加，而且很多人（包括科技组的工作人员）都觉得这只是一部给孩子看的电影，对其完全没有信心。在上映之前，由于电影拖延了太长时间，差一点就被取消。起初放映时，全美只有三十七家影院允许其上线，不过，乔治·卢卡斯（George Lucas，该片导演。——译者注）仍旧我行我素。他可以选择让电影“尽快”出炉，也可以选择让电影“尽好”地与观众见面。最后他的选择是，在自己承诺日期的五个月之后发行《星球大战》——因为他选择了“好”。

很多时候，我们必须要在“好”和“快”之间做一个痛苦的选择。我们一定要选择前者，好吗？

我们累了

有人问我“黎明前的天空是不是最黑暗的，”我说不是，但它却是最寒冷的。我们在马上就到终点线时放弃，是因为不知道终点线究竟离我们有多远。追求梦想的道路上，最后的那座山看起来特别陡峭，只是因为我们已经疲惫不堪了。

有位大学科学教授在给学生们讲授压力管理时，举起了一玻璃杯水，问学生：“这杯水有多重？”学生给出的答案从20克到500克不等。

教授接着说：“水的绝对重量无关紧要。重要的是你端着它的时间有多长。

如果说我只端它一分钟，完全没问题；但如果让我端一个小时，估计我这右臂就酸疼了；如果我要端一天，那你们估计就得叫救护车了。不论哪种情况，水的重量其实都是一样的，不过我端的时间越长，它也就变得越重。”

他又说道：“压力也是如此。如果说我们每天都背负着压力，日积月累，迟早有一天它们会把人压垮。有的时候，我们必须把压力放下，休息一会儿，再重新承担它。体力恢复了，我们也就能够继续前行了。”

“诚服”，就是暂停我们通往梦想的努力，稍事休息，同时要知道，生活存在着其内在逻辑、目的以及神圣的秩序。

习惯于“无望”

几年前我就发现，乐观者认为坏运气是暂时的，是意外发生的，终将过去；而悲观者则认为好运气是暂时的，是意外发生的，终将过去。正如心理学家马丁·塞利格曼（Martin Seligman）在其杰出的著作里所说：虽然两种观点各有其正确的情况，不过从长远来看，乐观主义者要更加幸福、健康，统计表明他们也更容易获得成功。

那么，如果这么多年以来你一直都是一个悲观者，你要怎么做呢？继续为自己的无望而辩论吗？这将摧毁你的心灵。从现在开始，宽恕自己过去的悲观论调，为了自己现在能够重新选择人生态度而感恩吧！当你意识到乌鸦根本就不代表会有坏运气的时候，你也就抛弃了悲观者的态度。与其等着别人搀扶，不如自己主动站起来。

8 TO GREAT

写作《美食、祈祷和恋爱》（*Eat Pray Love*）时，

我陷入了绝望的陷阱，我甚至想过：“应该放弃这个计划。”

伊丽莎白·吉尔伯特（Elizabeth Gilbert，美国作家、

散文家、短篇小说作家、传记作家。——译者注）

“诚服”之屋

有一天我意识到，诚服和希望就像是一对好朋友，它们共同住在一座安详、宁静的山峰上。任何筋疲力尽之人，都可以爬上这座山峰。当你承受不住世间的喧闹时，爬上这座山，去聆听，去等待吧。

大多数人会在这座山上待多久呢？视情况而定。最难做到的一个部分，恰恰是要承认你此刻确实就在这座山上，然后，你才不再抗拒或否认现实，你才知道这正是此刻自己极需的一种状态。时间开始变得缓慢，毫无压力。你可以花一天的时间只是呼吸，也可以观察一天云朵形状的变化，更可以欣赏一天自己的双手长得是多么得美丽。

这之后，在你最意想不到的时刻，领悟会如同闪电一般降临。

“哦，我的天啊！一切都如此豁然开朗了，”你会对自己说：“我之前怎么都没有意识到呢？”

你会感谢招待你的主人，然后下山——回到更加专注、更有创造力的生活。

正是这灵光一闪，让我写完了本章“希冀未来”；正是这灵光一闪，让萨拉·布莱克利开创了塑身内衣公司；正是这灵光一闪，让巴拉克·奥巴马不顾自己姓名所设下的阻碍（奥巴马的中间名是“侯赛因”，与伊拉克前领导人萨达姆相同。——译者注），在政坛做最后一搏。

本章献给那些畏惧“诚服”之山、误认为其可能是深渊陷阱之人。我们这些已经去过的旅客，诚挚鼓励你去那里探险。

8 TO GREAT

所以，当我感觉心慌意乱的时候，
我就不停告诉自己：“别害怕。照常工作。照常生活。”
伊丽莎白·吉尔伯特

希冀未来的成功案例

希望产生于黑暗之中，它无比顽固。

只要你现身，而后尽力去做正确的事，黎明就会来临。

安妮·拉莫特（Anne Lamott）

鲁迪（Rudy）的真相

你看过《追梦赤子心》[1] 吗？我强烈推荐这部电影。如果你看过，请回答以下问题：“鲁迪放弃过吗？”

很少有人能够正确回答这个问题。但是如果你仔细观察影片高潮部分的话，就会发现鲁迪并没有上场热身。

朋友质问他时，鲁迪说：“我退出。”

朋友追问他为什么，鲁迪说：“我之前只是想证明自己是个人物。”

他的朋友说：“你说的话完全都是胡扯。你只有五英尺高，你和最好的大学足球队员相处了两年多。走出这里，你就能获得圣母大学的学位。除了自己，你这一生根本不需要向别人证明什么。经历了这么多，如果说你现在不做，那就永远没有机会了。现在马上给我回去。”

8 TO GREAT

我用梦想战胜了噩梦。

乔纳斯·索克

（Jonas Salk，发明小儿麻痹疫苗的生物科学家。——译者注）

1 改编自真人真事的励志电影，主人公鲁迪自小梦想成为美式足球明星，在他所崇拜的圣母大学中打球。但他家境贫寒，身材矮小，加上体育成绩平平，各方面条件都教他难以如愿。可是他丝毫不气馁，自己存钱去读进修班，并且混入大学部的球场打工，经过几个寒暑假的努力，鲁迪终于加入了大学足球队，但夹在众多大块头球员之中他根本没有出场的机会。直至最后一场比赛，队友们感动于鲁迪的毅力而逼令教练让他上场，鲁迪终于让专程前来看他比赛的父兄看到了一个不可能的奇迹。——译者注在那场圣母大学对爱尔兰大学的赛季比赛里，鲁迪的表现的确空前绝后。

荧幕背后，在影片中扮演鲁迪朋友的演员——查尔斯·达顿（Charles Dutton）——曾经是个罪犯，蹲过七年监牢。在狱中的日子，他时刻憧憬着自己能够出演电影。如今，他已经在出演了超过三十部影片，还曾荣获过艾美奖。

8 TO GREAT

失望，不过是过早地认定胜负已分。

亚伯拉罕 – 希克斯夫妇

所谓“鲁迪的事实”，是指我们大多数人都曾经历过的那些表面看起来“的确应该”放弃的时刻。所幸，鲁迪诚服于他的朋友，勇敢面对挑战，创造了自己人生的辉煌。

柯蒂斯（Kurtis Warner）的故事

柯蒂斯是我高中校友，他素来胸怀大志，想当一名橄榄球队员。大学之后，绿湾包装工人队（Green Bay Packers）和他签订了自由球员的合同——这让他非常开心，不料五周之后球队就解除了合同。

柯蒂斯的女友叫布兰达（Brenda）。布兰达曾和别人生过两个孩子，其中一个孩子的生父在孩子出生四个月之后就将其遗弃了，导致婴儿头部受到了严重的冲撞。但柯蒂斯却对这两个孩子视同己出。

柯蒂斯仍然没有放弃自己的生活和希望，退出包装工人队三年之后，他一边准备和布兰达结婚，一边准备参加另外一支美国职业橄榄球联盟球队的选拔——这次是芝加哥熊队（Chicago Bears）。婚礼很浪漫，谁料度蜜月期间，柯蒂斯的胳膊被毒蜘蛛咬伤，选拔赛也去不成了。

打败了自己的绝望之后，他奔赴欧洲大陆。几个月之后，被公羊队（Rams）招募为替补四分卫。两年之后，该队四分卫特兰特·葛林（Trent Green）有伤在身，柯蒂斯·华纳终于获得了上场机会——也让他有机会被载入橄榄球史册。在第三十四届超级碗比赛中，他投出了创纪录的414码，获选为最具价值球员。2009年，他第三次踏上征战超级碗的旅程。对于那些想要知道大梦想家和“希望”具有何等威力的人来说，柯蒂斯·华纳无疑是最有价值的故事。

期待 vs 想要

柯蒂斯·华纳并不仅仅是想要成为专业足球运动员——他同时也充满期待。“想要”和“期待”有很大差异。如果说一个女人“想要”生孩子，假设愿望实现不了的话，她的愿望就会掺杂进几分伤感。可是如果她“满怀期待”，即使美梦并未成真，对于未来愿景的想象就足以让她激动了。通过练习，我们可以对任何内心所渴望的东西充满期待。

等待的钟声

每一个认识凯蒂（Katie）的人都知道她毕生都在期待“他”的出现。她已经四十八岁了，一个周日，做完弥撒礼后，她双膝跪地，又一次，祈求上帝让自己找到一位丈夫。

“好吧，上帝，”凯蒂说：“我知道我应该耐心一点，我也知道他也在什么地方寻找着我，而且我还知道一旦他准备好之后就会来找我……可是，亲爱的上帝，难道现在他还没准备好吗？”

两周之后，兰迪·李（Randy Lee）搬到了凯蒂所在的镇子里。又两年之后，我已经在他们的婚礼上唱祝福歌曲了。兰迪是凯蒂的绝佳伴侣。当凯蒂经营大型日用品商店时，兰迪在开发一个小岛的旅游线路；当凯蒂坚信这个世界充满慈悲之时，兰迪正在墨西哥一家孤儿所做义工。他们两个人都热爱上帝、家庭和户外活动，两个人之前也都没有结过婚。也许，他们最大的共同之处在于：他们都诚服于自己的梦想，相信可以凭借着坚定的信念，在明尼苏达州北部的这个镇子里找到毕生真爱。

“失败者”可成大器

老师在给学生教授“让内心强大的8个方法”时，时常给孩子们展示一些意想不到的名人轶事：

◎ J. K. 罗琳（J.K. Rowling）在出版第一本《哈利·波特》之前，需要靠政府接济才能生活。如今，她已经是全世界第二富有的女人。

◎ 爱因斯坦十五岁的时候因为学习成绩太差而被其高中开除。

◎ 迪卡唱片公司（Decca Record Company）曾经劝披头士乐队（Beatles）去找个“正式”的工作，公司认为吉他组合已经过时了。

◎ 富兰克林·D. 罗斯福曾从法学院退学。

◎ 特蕾莎修女写了很多批评自己罪行的文章。

◎ 奥普拉曾经离家出走很多次。她妈妈曾想将她送到青少年罪犯临时拘留所，因为床位已满，所以奥普拉才被送回了家。

高速公路上的希望

有时候，“直觉”可以做我们的向导。我和母亲曾经有过一次特殊的公路旅行——只有我们两个人。当时我是高一年级组的老师，想要去明尼阿波利斯市的儿童剧院考察一下，看看是否适合带学生们去参观。母亲说她很愿意跟我去，我们当即出发——而且都误以为对方带了地图！

8 TO GREAT

很多人在争取第一个机会时未尽全力，根本没有发现自己还有第二次机会。为了你的梦想全力以赴吧，你会发现意想不到的无穷能量。

威廉·詹姆斯

从州际公路下来之后，往市中心方向有很多条路，我们根本不知道该怎么走。

也不知道出于什么原因，我转过头对母亲说："我们就跟着那辆白色的车走。她可能知道我们去哪儿。"

母亲觉得我这建议太不靠谱了，但她也没什么主意，就边笑边点头同意。车子开往未知的地点，我俩情绪都很高涨。

跟着白车千回百转，天色已经渐暗。所以我们就在附近的一家汽车旅馆停了下来。旅馆也是白色的，恰巧位于市中心。住宿费用还算实惠，我们也就住下了。

第二天早上，我们去前台结账。

"不好意思，"我问道："我们想要去明尼阿波利斯市的儿童剧院。你能告诉我它的地址吗？"收银员抬起头看着我，就像是在看外星人。我又接着说："剧院具体叫什么名字我也不太确定，不过很出名的。你听说过吗？"

带着狡黠的笑容，收银员走向窗户边，拉开了窗帘。

"能看到这家吧？"

就在那里，路对面，明尼阿波利斯市儿童剧院。

寻找我的写作助手

为了写作本书而寻找一位完美的写作助手着实不易，但是我没有放弃这个希望，也因此收获了生命中最伟大的一个礼物。

刚开始写作的那一年，我在报纸上刊登过三次广告招募助手。不过，前两次应征的助手都无法适应我过快的工作节奏。迫不得已，我只有再次刊登招募广告，确信这一次"真命助手"必将出现。

8 TO GREAT

让你的忧虑化为好奇，你的恐惧化为想象，

你的焦虑化为期待。

匿名

第一封投递过来的简历是泰莎的。她曾当过记者，有在电影剧组工作的经历（想想吧，那可都是一群难伺候的主啊！）。这样的资质让她顺利入选。

面试过程中，让我印象最深刻的，就是她从公文包中拿出了我在十个月之前刊登的广告剪报。

她说："我从一开始就知道这是一份对我来说完美的工作，不过当时我有其他的项目在手，实在抽不开身。从那时开始我就保留着这份剪报。"

我们一直在苦苦追寻的，也在寻找着我们，无一例外！

泰莎这几年的辛苦付出和她傲人的天赋，令我深深感恩。她在给我当助手之前，从来没有接触过这一类书籍。但她乐于接受书中那些新概念，这让我激动不已。让我用她的文字来结束这一节的内容。

电影和出版物这两种职业的行情总是时好时坏。在我为MK担任写作助手时，我手头另外一份书籍项目意外地被砍掉了。当时为了那个项目我已经付出了几个月的努力，难免感到焦虑。一份好工作就这样变成了一张白纸，让我很是气馁。第二天上班的时候，MK跟我聊了一下这件事，她说虽然上一个机会已经无影无踪了，下一个机会马上就会到来。重拾希望的我，又投出去了几份简历。

两天之后，接到一个电话，是一份编辑书籍的工作，我高兴地接受了这份工作。又过了一天，又有一份关于电影的工作打过电话来。我实在是欣喜若狂。兴高采烈之后，我才意识到，自己时间有限，也许不能同时胜任三份工作——书籍编辑、电影，还有MK的书籍写作助手。这些问题虽然棘手，却让人很开心。

8 TO GREAT

天才，就是不断努力。

阿尔伯特·哈伯德（Elbert Hubbard，美国作家。——译者注）

从那时起，我接手了很多优秀电影的相关工作，自己也对纪录片产生了浓厚的兴趣。这本书的内容不断进化，我也是一样。编辑这本书的过程中，我得到的启发对于自己的个人生活和职业发展都产生了巨大的影响。能够参与其中我备感荣幸，我将永远感恩于MK能将自己的文字托付于我。她无时无刻不提醒着我：人类所渴望、所需要的一切东西其实早已经存在于我们自己体内。有她这样一位良师益友，我备感自豪。

实践希冀未来

当你意识到自己的能力如此巨大，潜能远超想象之时，也就无所畏惧了。

索伦·克尔凯郭尔（Soren Kierkegaard，哲学家。——译者注）

衰退

2002年，企业家玛利亚·品脱（Maria Pinto）的下属挪用了其服装设计公司数万美元的财产。此次冲击，加上当时低迷的经济，迫使她于当年申请了破产保护。一年之后，她的身体又生了一场大病。然而她努力寻找到了新希望，成功地说服了新的投资者，重建了自己的公司。2007年，她成为米歇尔·奥巴马（Michelle Obama，美国第一夫人。——译者注）最喜欢的设计师之一。

像玛利亚这样的故事举不胜举。看似绝境，实为机遇。2008年，面对经济的衰退，成千上万的美国公司需要时刻准备应对突如其来的不确定性。很多人流离失所，心灰意冷。另外一些人却能化挫折为机遇，享受生活，东山再起。

“它养活了我的灵魂”

杜安（Duane）是一位成功的励志演说家。刚步入社会的时候，他的工作是挨家挨户推销吸尘器，而且一干就是二十年。

有一天，家里没有吃的了。早上，冰箱里的食物还够老婆和孩子们吃早餐和午餐，但是晚饭就没有着落了。我永远忘不了那天。当时，我向上帝祈祷，把自己的命运完全交到了他神圣的手里，可是内心深处仍然十分忐忑。

那天，我肯定足足敲了有五十家的门，但却没有一家让我进去介绍一下产品。最后，下午四点左右，有一位女士终于让我进门了，我花了四十五分钟的时间介绍产品，但是她听过之后说："不买了，谢谢你。"

8 TO GREAT

你知道在天堂大门开启，全部梦想得以实现之前会发生什么吗？什么也没有。

迈克·多利

我跟她道谢，拿好自己的东西，准备上车，正在这时我听到后面有人在叫。

转过头，我看见她站在门廊里，喊道："年轻人，过来一下。"

我疑惑不解，又走进她的房间。然后，她跟我说了一些让我非常吃惊的话。

"我刚才在想，我丈夫和我刚买了一块牛肉，太大了，冰箱放不下，你要是不介意的话愿意拿走两磅肉吗？"

我之前一个字都没提家里的窘境。这个奇迹不仅养活我的家人，也养活了我的灵魂。

给希望搭把手

作家迈克·多利坚信希望所具有的能量。他甚至建议，如果你想要找一份工作，那就早早起床，喝杯咖啡，洗个澡，西装革履地去上班。然后，开车到有你想要的工作的地方即可美梦成真。迈克影响力很大，他通过电子邮件激励了成千上万的人。这些人都是他理论的见证人。

迈克还发明了让人眼前一亮的"发自宇宙的每日笔记"，它帮助我在好几次欲哭无泪的时候展露笑颜。如果你也想每周五次收到发自"宇宙"的爱之笔记，请登录www. tut. com，免费注册"发自宇宙的每日笔记"。它一定能让你开怀大笑、兴高采烈。

“希望”不是魔咒，它更像是肌肉，需要我们不停锻炼。我曾遇见很多想让自己的生活上升一个层次的人，他们不仅会阅读迈克提供的这类笔记，还会自发结成小组，互相帮助提高。最终，他们的关注点也不再局限于事物的现状，而是无限的可能。

如何组织一个“美梦成真小组”

我的很多朋友都加入了各种各样的策划小组，而且乐在其中。我也创建了一个每周聚会一次的支持小组，我将其命名为“美梦成真”。（你可以给自己的小组任意起名字。）我们每周的工作流程如下：

前十分钟，每四至六个人组成一个小组，分享过去一周自己美梦成真的情况，话题可以是如下领域：

1. 金钱
2. 时间
3. 他人的支持
4. 乐趣与欢笑
5. 秩序与组织
6. 能量、活力与健康
7. 自信与希望
8. 爱情
9. 创造力
10. 沉静、天性、祈祷以及冥想时刻

（从第二次聚会开始，也可以将上次自己写的“美梦成真清单”拿出来回顾。你会惊异于其内容的丰富性！）

接下来的三十分钟，共同聆听关于美梦成真的CD（10分钟），然后进行讨论（3~5分钟），两者交替进行。发言要简洁，要将关注点放在愉悦的感觉和问题的解决方法上，不要纠结于痛苦和难题。

接下来的十分钟时间，在纸上写下未来一周之内你想要成真的美梦，范围越宽越好。美梦可以按大小程度分为小、中、大三个级别。要写满一页纸！

接下来最后的十分钟里，大声读出你刚才写的清单，要像纸上所写已经实现那样朗读，然后邀请其他成员询问你梦想成真的感受。

最后，大家可以共同诵读一句话，如："心情愉悦，好事就会发生，我们感觉好极了！"或者齐唱一首歌，可以唱詹娜·史坦菲尔德（Jana Stanfield）的《让改变开始》（*Let the Change Begin*）、《不论任何代价》（*Whatever it Takes*），或者《充实你的心》（*Fill Your Mind*）。

8 TO GREAT

未来属于那些能赋予下一代人希望之人。

皮埃尔·泰哈德·德·夏尔丹（Pierre Teihard de Chardin，法国哲学家、耶稣会教士、古生物学家、地质学家。——译者注）

我会一直参加类似的聚会，因为不断涌现出来的新理想和美梦，是我保持"95"状态的动力。它时刻提醒着我：懂得了方法，就有希望；有了希望，就有能量。不仅如此，和朋友相聚的快乐，看着梦想成真的激动，都如同幸福之井，滋润了我的心灵。

新成员有时候会问应该写什么，我们会鼓励他，刚开始可以写一些自己认为很有可能会实现的愿望。譬如，有位年轻的女士写道她想要收到鲜花，结果第二周，一束花就送到了她手里。这种"要求"和"接受"的过程，会充分锻炼一个人的希望肌肉，让他能够实现更大的理想（还记得那个"西瓜"比喻吧）。参加这种聚会半年之后，我有天晚上在清单上写道："我想要两万五千美元的意外之财。"我没期望这个目标马上实现，写出来只是为了开心一下。

第二周，我儿子从大学回家，说他获得了四万美元的总统奖学金，最有趣的是他之前根本就没有申请过。我当然知道，这笔钱也是儿子的想法、信念和积极关注的结果。总之，对我俩来说，这是一个“双赢”结局。有了这笔钱，儿子的大学费用就有了着落——而我也收到了比自己祈求的更多的“意外之财”！

重新发现自己的幽默感

所有成功的方法——尤其是“希冀未来”——都要求我们要持有一种豁达放松的心态。比尔·考斯比（Bill Cosby，美国好莱坞的著名喜剧演员。——译者注）曾说：“幽默，可以缓和生活中最糟糕的打击。拥有幽默，就能渡过难关。”幽默作家吉恩·克尔（Jean Kerr）一针见血地指出：“希望是你内心深处的一种感觉，让你知道所有感觉都不是一成不变的。”

8
TO
GREAT

生活很重要，但是不能过于认真对待。

奥斯卡·王尔德（Oscar Wilde，英国作家。——译者注）

幽默作家T. 玛尼·沃斯（T. Marni Vos）是我的好友。我最喜欢她的一句话是：“时间会治愈所有的创伤，但我说，您倒是快点治啊！”

迈克尔·普里查德（Michael Pritchard）既是一名假释官也是专业的喜剧演员，他说：“幽默和希望是不可分割的”。他游历全国给年轻观众做趣味盎然的巡回演讲。

如果你知道流程……

设想夜深人静之时你在乡村公路上车胎爆了，你却不知道如何换胎，那你必然束手无策。相反，如果有人曾经教授你换胎的流程，你也花时间用心学习了，你就无往不利，你就获得了自由。你就会继续前行。

你现在已经知道：

◎ 如何梦想（知我所想：方法之一）

◎ 如何冒险（勇于冒险：方法之二）

◎ 如何完全地担起责任（完全负责：方法之三）

◎ 如何体会自己所有的感受（感我所感：方法之四）

◎ 如何真诚地沟通（真诚沟通：方法之五）

◎ 如何宽恕过去（宽恕过去：方法之六）

◎ 如何拥有并保持感恩之心（感恩现在：方法之七）

◎ 如何心怀希望（希冀未来：方法之八）

既然你已经掌握了这些流程，我希望你会善加使用它们，就像我一样，每天坚持。

感谢一路有你相伴。哪怕本书只有零星的只言片语能让你有所感悟，我就感恩不尽了。同时，我也希望你能将这种领悟传递给人生路上的下一位过客。

衷心祝福！

MK

不要让激情熄灭，用无以替代的火花点耀它，
尽管迷惘、未知、失落，
不要让灵魂中的英雄消亡，
尽管孤独，尽管挫折，
尽管生命中满布遗憾，
回顾一路走来的艰辛，
梦想之国度终将到达，
它在那里，不再虚幻，无限可能，
属于你的梦想。

安·兰德（Ayn Rand，美国20世纪著名的大众哲学家、作家。——译者注）

Q&A

希冀未来问与答

问：看完这本书之后，我该如何保持自己的积极性呢？

答：我曾经使用很多方式完成感恩作业，比如寻找搭档、书籍、杂志、根据真实经历改编的电影、音乐CD等，也包括本章之前提到过的“美梦成真小组”。

问：我需要帮助。我到现在也没为家里挣过钱。我已经花了很多钱买自助书籍。不过我总是有各种各样的借口不去努力工作：不够聪明，没有工作经验，没为自己的目标采取实际行动，事情不值得我去做……我还能一直说下去。不过我觉得你已经明白我的意思了。希望你能帮助我。

答：亲爱的朋友，你现在的状态就是“分析瘫痪症”。你太害怕做出错误的决定了，以至于你压根什么决定都不做。告诉你一个好消息吧：

世上根本就不存在所谓的错误决定。

假设说你想减肥，事实上，每一种减肥方法都有效。重点是你要选择一个并且坚持不懈。你已经学会了我的“让内心强大的8个方法”，那就不妨坚持下去。每天早晨醒来之后，去感恩，去梦想。你的生活必然会发生改变。至于你的债务问题，我推荐你参加负债者匿名会（Debtors Anonymous），他们会组织“十二步骤小组”，非常有效，而且是免费的！如果你所在地区无该组织，你可以加入线上小组。只要你坚持按照他们的方法做，经济状况就会得到改善。不论你做什么决定，不论你的目标是什么，都要接受他人的指导——然后期待奇迹的出现！

Q&A

8 TO GREAT

自怨自艾，不安全感和自我放纵，
阻碍了你生就拥有的伟大灵魂。
《薄伽梵歌》

问：我如何将FGH教给我的朋友或者配偶?

答：不需要刻意传播。你自己按照它的指导生活就好。你的愉悦和成功将会让这些人主动向你请教秘诀。

问：如果你身边的人失去了希望，如何帮助他们继续坚持下去?

答：如果他们有自杀的计划或者开始将贵重物品赠予他人，要告诉他们的亲人；如果他是学生，同时要告诉学校辅导员；如果他是成年人，应该立刻联系专业人士将其送往医院。如果他们还没有严重到这种程度，就带他们去找心理咨询师，或者陪他们去参加一些康复课程，要告诉他们你的担心。和他一起进行头脑风暴，思考如何解决问题。这很简单，就像是学习一种新的沟通技巧一样，也能给他们一个体会自己全部感受的机会。

不要每天二十四小时地担心他们。

最后，要承认你无法改变他们。诚服于这一点，充实地度过此时此刻。

问：我住在一个小山村，村子里有时候氛围特别压抑。我不知道怎样做才能让希望重新在村子里闪耀。

答：达科他州北部的一个社区也面临着相似的问题。之前，该区公交车站站牌周围都是杂草，充分暴露了附近居民的冷漠与消沉。

终于有一天，一位居民“知其所想”，她希望情况有所改变。她

Q&A

勇于冒险，邀请几位朋友一起喝咖啡，同时探讨解决方案。她提议几个人共同努力把杂草清除。第二位女士建议在每个站牌附近放几盆花。第三位女士说如果有花盆，她可以让自己高中的艺术生在盆上画画。

第四个人补充说："我找不到花盆，但是我哥有一屋子的小桶。"

截至本书付梓时，美丽的花朵已经绽放在站牌旁了。几年之后，必然花香四溢，祝福小镇。

问："诚服"和"服从"是不是完全相同的？

答：不一样。"服从"更多得接近于"屈服"。"服从"这个词语暗示着有一位权威人物，他的能量要盖过其他人。其实，一个成熟的丈夫绝对不想用自己强壮的身体获得妻子的服从，他更喜欢妻子诚服于爱情的甜蜜。诚服之人不会否认自己的能量和自由——他们会掌控能量和自由，并且主动地暂时放下。最好的人际关系状态，就是两人轮流诚服于对方，谁主谁次依照具体的时机和情境而定。

8 TO GREAT

肯尼迪总统的伟大成就可以做如下比喻。就像是他建立了一座大厦，名字叫"十年内将人类送上月球"。大厦内部，全部是人们对于"星球大战"各种不同的想法、立场和观点。1961年，这大厦第一层楼第一间办公室的名字将会是："这根本不可能做得到。"

沃纳·埃哈尔（Werner Erhard，EST的创始人，转型理论及实践的奠基人。——译者注）

问：哪一个成功方法是最重要的？

答：这个问题问得好，它的答案是多种多样的。我个人认为对大家帮助最多、见效最快的方法是感恩。它是帮助我达到"95"状态最

Q&A

快捷的方法。懂得了感恩，一切豁然开朗。

我另外一个答案是：对你而言，你最不愿意实践的那个成功方法就是最重要的。因为那个方法恰恰是横亘在你和美梦成真之间的一座阻碍。还有一个答案：最重要的方法，也可能正是你最迫不及待想要尝试的那一个。跟随自己的本能，尽情享受这学习的过程吧！

请任意选择一个答案。记住，不存在所谓的错误决策，活在当下最为重要。

柯丽（Curly）：你知道生活的秘诀是什么吗？

米契（Mitch）：不知道，是什么？

柯丽：这个。（竖起她的一根手指。）

米契：你的手指头？

柯丽：一个目标。只有一个目标。坚守一个目标，其他不值一顾。

电影《城市乡巴佬》（*City Slickers*）对白

追随最伟大的梦想，方可拥有最伟大的幸福。

8 TO GREAT

In Comclusion

总结

MK，抱歉我之前还对你的观点心存怀疑。

如今我知道，人们可以像你说的那样幸福。

因为，我现在就是这样。

嗜酒者互诫协会成员，曾参加“让内心强大的8个方法”课程

小时候，常听人说起永恒的生命。我暗想，我必须要保持足够的耐心，这样才有在死后得到永生的希望。心智成熟之后，我才意识到，所谓的“永恒”从很早以前就已经“开始”了。我们正不偏不倚地处于永恒生命的中心。任何觉醒之人，都有机会进入地上的天堂。

很多人的确已经做到了这一点。世界正在发生深刻的变革，我们则处于这变革的中心，共同见证着新一代的信仰者去拥抱那多年之前已被预言的无限可能。只需睁开双眼，就可看到，所有男女老幼正在重新发现自己的激情，找回同理之心。生活在这样的时代，真是激动人心。

最后的童话故事

总会有人不承认上述事实，他们会说：“如果真如你所说这样得轻而易举，

那……。”这种想法可以理解，他们的咆哮，让我想起了电影《绿影仙踪》结尾处的桥段。好女巫格林达（Glinda）为多萝茜指明了回到家乡的方法，多萝茜的朋友稻草人（Scarecrow）对其质疑道：“如果真如你所说这样得轻而易举，你为什么不早挑明呢？”

女巫简单的回答却揭示出一个深刻的真理：“因为那时候她不会相信我所说的话。”

心中的巫师

如果你相信梦想确实会成真，那么你就会从受害者转变为胜利者，从平凡人转变为成功者，就像特蕾莎修女、杰·雷诺（Jay Leno，著名夜间搞笑脱口秀主持人。——译者注）、温斯顿·丘吉尔、罗莎·帕克（Rosa Park）、弗罗多·贝金（Frodo Baggin）、托马斯·爱迪生和多萝茜一样。

方法之一：知我所想——你会主动去要求那些看起来似乎“远在云端”的事物。

方法之二：勇于冒险——你会勇敢地大声说出（或者唱出！）自己的梦想。

方法之三：完全负责——你会想要责备、抱怨那些生活中不理解你和你的梦想的那些人，或者是那些“调皮捣蛋”、试图伤害你的人。

方法之四：感我所感——想法逐渐成形，梦想初现端倪，你会感到高兴和欢愉，失落和恐惧，以及愤怒与悲伤。

方法之五：真诚沟通——从形形色色的巫师（都有阳光面，也都有阴暗面）那里，你学会了要真诚对待自己的需求。

方法之六：宽恕过去——之前，你认定埃姆婶婶（Auntie Ems）定下的规矩太多，认定狮子在内心深处不过是一只“胆小如鼠的猫”。现在，你宽恕了自己的这些评判。

方法之七：感恩现在——你越来越为身边的人而心存感恩，也越来越为自己强大的心灵而感恩。

方法之八：希冀未来——你会了解到，自己毕生都在渴求的东西，不论是智慧、勇气、头脑还是爱，其实一直就在你身边。

最后，你会明白，你从来没有处在危险之中——你从来没有离开过堪萨斯州，条条大路皆通往奥兹王国。

如果你愿意接受挑战，这就将是你的人生旅途。同样的道路已经有无数伟人先驱探索，但是，旅途中的困苦及甘甜的回报，则将是你独有的财富。所以，别再犹豫，享受征途吧！梦想，正在前方守候。

无论你能做什么，或是梦想能做什么，开始吧！

胆识将赋予你天赋、能力和神奇的力量。

歌德

“让内心强大的 8 个方法”关键词

能量金字塔

善有善报，恶有恶报。

祸不单行，福亦双至！

我们总是处在“5”与“95”之间的状态。

处于“5”的状态代表你只使用了自身能量的5%，因为我们思想中仅有百分之五感觉不错。

处于“95”的状态代表你使用了自身能量的95%，因为我们思想中的百分之九十五都感觉不错。

当我们选择那些令人心情愉悦的感觉时，我们的能量效率更高（更富能量）。

当我们处于“95”的状态时，“善报”来得更加迅速！

当你心情愉悦之时，好事就会发生。

方法之一：知我所想

所谓“信念”，就是你不断思考一个想法，直到你能真切地感受到它。

“梦想”与“目标”的差异在于，当你追求梦想时，你不会纠结于和人、何时、何地或者如何，你关心的只有你想要什么，以及你为什么想要它。

方法之二：勇于冒险

最幸福的人有一个共同之处：勇于冒险。

为了验证自己的决策是否正确，需要回答以下问题：“如果我没有丝毫恐惧，我会如何去做？”

什么是勇于冒险？是面对，而非逃避。

方法之三：完全负责

什么是对生活完全负责？不责备、少抱怨，但是必须真行动、有梦想。

发现，即拥有。所以，不要说“你本该……”而要说“我本能……”

方法之四：感我所感

愤怒（愤怒能量）与悲伤（释放）是同一枚硬币的两面。你总是会同时感受到同样强度的这两种情绪。

为了脱离抑郁，感受你的愤怒（火）。

为了脱离暴怒，感受你的悲伤（水）。

愤怒与悲伤的碗理论

如果一个人说：“你总是……”“你从不……”或者“你怎么是这样一个……”，其怒火一定有深层次原因。他们需要AVA。（详见“方法之五”。）

方法之五：真诚沟通

主动要求自己所想要之事的四个步骤：

事先措施：（你有几分钟的时间吗？）

第一步“当______（描述一个时间点，或一个地点）……”

第二步：“我感觉有一点……”

第三步：“因为……”

第四步：“因此……”

如何在深度倾听（AVA）中防止对方的阻抗：

1. 承认

2. 确认

3. 问那个价值百万美元的问题

如何结束间接沟通：

如果你是X，去找Z。

如果你是Y，让X去找Z。

如果你是Z，问X是否同意Y的看法。

方法之六、七及八

积极的态度就是FGH：

宽恕（Forgiveness）过去

感恩（Gratitude）现在

希冀（Hope）未来

方法之六：宽恕过去

宽恕公式：我们过去的所作所为，都是在当时所掌握的信息的前提下，最好的选择。

如何平衡骄傲与谦逊：我们都有阳光面和阴暗面，不比别人好，也不比别人差。

宽恕的三部曲：

面对它

感受它

宽恕它

如何判断你已经原谅了某人：当坏事发生在他们身上时，你没有欢呼雀跃，而是心生同情。

方法之七：感恩现在

感恩“仪式”：写下过去24小时之内你所感恩的三件事，绝不允许有重复！

三个最为感恩的群体：

那些曾经差点承受巨大损失之人

那些曾经承受过巨大损失之人

那些知道将面临巨大损失之人

方法之八：希冀未来——投入的能量

希冀就是积极期待，并且学会心悦诚服。

通往成功之路从来都不是一条直线。

每天一条正能量

（畅销1000万册，翻译成35种文字，横扫全球的人生智慧书）

ISBN：9787515317366
作者：［美］杰克逊·布朗
开本：32开
页码：200页
出版日期：2013年7月
定价：29.90元
CIP分类号：B848.4-49

◆ **连续3年盘踞《纽约时报》畅销书榜，销量超过1000万册**

◆ **畅销20年，翻译成35种文字，横扫全球的人生智慧书**

◆ **每天一条正能量，朴实到极致，深刻到极致**

◆ **无论多么消极爱抱怨的人，只要预备好了接受正能量，他一定会发现此书的价值！**

此书是一本人生小贴士集，最初是一位絮叨的父亲写给儿子的忠告，在儿子上大学时，整理成册，送给儿子。几天后，儿子给他打电话，说“老爹，这是我收到的最好的礼物。我要补充更多，传给自己的儿子”。这位父亲历时几年，写下了三卷 1500 多条生活建议，父爱的叮嘱和温情随处可见，从财富、梦想、尊重、快乐到自由、真诚、分享、信心，再到价值、成就、亲情、友情等，告诫儿子该如何学会做人，如何与人相处、如何成就快乐而有益人生。

本书英文原版第 1 版的出版时间是 1991 年，最新版是 2012 年 8 月，在美国经久不衰畅销 20 余年。本书没有板起脸中规中矩的教条，读起来幽默风趣，并充满着正能量，以及人生与生活的简单小智慧，是那种风吹哪页就可以读哪页的温馨案头书，能让人瞬间心情愉悦。

无论他本来是一个多么消极爱抱怨的人，只要预备好了接受正能量，他一定会发现此书的价值！

高效能人士的时间和个人管理法则

（时间管理经典，富兰克林柯维公司创办人、时间管理大师史密斯最重要的作品）

ISBN：9787515319452

作者：［美］希鲁姆·W. 史密斯

开本：32开

页码：272页

出版日期：2013年11月

定价：49.00元

CIP分类号：C935

- **时间和个人管理领域权威经典之作**
- **富兰克林柯维公司创办人、时间管理大师希鲁姆·W. 史密斯最重要的作品**
- **全球11个版本，被世界1242家图书馆收录的最强大的时间和个人管理著作**

时间管理的本质是生命管理！

面对“时间灾荒”和“个人管理危机”，我们必须坚持原则！

生活的节奏和压力变得如此荒唐，如何避免忙而不乱、实现内心平静，作者在本书中提出的十大自然法则，帮我们逃离时间管理的怪圈。

《高效能人士的时间和个人管理法则》是富兰克林柯维公司创办人希鲁姆·W·史密斯最重要的作品，也被称为时间和个人管理的经典。本书不仅是讲时间管理的技巧，而且同你的个人价值、信仰体系联系在一起，而缺乏核心价值体系正是许多人生活糟糕的问题所在，这也是我们渴望学习和构建的。

有时候时间的匆匆流逝会让我们焦灼不安，而焦急的心态会加重我们的碌碌无为、手足无措，如何做好时间和个人管理？作者在本书中提出的 10 个时间和个人管理的法则，能够帮我们逃离时间管理的怪圈，把握即将失控的生活，回归平静、高效和幸福。

根据世界最庞大的图书馆目录 WorldCat 数据显示：本书在 1993 年至 2010 年间出版有 11 种不同的英文版本，被全世界 1242 家图书馆收录，是一本公认的、重量级的时间管理著作。

穿着高跟鞋轻松往上爬

ISBN：978-7-5153-0323-9
作者：[美]洛伊丝·P.弗兰克尔
开本：20开
页码：220页
出版日期：2012年1月
定价：28.00元
CIP分类号：B848.4-49

◆ **希拉里、玫琳凯、eBay总裁怀特曼、派拉蒙前CEO兰辛都曾践行过的职场之道！**

◆ **女性职场第一心灵导师弗兰克尔博士为你授业解惑！**

◆ **21世纪的女性唤起事业心、打拼职场必备的指南和励志伴侣！**

本书讲述的是女性如何在男性主导的社会中，发现和发挥自己的职业潜能。里根夫人南希说过，“女人像茶，不放到开水里，不知道她到底有多浓烈”。作者通过采访和记录美国知名成功女性，鼓励和发掘女性特有的职场优势。书中不乏全球家喻户晓的女性领导的成功故事，她们不全是政界的领袖，还有公司CEO和经理以及民权运动、环保组织、儿童保护组织等的领导人。通过她们的职场故事，分析了杰出女性如何处理家庭、朋友、团队、同事之间的关系，从而获得职场与幸福感的提升，帮助女性跳出社会偏见、性别意识的牢笼。

本书既不是僵硬的、列表式的使用手册，也不是冗长的女性创业、升职故事，而是从经验和领导力的细节中，晓之以理，并总结出女性职场制胜的99条秘诀。

现在，正是女性打拼的时代！阅读《穿着高跟鞋轻松往上爬》这本书，是每位21世纪的女性唤起事业心、打拼职场必备的指南和励志伴侣。